Michael J. Sandel

WAS MAN FÜR GELD
NICHT KAUFEN KANN

MICHAEL J. SANDEL

WAS MAN FÜR GELD NICHT KAUFEN KANN

*Die moralischen
Grenzen des Marktes*

Aus dem Amerikanischen
von Helmut Reuter

Süddeutsche Zeitung Edition

Die Originalausgabe erschien 2012
unter dem Titel *What Money Can't Buy*
bei Farrar, Straus and Giroux, New York.

Sonderausgabe für die Süddeutsche Zeitung Edition 2018
in der Süddeutsche Zeitung GmbH, München

ISBN: 978-3-86497-463-2

© 2012 by Michael J. Sandel
© der deutschen Ausgabe 2012 by Ullstein Buchverlage GmbH, Berlin
Alle Rechte vorbehalten
Umschlaggestaltung: Philipp von Keisenberg, München
Gesetzt aus der Sabon
bei LVD GmbH, Berlin
Druck- und Bindearbeiten: GGP Media GmbH, Pößneck
Printed in Germany

Für Kiku in Liebe

Inhalt

EINFÜHRUNG: MÄRKTE UND MORAL   9

Der Triumph des Marktes 12 · Alles ist käuflich 15 ·
Die Rolle der Märkte neu denken 19

1 PRIVILEGIEN   25

Fast Track 25 · Überholspuren 28 · Das Geschäft
mit dem Schlangestehen 30 · Schwarzmarkt für
Arzttermine 34 · Ärzte auf Abruf 35 · Marktkonformes Denken 39 · Märkte vs. Warteschlangen 41 · Märkte und Korruption 44 · Was ist
falsch am Schwarzhandel mit Eintrittskarten? 47 ·
Die Ethik der Warteschlange 52

2 ANREIZE UND BELOHNUNGEN   57

Bargeld für die Sterilisation 57 · Die Ökonomie des
Lebens 62 · Geld für gute Schulnoten 67 · Gesund
leben 72 · Perverse Anreize 77 · Geldbußen vs. Gebühren 83 · Ein Nashorn schießen 101 · Ein Walross schießen 104 · Ökonomische und moralische
Vernunft 107

3   Wie Märkte die Moral verdrängen   117

Was für Geld zu kaufen ist und was nicht 117 · Gekaufte Entschuldigungen und Festreden 121 · Geschenke … 123 · … und Geldgeschenke 130 · Gekaufte Ehren 134 · Zwei Einwände gegen Märkte 138 · Die Verdrängung marktfremder Normen 142 · Endlager für atomare Abfälle 143 · Spendentage 146 · Der Kommerzialisierungseffekt 150 · Handel mit Blut 153 · Zwei Lehrsätze 155 · Sparsamkeit in der Liebe 158

4   Das Geschäft mit dem Tod   163

Tote Bauern 164 · Der Zweitmarkt für Lebensversicherungen 169 · Wetten auf den Tod 175 · Eine kurze Moralgeschichte der Lebensversicherung 179 · Terminkontrakte auf Terrorakte 186 · Das Leben der Anderen 192 · Todesanleihen 199

5   Sponsoring und Werbung   203

Der Handel mit Memorabilien 204 · The Name of the Game 210 · VIP-Logen 213 · Moneyball 218 · Hier könnte Ihre Werbung stehen 222 · Was ist falsch an der Kommerzialisierung? 227 · Kommunalsponsoring 233 · Die gespaltene Gesellschaft 247

Anmerkungen   251

Danksagung   291

Register   295

Einführung: Märkte und Moral

Manches ist für Geld nicht zu kaufen. Aber nicht mehr viel. Heutzutage steht fast alles zum Verkauf, wie die folgenden Beispiele zeigen:

- *Zellen-Upgrade im Knast: 82 Dollar pro Nacht.* Im kalifornischen Santa Ana und einigen anderen Städten erhalten Strafgefangene, die kein Gewaltverbrechen begangen haben, gegen Bezahlung bessere Haftbedingungen – etwa eine saubere, ruhige Zelle abseits der weniger zahlungskräftigen Gefangenen.[1]
- *Benutzung der für Fahrgemeinschaften reservierten Spur als Alleinfahrer: acht Dollar während des Berufsverkehrs.* Minneapolis und andere Städte versuchen Staus zu verringern, indem sie Alleinfahrer dafür bezahlen lassen, auf Sonderspuren fahren zu dürfen – die Preise variieren je nach Verkehrslage.[2]
- *Kosten für das Austragen eines Embryos durch eine indische Leihmutter: 6250 Dollar.* Paare aus dem Westen, die Leihmütter suchen, tun dies zunehmend in Indien, wo diese Praxis legal ist und die Kosten nur ein Drittel dessen betragen, was man in den USA dafür bezahlt.[3]
- *Das Recht, in die USA einzuwandern: 500 000 Dollar.* Ausländer, die 500 000 Dollar investieren und mindestens zehn Arbeitsplätze in einer Region mit hoher Ar-

beitslosigkeit schaffen, erhalten auf Wunsch eine Green Card, die ihnen unbefristetes Aufenthaltsrecht gibt.[4]
- *Das Recht, ein Schwarzes Nashorn (eine bedrohte Tierart) zu schießen: 150 000 Dollar.* Südafrika erlaubt Ranchern inzwischen, Jägern das Recht zum Abschuss einer beschränkten Zahl von Nashörnern zu verkaufen, um den Landwirten dadurch einen Anreiz zu geben, die gefährdete Art zu züchten und zu schützen.[5]
- *Die Handynummer eines Arztes: ab 1500 Dollar pro Jahr.* Für Patienten, die bereit sind, eine jährliche Gebühr von 1500 bis 25 000 Dollar zu entrichten, bieten immer mehr Hausärzte an, über Handy erreichbar zu sein und noch am selben Tag einen Termin mit ihnen zu vereinbaren.[6]
- *Das Recht, eine Tonne Kohlenstoff zu emittieren: 13 Euro.* Die EU hat einen Emissionshandel für Kohlenstoff eingeführt, der es Firmen ermöglicht, das Recht zur Umweltverschmutzung zu verkaufen oder zu kaufen.[7]
- *Die Aufnahme an einer angesehenen Universität: ? Dollar.* Der Preis wird nicht offiziell genannt, doch Vertreter von Spitzenunis haben dem *Wall Street Journal* erzählt, dass sie einige Studenten mit eher bescheidenem Notenschnitt aufnehmen, deren Eltern wohlhabend und spendabel sind.[8]

Nicht jeder kann es sich leisten, dergleichen zu kaufen. Zum Glück gibt es heutzutage zugleich massenhaft neue Wege, Geld zu verdienen. Wer ein wenig Extra-Cash benötigt, kann sich hier inspirieren lassen:

- *Vermietung der Stirn (oder anderer Körperteile) zu Werbezwecken: 777 Dollar.* Die Air New Zealand heuerte dreißig Leute an, sich den Schädel rasieren zu lassen und

auf diesem eine wieder entfernbare Tätowierung zur Schau zu stellen: »Abwechslung gefällig? Ab nach Neuseeland.«⁹
- *Menschliches Versuchskaninchen in einer Arzneimittelstudie für eine Pharmafirma: 7500 Dollar.* Abhängig von der physischen Belastung durch das Testverfahren kann die Bezahlung auch höher oder niedriger ausfallen.[10]
- *In Somalia oder Afghanistan für ein privates Militärunternehmen kämpfen: von 250 Dollar pro Monat bis 1000 Dollar pro Tag.* Die Bezahlung hängt von Qualifikation, Erfahrung und Staatsangehörigkeit ab.[11]
- *Nächtliches Schlangestehen am Capitol Hill in Vertretung eines Lobbyisten, der an einer Anhörung im Kongress teilnehmen will: 15 bis 20 Dollar pro Stunde.* Die Lobbyisten bezahlen Warteschlangen-Firmen, die ihrerseits unter anderem Obdachlose anheuern, die sich in die Schlange stellen.[12]
- *Ein Buch lesen: zwei Dollar.* Um Kinder zum Lesen zu ermuntern, werden Zweitklässler in Dallas in einer Schule mit unterdurchschnittlichem Leistungsniveau für jedes gelesene Buch bezahlt.[13]
- *In vier Monaten 14 Pfund abnehmen: 378 Dollar.* Firmen und Krankenversicherungen bieten Übergewichtigen finanzielle Anreize zur Gewichtsreduzierung und anderen Arten gesunder Lebensführung.[14]
- *Sie kaufen die Lebensversicherungspolice einer erkrankten oder älteren Person, bezahlen die laufenden Prämien und kassieren nach dem Todesfall die Versicherungssumme: potenziell Millionen (je nach Police).* Diese Art, auf das Leben Fremder zu wetten, ist zu einer Branche mit einem Volumen von 30 Milliarden Dollar geworden. Je früher der Unbekannte stirbt, desto mehr verdient der Anleger.[15]

Wir leben also heute in einer Zeit, in der fast alles ge- und verkauft werden kann. Im Lauf der letzten drei Jahrzehnte haben es die Märkte – und die damit verbundenen Wertvorstellungen – geschafft, unser Leben wie nie zuvor zu beherrschen. Nicht, dass wir uns bewusst dafür entschieden hätten. Es scheint einfach über uns gekommen zu sein.

Als der Kalte Krieg zu Ende ging, erfreuten sich die Märkte und das Marktdenken verständlicherweise eines hohen Ansehens. Kein anderes Organisationsprinzip hat bei der Produktion und Verteilung von Gütern ähnlich viel Überfluss und Wohlstand hervorgebracht. Doch während sich immer mehr Länder in aller Welt auf die Marktmechanismen verließen, geschah noch etwas anderes. Im Leben der Gesellschaft begannen die Wertvorstellungen des Marktes eine immer größere Rolle zu spielen. Ökonomie wurde zu einer Herrschaftswissenschaft. Inzwischen gilt die Logik des Kaufens und Verkaufens nicht mehr nur für materielle Güter – sie lenkt zunehmend das Leben insgesamt. Es wird Zeit, uns zu fragen, ob wir so wirklich leben wollen.

Der Triumph des Marktes

Die Jahre und Jahrzehnte vor der Finanzkrise von 2008 waren durch den unbedingten Glauben an die Märkte und die positiven Folgen der Deregulierung gekennzeichnet – es war eine Ära der triumphierenden Märkte. Sie begann Anfang der 80er Jahre, als Ronald Reagan und Margaret Thatcher ihre Überzeugung verkündeten, dass nicht Staaten, sondern Märkte der Schlüssel zu Wohlstand und Freiheit seien. In den 90ern setzte sich diese Ansicht mit dem Wirtschaftsliberalismus von Bill Clinton und Tony Blair fort, die den Glauben daran, dass Märkte das vorrangige Mittel zur Herstellung des Gemeinwohls seien, in moderater Form aufgriffen und konsolidierten.

Heute wird dieser Glaube in Frage gestellt. Die Ära der triumphierenden Märkte hat ein Ende gefunden. Die Finanzkrise säte nicht nur Zweifel an deren Fähigkeit, das Risiko effizient zu streuen, sondern löste bei vielen Menschen auch das Gefühl aus, dass die Märkte sich von der Moral abgekoppelt hätten und wir diese beiden Sphären irgendwie wieder miteinander verknüpfen müssten. Was das bedeuten könnte oder wie wir es zustande bringen sollten, ist allerdings unklar.

Manche halten das moralische Versagen der Märkte für die Folge von Gier, die dazu geführt habe, dass die Entscheidungsträger unverantwortliche Risiken eingingen. Dieser Ansicht nach besteht die Lösung darin, die Gier zu zügeln, auf die Integrität und die Verantwortung der Banker und Führungskräfte an der Wall Street zu bestehen und vernünftige gesetzliche Regeln einzuführen, mit denen sich verhindern ließe, dass sich eine ähnliche Krise wiederholt.

Diese Diagnose trifft bestenfalls teilweise zu. Obwohl Gier sicherlich eine Rolle in der Finanzkrise gespielt hat, geht es hier um etwas Größeres. Die schicksalhafteste Änderung der letzten drei Jahrzehnte war nicht die Zunahme der Gier. Es war die Ausdehnung der Märkte und ihrer Wertvorstellungen in Lebensbereiche, in die sie nicht gehören.

Um diesen Zustand zu ändern, müssen wir mehr tun, als gegen die Gier zu wettern; wir müssen die Rolle überdenken, die die Märkte in unserer Gesellschaft spielen sollten. Wir brauchen eine öffentliche Debatte darüber, was es heißt, die Märkte in ihre Schranken zu weisen. Und als Voraussetzung für diese Debatte müssen wir die moralischen

Grenzen der Märkte durchdenken. Wir müssen uns fragen, ob es Dinge gibt, die für Geld nicht zu haben sein sollten.

Das Übergreifen von Märkten und marktorientiertem Denken auf Aspekte des Lebens, die bislang von Normen außerhalb des Marktes gesteuert wurden, ist eine der bedeutsamsten Entwicklungen unserer Zeit.

Denken Sie an die Ausbreitung von gewinnorientierten Schulen, Kliniken und Gefängnissen und an die Auslagerung von Kriegshandlungen an private Militärunternehmen. (Im Irak und in Afghanistan waren mehr Angestellte privater Sicherheits- und Militärunternehmen im Einsatz als Soldaten der US-Armee.[16])

Denken Sie daran, dass öffentliche Polizeikräfte durch private Sicherheitsfirmen abgelöst werden – besonders in den USA und in England, wo es mittlerweile doppelt so viele private Sicherheitsleute wie Polizeibeamte gibt.[17] Denken Sie an die aggressive Werbung für verschreibungspflichtige Medikamente. (Jemand, der in den USA die Fernsehwerbung vor den Abendnachrichten sieht, könnte glauben, das bei Weitem größte Gesundheitsproblem der Welt sei nicht die Malaria, die Onchozerkose oder die Schlafkrankheit, sondern eine grassierende Epidemie der erektilen Dysfunktion.)

Oder denken Sie an die Werbung in öffentlichen Schulen, an den Verkauf des Rechts, Parks und öffentlichen Einrichtungen »Namen zu geben«, die Vermarktung von Eiern und Sperma mit »definierten Eigenschaften«, die Auslagerung der Schwangerschaft an Ersatzmütter in Entwicklungsländern, den Handel von Unternehmen und Staaten mit Emissionsrechten oder das amerikanische System der Finanzierung von Wahlkämpfen, das beinahe den Eindruck erweckt, man könne das Wahlergebnis kaufen.

Vor dreißig Jahren waren wir noch weit davon entfernt, Gesundheit, Ausbildung, öffentliche Sicherheit, Strafvollzug, Umweltschutz, Freizeit, Fortpflanzung und andere gesellschaftliche Güter über die Märkte zuzuteilen. Heute halten wir das weitgehend für selbstverständlich.

Alles ist käuflich

Warum sollten wir uns darüber Sorgen machen, dass wir auf dem Weg in eine Gesellschaft sind, in der alles käuflich ist?

Aus zwei Gründen – einer davon hat mit Ungleichheit zu tun, der andere mit Korruption.

Zuerst die Ungleichheit: In einer Gesellschaft, in der alles käuflich ist, haben es Menschen mit bescheidenen Mitteln schwerer. Je mehr für Geld zu haben ist, desto schwerer fällt der Reichtum (oder sein Fehlen) ins Gewicht.

Bestünde der einzige Vorteil von Reichtum darin, Jachten, Sportwagen und teure Feriendomizile erstehen zu können, würden Ungleichheiten bei Einkommen und Vermögen nicht sehr viel bedeuten. Doch weil man mit Geld mittlerweile immer mehr kaufen kann – etwa politischen Einfluss, gute medizinische Versorgung, eine Wohnung in einer guten Wohngegend statt in einem Viertel mit hoher Kriminalität, Zugang zu Eliteschulen –, wird die Verteilung von Einkommen und Reichtum zu einem immer bedeutsameren Faktor. Wo alles von Wert ge- und verkauft wird, macht allein der Besitz von Geld den Unterschied aus.

Das erklärt, warum die letzten Jahrzehnte für Familien aus der Unter- oder Mittelschicht besonders schwierig gewesen sind. Nicht nur ist die Kluft zwischen Reichen und Armen größer geworden, die Kommerzialisierung aller Lebensbereiche hat auch den Stachel der Ungleichheit zugespitzt, indem sie dem Geld eine bedeutendere Rolle zugewiesen hat.

Der zweite Grund, weshalb wir zögern sollten, alles zu kommodifizieren, also zur Handelsware zu machen, ist nicht so einfach darzustellen. Es geht dabei nicht um Ungleichheit und Fairness, sondern darum, dass Märkte tendenziell zersetzend wirken. Werden die guten Dinge des Lebens mit einem Preis versehen, können sie korrumpiert werden. Das liegt daran, dass Märkte nicht nur Güter zuteilen, sondern auch bestimmte Einstellungen gegenüber den gehandelten Gütern ausdrücken und diese verstärken. Bezahlt man Kinder fürs Bücherlesen, bringt man sie vielleicht dazu, mehr zu lesen, lehrt sie aber zugleich auch, Lesen eher als Fron zu betrachten und nicht als vorbehaltlos zu genießende Quelle von Zufriedenheit. Die Versteigerung von Studienplätzen an die Meistbietenden steigert vielleicht die Einkünfte eines College, könnte aber auch seine Integrität und den Wert seiner Abschlüsse schmälern. Das Anheuern ausländischer Söldner, die unsere Kriege ausfechten, mag das Leben unserer Bürger schonen, geht aber zu Kosten der staatsbürgerlichen Verantwortung aller.

Ökonomen gehen oft davon aus, dass Märkte keinen Einfluss auf die dort gehandelten Güter hätten. Doch das ist nicht wahr. Märkte hinterlassen ihren Stempel. Manchmal verdrängen die Werte des Marktes andere Werte, die wir lieber erhalten sollten.

Selbstverständlich sind die Menschen uneins darüber, welche Werte wir schützen sollten und warum. Um also entscheiden zu können, was für Geld zu haben – und nicht zu haben – sein sollte, müssen wir darüber nachdenken, welche Werte die unterschiedlichen Bereiche des sozialen und staatsbürgerlichen Lebens beherrschen sollten. Und genau darum geht es in diesem Buch.

Hier ein Ausblick auf die Antwort, die ich anzubieten habe: Wenn wir beschließen, dass bestimmte Güter ge- und verkauft werden dürfen, entscheiden wir – zumindest implizit –, dass es in Ordnung ist, sie als Waren zu behandeln, als Werkzeuge für den Profit und den Gebrauch. Doch nicht alle Güter werden angemessen bewertet, wenn man sie als Ware betrachtet.[18] Menschen zum Beispiel. Die Sklaverei war schrecklich, weil sie Menschen zu Waren degradierte, die auf Versteigerungen gehandelt wurden. Diese Menschen wurden nicht auf angemessene Art behandelt – nämlich als Personen, die Würde und Achtung verdienen –, sondern als Werkzeuge für den Profit und als Gebrauchsgegenstände.

Ähnliches gilt auch für andere Güter und Handlungsweisen. Wir erlauben nicht, dass Kinder auf dem Markt gehandelt werden. Selbst wenn die Käufer die erworbenen Kinder nicht misshandeln, wäre ein Kindermarkt Ausdruck und Förderung einer falschen Art und Weise, Kinder wertzuschätzen. Sie als Ware zu betrachten ist nicht angemessen – sie sind als Wesen zu sehen, die der Liebe und Fürsorge bedürfen. Oder nehmen wir die Rechte und Pflichten als Staatsbürger. Wer als Schöffe verpflichtet wird, darf keinen Ersatzmann anheuern, der ihn vertritt. Ebenso wenig erlauben wir es den Bürgern, bei einer Wahl ihre Stimme zu verkaufen, selbst wenn sich ein Käufer dafür finden ließe. Und warum nicht? Weil wir glauben, dass Bürgerpflichten nicht als Privateigentum betrachtet werden sollten, sondern vielmehr als Verantwortung gegenüber der Öffentlichkeit. Outsourcing degradiert sie hingegen – sie werden dadurch auf falsche Weise wertgeschätzt.

Diese Beispiele illustrieren einen umfassenderen Zusammenhang: Manche Dinge werden beschädigt oder herabgesetzt, wenn man sie in Waren verwandelt. Um also entscheiden zu können, wo der Markt hingehört und wo er auf Abstand gehalten werden sollte, müssen wir darüber nachdenken, wie wir die fraglichen Güter bewerten – Gesundheit, Ausbildung, Familienleben, Natur, Kunst, Bürgerpflichten und so weiter. Dies sind moralische und politische und nicht bloß ökonomische Fragen. Um sie lösen zu können, müssen wir von Fall zu Fall diskutieren, welche moralische Bedeutung diese Güter besitzen und wie sie angemessen zu bewerten sind.

Eine solche Debatte fand in der Ära der triumphierenden Märkte nicht statt. Das führte dazu, dass wir – ohne es recht zu bemerken und ohne es je zu beschließen – allmählich keine Marktwirtschaft mehr *hatten*, sondern anfingen, eine Marktgesellschaft zu *sein*.

Der Unterschied: Eine Marktwirtschaft ist ein Werkzeug – ein wertvolles und wirksames Werkzeug – für die Organisation produktiver Tätigkeit. Eine Marktgesellschaft jedoch ist eine Lebensweise, in der das Wertesystem des Marktes in alle Aspekte menschlicher Bemühung eingesickert ist. Sie ist ein Ort, an dem alle sozialen Beziehungen marktförmig geworden sind.

Die große Debatte, die in der heutigen Politik nicht geführt wird, geht also um die Funktion und die Reichweite der Märkte. Wollen wir eine Marktwirtschaft oder eine Marktgesellschaft? Welche Rolle sollten Märkte im öffentlichen Leben und in persönlichen Beziehungen spielen? Wie können wir entscheiden, welche Güter handelbar und welche hingegen durch Werte beherrscht sein sollten, die nicht dem Markt unterliegen? Wo sollte die Verfügungsmacht des Marktes ihre Grenzen finden?

Um diese Fragen wird es im Folgenden gehen. Da sie umstrittene Vorstellungen von einer guten Gesellschaft und einem guten Leben berühren, kann ich keine definitiven Antworten versprechen. Ich hoffe aber, wenigstens eine öffentliche Diskussion dieser Fragen anzustoßen und einen philosophischen Rahmen anzubieten, innerhalb dessen sie geklärt werden können.

Die Rolle der Märkte neu denken

Selbst wenn Sie mit mir darin übereinstimmen, dass wir uns mit den großen Fragen über die Moral von Märkten auseinandersetzen müssen, bezweifeln Sie vielleicht, dass unser öffentlicher Diskurs der Aufgabe gewachsen ist. Diese Sorge ist legitim. Jeder Versuch, die Rolle und Reichweite der Märkte zu überdenken, sollte zunächst zwei einschüchternde Hindernisse zur Kenntnis nehmen: zum einen Macht und Prestige des Marktdenkens, die auch nach dem schlimmsten Marktversagen in 80 Jahren fortbestehen; zum anderen das Ressentiment und die Inhaltsleere, die unsere öffentlichen Debatten kennzeichnen. Diese beiden Phänomene sind nicht vollkommen unabhängig voneinander.

Das erste Hindernis erscheint rätselhaft. Die Finanzkrise von 2008 wurde weithin als moralisches Urteil über die unkritische Marktvergötzung betrachtet, die quer durch das politische Spektrum drei Jahrzehnte lang vorgeherrscht hatte. Der Beinahe-Zusammenbruch einst mächtiger Finanzfirmen der Wall Street und die Notwendigkeit, sie auf Kosten des Steuerzahlers zu retten, schien ganz sicher eine Neubewertung der Märkte anzustoßen. Sogar Alan Greenspan – als Vorsitzender der Federal Reserve der USA eine Art Hohepriester des Glaubens an die Märkte – bekannte, schockiert und fassungslos zu sein, dass sein Vertrauen in die Kraft der freien Märkte zur Eigenkorrektur sich als Irrtum herausgestellt habe.[19] Die durch und durch marktfreundliche britische Zeitschrift *The Economist* zeigte auf der Titelseite ein zu einer Pfütze zerfließendes Wirtschaftslehrbuch und darüber die Schlagzeile »What went wrong with economics?«.[20]

Die Ära der triumphierenden Märkte hatte ein verheerendes Ende genommen. Nun würde, so dachte mancher, ganz gewiss eine Zeit moralischer Bewertung anbrechen, eine Saison nüchternen, genaueren Nachdenkens. Doch es kam anders.

Der spektakuläre Zusammenbruch der Finanzmärkte schwächte den Glauben an die Märkte nur geringfügig. Tatsächlich diskreditierte die Finanzkrise den Staat mehr als die Banken. Laut Umfragen im Jahr 2011 gab die amerikanische Öffentlichkeit der US-Bundesregierung größere Schuld an den wirtschaftlichen Problemen des Landes als den Finanzinstituten der Wall Street – zwei von drei Befragten waren dieser Ansicht.[21]

Die Finanzkrise hatte die USA und einen großen Teil der Weltwirtschaft in den schlimmsten Abschwung seit der Weltwirtschaftskrise des letzten Jahrhunderts gestürzt und Millionen Menschen den Arbeitsplatz gekostet. Dennoch führte sie nicht dazu, dass wir grundsätzlich neu über die Märkte nachdachten. Ihre auffälligste politische Folge in den USA war stattdessen der Aufstieg der Tea-Party-Bewegung, deren Regierungsskepsis und Marktvertrauen selbst Ronald Reagan zum Erröten gebracht hätten. Im Herbst 2011 trug zudem die Bewegung »Occupy Wall Street« Protest in Städte der gesamten USA und rund um die Welt. Diese Demonstrationen richteten sich gegen die Macht der Großbanken und Unternehmen sowie gegen die wachsende Ungleichheit von Einkommen und Reichtum. Ungeachtet ihrer unterschiedlichen ideologischen Ausrichtung gaben sowohl die Tea-Party-Bewegung als auch Occupy Wall Street der populistischen Empörung gegen die Bankenrettung eine Stimme.[22]

Sieht man von diesen Protestbekundungen ab, blieben ernsthafte Debatten über Rolle und Reichweite der Märkte jedoch weitgehend aus. Demokraten wie Republikaner streiten in den USA wie üblich über Steuern, Ausgaben und Budgetdefizite, nur dass sie es jetzt mit noch größerer Parteilichkeit tun und weniger denn je dazu fähig sind, das Volk von ihrer Sache zu begeistern oder zu überzeugen. Die politische Desillusionierung hat sich vertieft, weil die Bürger sich zunehmend von einem politischen System im Stich gelassen fühlen, das nicht in der Lage ist, für das Gemeinwohl zu handeln oder die vordringlichsten Fragen der Gesellschaft anzugehen.

Dieser prekäre Zustand des öffentlichen Diskurses ist das zweite Hindernis für eine Debatte über die moralischen Grenzen von Märkten. In einer Zeit, in der politische Auseinandersetzung vor allem aus Schreiduellen im Kabelfernsehen, ätzenden Statements im Rundfunk und ideologischen Schlammschlachten auf den Gängen des Kongresses besteht, kann man sich nur schwer eine politische Debatte über so umstrittene Themen wie Fortpflanzung, Erziehung, Ausbildung, Gesundheit, Umwelt oder Bürgerpflichten vorstellen. Ich glaube aber, dass eine solche Debatte möglich ist und unser öffentliches Leben stärken würde.

Manche halten unsere Politik für übersättigt mit moralischen Überzeugungen: Zu viele Menschen glauben demnach zu tief und zu heftig an ihre eigenen Überzeugungen und wollen sie allen anderen aufzwingen. Ich meine, dass damit unsere missliche Lage falsch gedeutet wird. Das Problem unserer Politik ist nicht ein Übermaß moralischer Auseinandersetzung, sondern ein Mangel daran. Unsere Politik ist überhitzt, weil sie leerläuft – ihr fehlt es an moralischer und spiritueller Substanz. Sie schafft es nicht, sich auf die großen Fragen einzulassen, die den Menschen auf der Seele liegen.

Die moralische Entleerung der zeitgenössischen Politik hat mehrere Ursachen. Da ist zum einen der Versuch, Begriffe des guten oder richtigen Lebens aus dem öffentlichen Diskurs zu verbannen. In der Hoffnung, konfessionelle Zwistigkeiten zu vermeiden, bestehen wir häufig darauf, dass die Bürger von ihren moralischen und spirituellen Überzeugungen zu schweigen haben, wenn sie den öffentlichen Raum betreten. Doch es war genau dieses Widerstreben, Argumente über das gute Leben in die Politik einfließen zu lassen, was entgegen aller guten Absichten den Weg dafür bereitet hat, dass der Markt triumphieren und das marktkonforme Denken sich hartnäckig halten konnte.

Das marktkonforme Denken selbst lässt die moralische Auseinandersetzung auf seine eigene Weise aus dem öffentlichen Leben verschwinden. Der Reiz der Märkte besteht unter anderem darin, dass sie keine Urteile zu den von ihnen befriedigten Vorlieben abgeben. Sie fragen nicht danach, ob bestimmte Güter höher oder anders bewertet werden sollten als andere. Wenn jemand bereit ist, für Sex oder eine Niere zu bezahlen, so fragt der Ökonom nur: »Wie viel?« Märkte erheben keinen mahnenden Zeigefinger. Sie unterscheiden nicht zwischen bewundernswerten und niedrigen Vorlieben. Jeder, der einen Handel abschließt, entscheidet selbst, welchen Wert er den gehandelten Dingen beimisst.

Diese neutrale Einstellung gegenüber Werten ist der Wesenskern des marktkonformen Denkens und erklärt weitgehend, warum es so attraktiv erscheint. Doch unser Widerstreben, uns auf von Moral und Glauben geprägte Auseinandersetzungen einzulassen, hat zusammen mit unserer Übernahme der Marktideologie einen hohen Preis gefordert: Es hat dem öffentlichen Diskurs die moralische und staatsbürgerliche Energie entzogen und zu der technokratischen und verwaltungstechnischen Politik geführt, die inzwischen viele Gesellschaften plagt.

Eine Debatte über die moralischen Grenzen der Märkte würde uns die gesellschaftliche Entscheidung ermöglichen, in welchen Bereichen Märkte dem Gemeinwohl dienen und wo sie nichts zu suchen haben. Außerdem würde sie unsere Politik beleben, weil konkurrierende Begriffe des guten Lebens in der Öffentlichkeit diskutiert würden. Denn wie sonst könnten solche Auseinandersetzungen geführt werden? Wenn man der Meinung ist, dass bestimmte Güter beschädigt oder entwertet werden, wenn man sie kauft oder verkauft, dann muss man auch überzeugt sein, dass es andere, bessere Arten gibt, damit umzugehen. Es ergibt kaum einen Sinn, von einer Entwertung gewisser Tätigkeiten – etwa der Elternschaft oder der staatsbürgerlichen Pflichten – zu reden, wenn man nicht davon *überzeugt* ist, dass zum Beispiel die Rolle als Elternteil oder Staatsbürger besser oder schlechter erfüllt werden kann.

Noch immer entziehen sich diese Lebensbereiche weitgehend der Logik des Marktes. Eltern ist es nicht erlaubt, ihre Kinder zu verkaufen, und Staatsbürger dürfen ihre Stimme nicht veräußern. Der Grund dafür ist einfach: Wir glauben, ein Verkauf solcher Dinge bewerte sie auf falsche Weise und kultiviere schlechte Einstellungen.

Wollen wir die moralischen Grenzen von Märkten überdenken, müssen wir uns diesen Fragen stellen und gemeinsam und öffentlich darüber diskutieren, wie die von uns geschätzten sozialen Güter zu bewerten sind. Es wäre naiv, zu erwarten, dass selbst eine robust und offen geführte öffentliche Debatte zu Einigkeit bei jeder umstrittenen Frage führen würde. Sie würde aber ein gesünderes öffentliches Leben mit sich bringen. Und sie würde uns bewusst machen, welchen Preis wir dafür entrichten, dass wir in einer Gesellschaft leben, in der alles zum Verkauf steht.

Wenn wir an die Moral der Märkte denken, fallen uns zuerst die Banken der Wall Street ein mit ihren rücksichtslosen Missetaten, die Hedgefonds und Rettungsaktionen und die Reform der Börsenregeln. Doch die moralische und politische Herausforderung, vor der wir stehen, ist profaner und gleichzeitig tiefgreifender: Es geht darum, Rolle und Reichweite der Märkte in unserem sozialen Handeln, unseren zwischenmenschlichen Beziehungen und in unserem Alltagsleben zu überdenken.

I

PRIVILEGIEN

Niemand steht gerne in einer Warteschlange. Manchmal kann man freilich dafür bezahlen, um sich vordrängeln zu dürfen. Schon seit Langem ist bekannt, dass ein ansehnliches Trinkgeld für den Maître eines angesagten Edelrestaurants in Stoßzeiten die Wartezeit verkürzen kann. Solche Trinkgelder sind quasi Bestechungsgelder und werden diskret gehandhabt. Im Fenster weist kein Schild darauf hin, dass jemand, der bereit ist, dem Kellner am Empfang einen Fünfziger zuzustecken, sofort einen Tisch bekommt. In den letzten Jahren ist der Verkauf von derlei Sonderrechten jedoch zur vertrauten Praxis geworden.

Fast Track

Lange Schlangen vor den Sicherheitskontrollen machen Flugreisen zu einer Tortur. Allerdings muss nicht jeder in Serpentinen anstehen. Wer Tickets für die erste Klasse oder die Business Class kauft, hat Priorität und darf an den anderen vorbei zur Überprüfung schreiten. Bei British Airways nennt sich das »Fast Track« – ein Service, der Passagiere der oberen Preisklassen auch bei der Pass- und Einwanderungskontrolle die Warteschlange überspringen lässt.[1]

Die meisten können es sich jedoch nicht leisten, in der ersten Klasse zu fliegen, weshalb die Fluglinien begonnen haben, den Passagieren der Holzklasse die Möglichkeit einzuräumen, diese Privilegien zum Überspringen der Schlange extra zu erwerben. Für einen Aufschlag von 39 Dollar verkauft einem United Airlines vorrangiges Boarding für den Flug von Denver nach Boston. Dazu gehört auch das Recht, sich bei der Sicherheitskontrolle vorn einzureihen. Der Londoner Luton Airport bietet eine noch erschwinglichere Option für die Überholspur an: Wer sich nicht lange anstellen mag, bezahlt umgerechnet etwa 7 Euro und wandert an die Spitze der Schlange.[2]

Kritiker monieren, dass es bei der Sicherheitskontrolle in Flughäfen keine käufliche Überholspur geben sollte. Die Kontrollen seien ein Aspekt der nationalen Sicherheit und keine Annehmlichkeit wie etwa ein größerer Sitzabstand oder Vorrang beim Boarding. Die mit der Sicherheit an Bord verbundene Belastung sollten alle Passagiere gleichermaßen tragen. Die Fluglinien erwidern, jeder sei derselben Kontrollintensität unterworfen, nur die Wartezeit ändere sich halt je nach Preis. Solange jedermann den gleichen Körperscan durchlaufen müsse, sei die kürzere Wartezeit in der Security-Schlange ein Vorteil, den sie nach Belieben verkaufen dürften.[3]

Auch Freizeitparks haben damit angefangen, das Recht zum Vordrängeln käuflich anzubieten. Üblicherweise verbringen die Besucher vor den beliebtesten Attraktionen Stunden mit Warten. Mittlerweile gibt es in den Universal Studios Hollywood und anderen Vergnügungsparks jedoch eine Möglichkeit, die Wartezeit zu vermeiden: Man bezahlt ungefähr das Doppelte des normalen Eintrittsgeldes und erhält dafür einen Ausweis, mit dem man ans vordere Ende der Schlange springen kann. Ein beschleunigter Zugang zur Geisterbahn mag moralisch unproblematischer sein als der privilegierte Weg durch die Sicherheitskontrolle eines Flughafens, doch auch hier beklagen manche Beobachter diese Praxis, die ihrer Ansicht nach eine gesunde bürgerliche Gewohnheit zersetzt: »Vorbei die Zeiten, als die Schlange an der Kasse des Freizeitparks noch der große Gleichmacher war, wo jede Familie im Urlaub auf demokratische Weise wartete, bis sie an der Reihe war«, schrieb ein Kommentator.[4]

Interessant ist, dass viele Vergnügungsparks diese Praxis oft verschleiern. Um die gewöhnlichen Kunden nicht zu verprellen, komplimentieren sie ihre Premiumgäste durch Hintertürchen und gesonderte Tore; andere stellen einen Begleiter, der den Weg der VIP-Gäste an der Warteschlange vorbei erleichtert. Dieses Bedürfnis nach Diskretion legt nahe, dass das Vordrängeln gegen Bezahlung – sogar im Vergnügungspark – dem Gefühl zuwiderläuft, es sei ein Gebot der Fairness, dass alle gleichermaßen zu warten hätten, bis sie an der Reihe sind. Auf der Webseite von Universal für den Ticketverkauf ist von dieser Zurückhaltung allerdings nichts zu spüren. Dort wird der Ausweis zum Überspringen der Schlange (149 Dollar) mit unmissverständlicher Offenheit angepriesen: »Bei allen Fahrgeschäften, Shows und Attraktionen stehen Sie damit *ganz vorne* in der Schlange!«[5]

Wer das Überspringen der Warteschlange in Vergnügungsparks abstoßend findet, könnte sich vielleicht für eine traditionelle Sehenswürdigkeit entscheiden – etwa das Empire State Building. Für 22 Dollar (Kinder zahlen 16) kann man mit dem Lift hinauf ins 86. Stockwerk fahren und dort einen spektakulären Blick auf New York genießen. Leider zieht diese Attraktion jährlich mehrere Millionen Besucher an, und die Wartezeit vor dem Lift kann manchmal Stunden ausmachen. Deshalb bietet das Empire State Building inzwischen eine Überholspur an: Für

45 Dollar pro Person kann man einen Express-Ausweis kaufen, der die Wartezeit vor dem Aufzug und der Sicherheitskontrolle erheblich verkürzt. 180 Dollar für eine vierköpfige Familie zu berappen, damit man schnell nach oben kommt, mag überteuert erscheinen. Doch die Webseite für Tickets weist darauf hin, dass der Express-Ausweis »eine fantastische Möglichkeit ist, die Zeit in New York optimal zu nutzen, indem Sie die Warteschlange im Empire State Building umgehen und direkt zu einer der großartigsten Aussichten gelangen«.[6]

Überholspuren

Der Trend zur schnellen Sonderspur lässt sich auch auf den Freeways der USA beobachten. Zunehmend können dort Pendler dem zäh fließenden Berufsverkehr gegen Bezahlung auf eine schnelle Sonderspur entkommen. Es begann in den 80ern mit Spuren für Fahrgemeinschaften. In der Hoffnung, Staus und Luftverschmutzung zu reduzieren, richteten die Staaten Express-Spuren für Pendler ein, die bereit waren, Mitfahrer aufzunehmen. Alleinfahrer, die auf den Sonderspuren erwischt wurden, hatten mit hohen Geldstrafen zu rechnen.

Manche setzten daher sogar aufblasbare Puppen auf den Beifahrersitz und hofften, die Polizeistreifen so täuschen zu können. In einer Folge der Sitcom *Curb Your Enthusiasm* kommt Larry David auf die geniale Idee, sich in die Sonderspur quasi einzukaufen: Angesichts des dichten Verkehrs auf dem Weg zu einem Baseballspiel der Los Angeles Dodgers heuert er eine Prostituierte an – nicht für Sex, sondern um mit ihm zum Stadion zu fahren. Dank der schnellen Nummer auf der Sonderspur kommt er rechtzeitig zum ersten Pitch dort an.[7]

Inzwischen halten es viele Pendler genauso – ohne dafür eine Prostituierte anheuern zu müssen. Für Gebühren von bis zu 10 Dollar während der Stoßzeit können Alleinfahrer das Recht zur Nutzung der Sonderspuren für Fahrgemeinschaften erstehen. San Diego, Minneapolis, Houston, Denver, Miami, Seattle und San Francisco gehören zu den Städten, die inzwischen das Recht auf schnelleres Pendeln verkaufen. Die Maut variiert üblicherweise mit dem Verkehrsaufkommen – je zäher der Verkehr, desto höher die Gebühr. (In den meisten Orten können Autos mit zwei oder mehr Insassen die Sonderspuren nach wie vor gratis benutzen.) Auf dem Riverside Freeway östlich von Los Angeles zockelt der Berufsverkehr in den Gratisspuren mit 20 bis 30 Stundenkilometern dahin, während die zahlenden Kunden auf der Express-Spur mit 90 Sachen vorbeirauschen.[8]

Einige halten nichts davon, das Recht, eine Überholspur zu benutzen, käuflich zu machen. Sie meinen, die Ausbreitung von schnellen Sonderspursystemen käme lediglich den Reichen zugute und verweise die Armen ans Ende der Schlange. Gegner der gebührenpflichtigen Sonderspuren bezeichnen sie als »Lexus-Spuren« (in Anlehnung an die berühmte japanische Luxuskarosse) und meinen, sie seien unfair gegenüber den Pendlern mit bescheidenen Mitteln. Aber nicht alle sehen das so. Die Befürworter argumentieren, es sei nichts Falsches daran, für schnelleren Service mehr zu verlangen. Federal Express fordert für die Zustellung über Nacht einen Zuschlag. Die örtliche Reinigung verlangt mehr, wenn sie die Kleidung noch am selben Tag reinigen soll. Dennoch beschwert sich keiner, dass es unfair sei, wenn FedEx ein Paket bevorzugt zustellt oder die Reinigung ein Hemd schneller reinigt als andere.

Für einen Ökonomen stehen lange Schlangen bei Gütern und Dienstleistungen für Vergeudung und Ineffizienz;

sie sind ein Hinweis, dass das Preissystem es nicht geschafft hat, Nachfrage und Angebot zur Deckung zu bringen. Lässt man die Leute für eine schnellere Abfertigung am Flughafen, in Vergnügungsparks und auf Autobahnen bezahlen, verbessert das die wirtschaftliche Effizienz – weil die Zeit der Menschen mit einem Preis versehen wird.

Das Geschäft mit dem Schlangestehen

Selbst wenn es einem nicht möglich ist, sich in die Spitze der Schlange einzukaufen, kann man gelegentlich jemanden anheuern, der sich für einen anstellt. Das New Yorker Public Theater veranstaltet im Central Park jeden Sommer kostenlose Shakespeare-Aufführungen. Karten für die Abendvorstellungen sind jeweils von 13 Uhr an erhältlich, und die Warteschlange bildet sich schon Stunden vorher.

Als 2010 Al Pacino den Shylock im *Kaufmann von Venedig* gab, war die Nachfrage nach Karten besonders stark.

Viele New Yorker wollten das Stück unbedingt sehen, hatten aber nicht die Zeit, sich so lange anzustellen. Nach einem Bericht der *New York Daily News* ließ dieses Dilemma ein reges Kleingewerbe aufblühen – zahlreiche Menschen boten an, sich stellvertretend anzustellen und so Tickets für diejenigen zu beschaffen, die bereit waren, für diese Bequemlichkeit zu bezahlen. Die Schlangesteher boten ihre Dienste auf diversen Webseiten an. Als Gegenleistung für die Zeit in der Warteschlange konnten sie ihren vielbeschäftigten Kunden bis zu 125 Dollar pro Karte für die an sich kostenlosen Aufführungen abnehmen.[9]

Das Theater versuchte, die bezahlten Schlangesteher von der Ausübung ihres Gewerbes mit der Behauptung abzuhalten, dies sei »nicht im Sinne der Veranstaltungsreihe ›Shakespeare in the Park‹«. Das öffentlich subventionierte Public Theater sei kein gewinnorientiertes Unternehmen, sondern habe die Aufgabe, großes Theater für ein breites Publikum aus allen Schichten der Bevölkerung zugänglich zu machen. Andrew Cuomo, damals New Yorks Justizminister, zwang die größte einschlägige Webseite dazu, die Werbung für die Karten und die Dienste der Schlangesteher zu beenden. Er stellte fest: »Tickets zu verkaufen, die kostenlos sein sollen, nimmt den New Yorkern die Möglichkeit, sich der Leistungen zu erfreuen, die diese vom Steuerzahler unterstützte Institution bereitstellt«.[10]

Nicht nur im Central Park können Leute Geld machen, indem sie anstehen und warten. In Washington, D. C., wird das Geschäft mit dem Schlangestehen gerade zu einer staatlichen Institution. Wenn Kongress-Ausschüsse Anhörungen zu Gesetzesvorschlägen abhalten, reservieren sie einige Sitze für die Presse und die Allgemeinheit – nach dem Prinzip »wer zuerst kommt, mahlt zuerst«. Je nach Thema und Raumgröße können sich die Warteschlangen für die Anhörungen schon einen Tag zuvor oder noch früher bilden, manchmal gar im Regen oder in winterlicher Kälte. Firmenlobbyisten sind scharf darauf, an diesen Anhörungen teilzunehmen, um in den Pausen die beteiligten Abgeordneten anzusprechen und bei Gesetzen, die ihre Branche betreffen, auf dem Laufenden zu bleiben. Doch die Lobbyisten verbringen ungern Stunden in der Schlange, um sich einen Platz zu sichern. Ihre Lösung: Sie bezahlen Tausende Dollar für Firmen, die Leute beschäftigen, um sich dort anzustellen.

Diese Firmen rekrutieren Rentner, Kurierfahrer und immer häufiger auch Obdachlose, die den Elementen trotzen und einen Platz in der Schlange besetzen. Die Schlangesteher warten erst draußen, wandern dann mit dem Voranschreiten der Schlange in die Räume der Verwaltungsgebäude im Kongress und stellen sich vor den Räumen für die Anhörung an. Kurz vor Beginn der Veranstaltung eilen die betuchten Lobbyisten herbei, tauschen den Platz mit ihren schäbig gekleideten Stellvertretern und nehmen an der Sitzung teil.[11]

Die Firmen verlangen von den Lobbyisten zwischen 36 und 60 Dollar pro Wartestunde in der Schlange, was bedeutet, dass es 1000 Dollar oder mehr kosten kann, einen Platz in einer Anhörung zu ergattern. Die Platzhalter selbst bekommen pro Stunde 10 bis 20 Dollar. Die *Washington Post* sprach sich in einem Leitartikel gegen diese Praxis aus und bezeichnete sie als »erniedrigend« für den Kongress und als »herablassend gegenüber der Öffentlichkeit«. Die demokratische Senatorin Claire McCaskill aus Missouri versuchte erfolglos, sie verbieten zu lassen. »Die Vorstellung, dass bestimmte Interessengruppen Plätze für Anhörungen des Kongresses in gleicher Weise kaufen wie Tickets für ein Konzert oder ein Fußballspiel, erscheint mir als anstößig«, erklärte sie.[12]

Das Warteschlangen-Business hat inzwischen den Sprung vom Kongress zum U.S. Supreme Court geschafft. Wenn das Oberste Gericht in großen, die Verfassung betreffenden Fällen mündliche Vorträge anhört, ist es nicht einfach, einen Platz zu bekommen. Wer jedoch bereit ist, dafür zu bezahlen, kann einen Stellvertreter anheuern, der einem einen Platz auf der Galerie des höchsten Gerichts im Land verschafft.[13]

Die Firma LineStanding.com beschreibt sich selbst als »führend in der Branche des Anstehens«. Als Senatorin McCaskill ein Gesetz einbrachte, das diese Praxis verbieten sollte, setzte sich Mark Gross, der Eigner dieses Unternehmens, zur Wehr. Er verglich Anstehen in der Warteschlange mit der Arbeitsteilung am Fließband Henry

Fords: »Jeder Arbeiter am Band war zuständig für seine spezielle Aufgabe.« So wie Lobbyisten sich gut darauf verstünden, bei Anhörungen präsent zu sein und »alle Aussagen zu analysieren«, und Senatoren wie Kongressabgeordnete es beherrschten, »eine gut begründete Entscheidung zu treffen«, seien Schlangesteher eben gut im, nun ja, Warten. »Arbeitsteilung macht aus Amerika einen Ort, wo jeder eine passende Arbeit finden kann«, behauptete Gross. »Anstehen mag als seltsame Praxis erscheinen, doch letztlich ist es ein ehrlicher Job in einer freien Marktwirtschaft.«[14]

Oliver Gomes, der beruflich in der Warteschlange steht, sieht das genauso. Er wohnte in einer Obdachlosenunterkunft, als man ihn für diesen Job anheuerte. CNN interviewte ihn, als er bei einer Anhörung zum Klimawandel für einen Lobbyisten in der Warteschlange die Stellung hielt. »Als ich in den Räumen des Kongresses saß, ging es mir ein wenig besser«, erklärte Gomes gegenüber CNN. »Ich fand es erhebend und kam mir vor wie, nun ja, also, wie jemand, der vielleicht dazugehört; vielleicht kann ich ja sogar auf dieser kleinen untergeordneten Ebene etwas beitragen.«[15]

Was für Gomes eine Chance bedeutete, erlebten einige Umweltaktivisten als frustrierend. Als sie zur Klimawandel-Anhörung kamen, ließ man sie nicht ein. Die bezahlten Platzhalter der Lobbyisten hatten schon alle verfügbaren Plätze in dem Raum okkupiert.[16] Natürlich ließe sich vorbringen, dass die Umweltaktivisten, wenn ihnen denn wirklich viel daran gelegen war, an der Anhörung teilzunehmen, sich ja auch die Nacht über hätten anstellen können. Oder sie hätten ein paar Obdachlose dafür bezahlen können, an ihrer Stelle zu warten.

Schwarzmarkt für Arzttermine

Schlangestehen gegen Bezahlung ist kein ausschließlich amerikanisches Phänomen. Als ich kürzlich in China war, erfuhr ich, dass bezahltes Schlangestehen bei den Spitzenkliniken Pekings zur Routine geworden ist. Die Marktreformen der letzten beiden Jahrzehnte haben dazu geführt, dass zahlreiche öffentliche Krankenhäuser geschlossen wurden, was besonders die ländlichen Gebiete getroffen hat. So reisen Patienten vom Land mittlerweile zu den großen öffentlichen Kliniken der Hauptstadt und lassen vor den Registrierungsbüros lange Warteschlangen entstehen. Sie stellen sich über Nacht und manchmal tagelang an, um ein Ticket für einen Arzttermin zu erhalten.[17]

Die Tickets kosten nicht viel – nur 14 Yuan (etwa 2 Dollar). Doch es ist nicht leicht, eines zu ergattern. Anstatt nun Tage und Nächte in der Warteschlange zu verbringen, kaufen manche Patienten die Tickets auf dem Schwarzmarkt. Die Schwarzhändler verdienen ihr Geld mit der klaffenden Lücke zwischen Angebot und Nachfrage. Sie heuern Leute an, die sich für Tickets anstellen, und verkaufen diese dann für viele hundert Dollar weiter – das ist mehr, als ein normaler Bauer in Monaten verdient. Termine bei führenden Spezialisten sind besonders begehrt und werden von den Schwarzhändlern verhökert wie Karten für die Champions League. Die *Los Angeles Times* schilderte die Schwarzmarktszene vor der Registrierungsstelle einer Pekinger Klinik so: »Dr. Tang. Dr. Tang. Wer will ein Ticket für Dr. Tang? Rheumatologie und Immunologie.«[18]

Schwarzmarkttickets für Arzttermine haben etwas Widerliches an sich. Zum einen belohnt das System die Makler und nicht diejenigen, die Hilfe leisten. Wenn ein Termin beim Rheumatologen 100 Dollar wert sein soll, dann könnte Dr. Tang zu Recht fragen, warum der größte Teil des Geldes an Schwarzhändler fällt statt an ihn oder seine Klinik. Dem dürften Ökonomen zustimmen; sie würden den Kliniken raten, ihre Preise zu erhöhen. Tatsächlich haben einige Kliniken in Peking inzwischen spezielle Ticketschalter eingerichtet, wo die Termine teurer und die Warteschlangen kürzer sind.[19] Dieser Ticketschalter mit höheren Preisen ist die Klinikversion der VIP-Ausweise in Vergnügungsparks oder der Fast Tracks auf Flughäfen – eine Möglichkeit, die Warteschlange gegen Bezahlung zu überspringen.

Aber unabhängig davon, wer angesichts der hohen Nachfrage abkassiert, ob nun die Schwarzhändler oder die Klinik – die Überholspur zum Rheumatologen wirft eine grundlegendere Frage auf: Sollten Patienten die Möglichkeit erhalten, die Warteschlange für medizinische Versorgung einfach deswegen zu überspringen, weil sie es sich leisten können, mehr zu bezahlen?

Angesichts der Schwarzhändler und der speziellen Ticketschalter in Pekinger Kliniken liegt diese Frage nahe. Doch die gleiche Frage lässt sich auch bei einer weniger auffälligen Form des Vordrängelns stellen, die in den USA immer häufiger praktiziert wird. Es ist das Aufkommen der »Concierge medicine« – Ärzte, die rund um die Uhr verfügbar sind, ähnlich wie das Personal eines guten Hotels.

Ärzte auf Abruf

Auch wenn es in den Kliniken in den USA nicht von Schwarzhändlern wimmelt, ist medizinische Versorgung oft mit langen Wartezeiten verbunden. Arzttermine müssen Wochen, manchmal Monate im Voraus vereinbart werden. Kommt man dann zum Termin, kann es sein, dass man im

Wartezimmer Moos ansetzt, nur um anschließend in hastigen zehn oder fünfzehn Minuten abgefertigt zu werden. Der Grund: Die Krankenversicherungen bezahlen den Allgemeinärzten nicht viel für Routinetermine. Deswegen haben sie üblicherweise 3000 oder mehr Patienten in ihrer Kartei und peitschen täglich 25 bis 30 Termine durch.[20]
Viele Patienten und Ärzte empfinden dieses System als frustrierend, weil es den Medizinern wenig Zeit lässt, ihre Patienten kennenzulernen oder ihre Fragen zu beantworten. Deswegen bietet inzwischen eine wachsende Zahl von Ärzten eine attraktivere Form der Versorgung an: die »Concierge medicine«. Wie der Portier eines Fünf-Sterne-Hotels steht der Arzt rund um die Uhr zur Verfügung. Für jährliche Gebühren von 1500 bis 25 000 Dollar wird dem Patienten garantiert, dass er am selben oder am folgenden Tag einen Termin erhält – ohne Wartezeit, ohne Zeitdruck bei der Konsultation und mit der Möglichkeit, rund um die Uhr per E-Mail oder Handy mit dem Arzt Kontakt aufzunehmen. Und wenn man einen Topspezialisten konsultieren möchte, wird einem der persönliche Arzt den Weg ebnen.[21]
Damit sie diesen aufmerksamen Service gewährleisten können, reduzieren die so arbeitenden Ärzte die Zahl der von ihnen versorgten Patienten drastisch. Mediziner, die ihre Praxis solchermaßen umstellen wollen, benachrichtigen ihre vorhandenen Patienten schriftlich und stellen sie vor die Wahl, sich für den neuen Service ohne Wartezeit, aber mit jährlicher Gebühr anzumelden oder sich einen anderen Arzt zu suchen.[22]
Eine der ersten Arztpraxen dieser Art (und eine der teuersten) ist die 1996 gegründete MD². Für jährlich 15 000 Dollar pro Person und 25 000 Dollar für die ganze Familie verspricht das Unternehmen einen »absoluten, unbeschränkten und exklusiven Zugang zu Ihrem persön-

lichen Arzt«.[23] Jeder Arzt betreut nur 50 Familien. Wie die Firma auf ihrer Webseite erklärt, sei es für die »Verfügbarkeit und das Niveau der von uns bereitgestellten Dienste absolut unerlässlich, unsere Praxis auf wenige Auserwählte zu beschränken«.[24] Wie die Zeitschrift *Town & Country* berichtet, gleicht »das Wartezimmer von MD² eher der Lobby eines Ritz-Carlton als der Praxis eines Arztes«. Doch nur wenige Patienten suchen die Praxis überhaupt auf. »CEOs und Firmeninhaber, die keine Zeit für einen Arztbesuch haben, ziehen es vor, die medizinische Behandlung zu Hause oder im Büro in Anspruch zu nehmen.«[25]

Andere Praxen mit entsprechendem Service versorgen die obere Mittelschicht. MD-VIP, eine in Florida sitzende kommerzielle Kette, bietet Termine am gleichen Tag und Sofortservice (der Anruf wird nach dem zweiten Klingelton beantwortet) für 1500 bis 1800 Dollar pro Jahr an und akzeptiert Versicherungsleistungen für medizinische Standardverfahren. Die teilnehmenden Ärzte fahren ihren Patientenstamm auf 600 Personen zurück, was es ihnen ermöglicht, mehr Zeit für jeden Patienten aufzubringen.[26] Die Firma versichert, dass »Warten nicht zu den Erfahrungen beim Arztbesuch gehört«. Laut der *New York Times* stellt eine MD-VIP-Praxis in Boca Raton im Wartezimmer Obstsalat und Biskuitgebäck bereit. Weil dort aber ohnehin kaum jemand warte, blieben die Naschereien oft unberührt.[27]

Für die rund um die Uhr erreichbaren Ärzte und ihre zahlenden Kunden ist diese Form der medizinischen Versorgung genau so, wie sie sein sollte. Statt 30 Patienten täglich empfangen die Ärzte acht bis zwölf Patienten und kommen finanziell immer noch gut weg. Die unter dem Dach von MD-VIP arbeitenden Mediziner behalten zwei Drittel der Jahresgebühr (ein Drittel geht an die Firma);

das heißt, eine Praxis mit 600 Patienten nimmt jährlich 600 000 Dollar allein an festen Gebühren ein. Dabei sind die Behandlungshonorare, die von der Krankenkasse gezahlt werden, noch gar nicht eingerechnet. Für Patienten, die es sich leisten können, sind Arzttermine ohne Zeitdruck und zeitlich unbeschränkter Zugang zu einem Arzt ein Luxus, der sein Geld wert ist.[28]

Natürlich hat das eine Kehrseite: Die Rundumversorgung für wenige geht damit einher, dass alle anderen in die überfüllten Patientenkarteien der übrigen Ärzte abgeschoben werden.[29] Insofern lässt sich hier der gleiche Einwand geltend machen, der gegen jedes System mit Überholspur erhoben wird: Es ist unfair gegenüber all denen, die schmachtend auf der Kriechspur zurückbleiben.

Die Vorzugsmedizin unterscheidet sich sicherlich von den speziellen Ticketschaltern und dem Schwarzhandel mit Arztterminen in Peking. Denn wer sich keinen Arzt mit Vorzugsbehandlung leisten kann, findet in der Regel auch anderswo eine anständige medizinische Versorgung. Wer sich dagegen in Peking keinen Schwarzhändler leisten kann, muss tage- und nächtelang anstehen.

Doch die beiden Systeme haben eines gemeinsam: Sie ermöglichen es den Begüterten, die Warteschlange für medizinische Versorgung zu überspringen. In Peking verläuft das Vordrängeln zwar unverschämter als in Boca Raton – zwischen dem Radau in der überfüllten Registrierungsstelle und der Ruhe des Wartezimmers mit den Biskuits scheinen Welten zu liegen. Doch dies liegt nur daran, dass das Ausscheren aus der Warteschlange schon durch das Entrichten der Gebühr im Verborgenen stattgefunden hat, wenn der Patient der Vorzugsmedizin seinen Termin wahrnimmt.

Marktkonformes Denken

Dies alles sind Zeichen unserer Zeit. In Flughäfen und Vergnügungsparks, in den Fluren des amerikanischen Kongresses und den Wartezimmern der Ärzte wird die Ethik der Warteschlange – »immer der Reihe nach« – durch die Ethik des Marktes ersetzt: »Man bekommt, was man bezahlt hat.« Und diese Verschiebung spiegelt eine umfassendere Bewegung: das zunehmende Übergreifen des Geldes und der Märkte auf Lebensbereiche, die einst von anderen Normen beherrscht wurden.

Das Recht, die Warteschlange zu überspringen, ist nicht das schmerzlichste Beispiel dieses Trends. Aber indem wir fragen, was an Schlangestehen, Schwarzhandel mit Arztterminen und anderen Formen des Vordrängelns richtig oder falsch sein mag, schärfen wir unseren Blick für die moralische Dimension – und die moralischen Grenzen – des marktkonformen Denkens.

Ist irgendetwas falsch daran, Leute zum Anstehen anzuheuern oder Arzttermine im Schwarzhandel zu verticken? Die meisten Ökonomen verneinen das. Mit einer Ethik der Warteschlange können sie nicht viel anfangen. Warum sollte sich jemand beschweren, fragen sie, wenn ich einen Obdachlosen dafür bezahle, dass er sich an meiner Stelle in die Schlange einreiht? Warum sollte ich daran gehindert werden, mein Terminticket zu verkaufen, anstatt es selbst zu nutzen?

Ihr Plädoyer für die Herrschaft der Märkte beruft sich auf zwei Argumente. Eines speist sich aus der Achtung für die Freiheit des Einzelnen, das andere stellt den Gedanken der Nutzenmaximierung ins Zentrum der Überlegungen. Ersteres ist ein Argument der Libertarianer, die davon ausgehen, dass Menschen frei kaufen und verkaufen dürfen, was ihnen beliebt, solange sie nicht die Rechte anderer verletzen. Libertarianer sind gegen Gesetze, die den Schwarzhandel mit Arztterminen untersagen, und zwar mit der gleichen Begründung, wie sie gegen gesetzliche Beschränkungen der Prostitution oder des Organhandels sind. Sie glauben, solche Gesetze würden die Freiheit des Einzelnen verletzen, weil sie die Legitimität von Entscheidungen in Zweifel zögen, die Erwachsene einvernehmlich getroffen hätten.

Das zweite Argument für die Märkte, das unter Ökonomen gängiger ist, gründet sich auf utilitaristische Überlegungen. Demnach nützt der Austausch auf dem Markt sowohl Käufern als auch Verkäufern, wodurch das Gemeinwohl oder der gesellschaftliche Nutzen insgesamt gesteigert wird. Die Tatsache, dass mein Stellvertreter in der Warteschlange und ich einen Handel abschließen, beweist, dass wir im Ergebnis beide besser dastehen. Wenn ich 125 Dollar bezahle, um das Shakespeare-Stück sehen zu können, muss ich anschließend besser dran sein, denn sonst hätte ich den Stellvertreter nicht engagiert. Und mit 125 Dollar für die Stunden in der Warteschlange muss es meinem Vertreter besser gehen, sonst hätte er den Job nicht übernommen. Also ziehen wir beide einen Vorteil daraus. Genau das meinen die Ökonomen, wenn sie behaupten, freie Märkte würden Güter effizient zuteilen. Weil Märkte den Menschen ermöglichen, Geschäfte zum beiderseitigen Vorteil abzuschließen, teilen sie die Güter denjenigen zu, die sie am meisten schätzen, was sich darin ausdrückt, dass sie bereit sind, dafür zu bezahlen.

Mein Kollege, der Ökonom Gregory Mankiw, ist Autor eines der am häufigsten benutzten Lehrbücher für Ökonomie in den USA. Er verwendet das Beispiel des Schwarzhandels mit Arztterminen, um die Vorzüge des freien Marktes zu illustrieren. Zunächst erklärt er, ökonomische Effizienz bedeute, Güter auf eine Weise zuzuteilen, die

»das wirtschaftliche Wohl aller in der Gesellschaft« maximiere. Dann merkt er an, dass freie Märkte zu diesem Ziel beitragen, indem sie »das Angebot an Gütern an die Käufer weiterleiten, die sie am meisten schätzen, was sich daran zeigt, wie viel sie zu bezahlen bereit sind«.[30] Nehmen wir die Schwarzhändler für Arzttermine: »Soll eine Ökonomie ihre raren Ressourcen effizient zuteilen, müssen Güter an jene Verbraucher fallen, die sie am meisten schätzen. Schwarzhandel mit Arztterminen ist ein Beispiel, wie Märkte effiziente Ergebnisse erzielen ... Indem die Schwarzhändler den höchsten Preis verlangen, den der Markt hergibt, stellen sie sicher, dass Konsumenten mit der höchsten Bereitschaft, für die Tickets zu bezahlen, sie auch bekommen.«[31]

Falls dieses Argument zutrifft, sollte man Schwarzhändler und Firmen zur Vermittlung von Schlangestehern nicht schmähen, weil sie die Integrität der Warteschlange stören. Man sollte sie vielmehr preisen, weil sie den gesellschaftlichen Nutzen mehren, indem sie unterbewertete Güter für jene verfügbar machen, die am meisten dafür zu zahlen bereit sind.

Märkte vs. Warteschlangen

Was lässt sich dann zugunsten der Ethik der Warteschlange vorbringen? Warum sollte man versuchen, bezahlte Schlangesteher und Schwarzhändler aus dem Central Park oder vom Capitol Hill zu verbannen? Ein Sprecher von »Shakespeare im Park« bot folgende Begründung an: »Sie nehmen jemandem einen Platz und ein Ticket weg, der dabei sein und gerne eine Produktion von Shakespeare im Park sehen möchte. Wir wollen, dass die Leute dieses Erlebnis gratis bekommen.«[32]

Der erste Teil des Arguments ist falsch. Bezahlte Stellvertreter in der Warteschlange und Schwarzhändler reduzieren die Gesamtzahl der Zuschauer einer Vorstellung nicht; sie verändern nur die Zusammensetzung des Publikums. Der Sprecher meint zwar zu Recht, dass die Stellvertreter Tickets beanspruchen, die sonst Leuten zufallen würden, die weiter hinten in der Schlange stehen und das Stück sehr gerne sehen möchten. Doch er reicht die Karten ja nur weiter an Menschen, die das Stück auch wirklich gerne sehen möchten. Genau deshalb berappen sie ja 125 Dollar für einen Stellvertreter in der Schlange.

Wahrscheinlich meinte der Sprecher, dass der Schwarzhandel mit Karten unfair gegenüber denen ist, die keine 125 Dollar parat haben. Damit werden normale Leute benachteiligt, weil sie schwerer an Karten kommen. Dieses Argument ist überzeugender. Wenn ein Stellvertreter oder ein Schwarzhändler ein Ticket bekommt, wird jemand weiter hinten in der Schlange darunter leiden – jemand, für den der Preis des Schwarzhändlers vielleicht unerschwinglich ist.

Verfechter des freien Marktes dürften darauf erwidern: Wenn das Theater seine Ränge tatsächlich mit Leuten füllen will, die das Stück gerne sehen möchten, und wenn es die Freude maximieren will, die seine Vorstellungen bringen, so sollte es geradezu den Wunsch haben, die Karten an diejenigen abzugeben, die sie am meisten schätzen. Und das seien einfach die Leute, die am meisten dafür bezahlten. Das beste Publikum – jenes, das aus dem Stück das größte Vergnügen zieht – erhält man demnach, indem man den freien Markt walten lässt: Entweder man verkauft die Karten für jeden Preis, den der Markt hergibt, oder man erlaubt es professionellen Schlangestehern und Schwarzhändlern, sie an die Meistbietenden zu verkaufen. Vergibt man die Karten an diejenigen, die am meisten dafür bezahlen wollen, stellt man so gesehen am zuverlässigsten fest, wer eine Shakespeare-Aufführung am meisten schätzt.

Doch dieses Argument überzeugt nicht. Der gesellschaftliche Nutzen dürfte von freien Märkten nicht zuverlässiger maximiert werden als durch Warteschlangen. Denn die Bereitschaft, für ein Gut zu bezahlen, zeigt nicht, wer es am meisten schätzt – Marktpreise spiegeln lediglich die Fähigkeit und die Bereitschaft zu bezahlen. Diejenigen, die sich am stärksten wünschen, Shakespeare oder ein Spiel der Red Sox im Stadion zu sehen, können sich das Ticket vielleicht nicht leisten. Und manchmal kommt es vor, dass diejenigen, die am meisten für eine Karte bezahlen, dieses Erlebnis vielleicht gar nicht besonders zu schätzen wissen.

So ist mir aufgefallen, dass die Zuschauer auf den teuren Plätzen im Stadion oft spät kommen und früh wieder gehen. Ob sie sich wirklich so sehr für Baseball interessieren, ist also längst nicht ausgemacht. Dass sie sich die guten Tribünenplätze kaufen können, hat möglicherweise mehr mit ihrer prallen Brieftasche als mit ihrer Leidenschaft für das Spiel zu tun. Mit Sicherheit bedeutet es ihnen weniger als manchen Fans, besonders den jungen, die sich keine teuren Plätze leisten, aber die persönliche Statistik aller Spieler in der Startaufstellung herunterbeten können.

Da Marktpreise sowohl die Fähigkeit als auch den Willen zum Bezahlen wiedergeben, zeigen sie nur unvollkommen, wer ein spezielles Gut am meisten wünscht.

Diese Tatsache ist uns allen vertraut und liegt gewissermaßen auf der Hand. Auf jeden Fall aber weckt sie Zweifel an der Behauptung der Ökonomen, dass Märkte stets besser als Warteschlangen dazu geeignet seien, Güter jenen zukommen zu lassen, die sie am meisten schätzten. In manchen Fälle dürfte die Bereitschaft, sich in eine Warteschlange einzureihen, zuverlässiger anzeigen, wer wirklich dabei sein will.

Verfechter des Kartenschwarzhandels beklagen sich, dass Warteschlangen »eine Diskriminierung zugunsten derjenigen darstellt, die über die meiste freie Zeit verfügen«.[33] Das ist richtig – genauso wie Märkte eine »Diskriminierung« zugunsten der Leute darstellen, die über das meiste Geld verfügen. So, wie Märkte Güter aufgrund der Fähigkeit und der Bereitschaft zu bezahlen zuteilen, vergeben Warteschlangen Güter aufgrund der Fähigkeit und Bereitschaft, auf etwas zu warten. Und als Maßstab, welchen Wert ein Gut für jemanden hat, ist die Bereitschaft zu bezahlen sicherlich nicht besser geeignet als die Bereitschaft zu warten.

Daher ist das utilitaristische Argument zugunsten der Märkte anstatt von Warteschlangen zumindest zweifelhaft. Es hängt nämlich von den Umständen ab. Manchmal teilen Märkte Güter denjenigen zu, die sie am meisten schätzen; in anderen Fällen erfüllen Warteschlangen diese Funktion. Was von beiden effektiver ist, ist eine empirische Frage und nichts, was im Voraus durch abstrakte ökonomische Denkfiguren entschieden werden könnte.

Märkte und Korruption

Doch gegen das utilitaristische Argument zugunsten der Märkte anstatt von Warteschlangen lässt sich noch ein grundsätzlicherer Einwand vorbringen: Utilitaristische Erwägungen sind nicht die einzigen, auf die es ankommt. Bestimmte Güter sind mit Werten verbunden, die über den Nutzen für einzelne Käufer und Verkäufer hinausgehen. Wie ein Gut zugeteilt wird, kann damit zusammenhängen, um welche Art von Gut es sich handelt.

Denken wir noch einmal über die kostenlosen Shakespeare-Aufführungen im Sommer nach. »Wir wollen, dass die Leute dieses Erlebnis gratis bekommen«, sagte der Sprecher, als er die Ablehnung der bezahlten Stellvertreter in der Schlange seitens des Theaters erklärte. Aber warum? Was ändert sich, wenn die Karten gehandelt würden? Für diejenigen, die das Stück gerne sehen würden, sich aber keine Karte leisten können, natürlich alles. Doch es geht hier nicht nur um Fairness. Etwas geht verloren, wenn man ein kostenloses öffentliches Theater zu einer Handelsware macht, und dieses Etwas geht über die Enttäuschung derer hinaus, die über den Preis vom Zuschauen ausgeschlossen werden.

Das Public Theater sieht seine kostenlosen Freilichtaufführungen als öffentliches Fest, als eine Art Feier der Zivilgesellschaft. Sie sind sozusagen ein Geschenk der Stadt an sich selbst. Natürlich gibt es nur eine beschränkte Zahl von Plätzen; es kann nicht jeden Abend die ganze Stadt dabei sein. Grundgedanke ist aber, Shakespeare für alle zugänglich zu machen – ungeachtet der Zahlungsfähigkeit. Es widerspricht diesem Ziel, wenn man für den Eintritt Geld verlangt oder Schwarzhändlern erlaubt, damit Gewinn zu machen. Denn damit wird ein öffentliches Fest zu einem Geschäft, ein Werkzeug für privaten Gewinn. Das wäre ungefähr so, als würde die Stadt New York von ihren Bürgern für das Feuerwerk am vierten Juli (dem Jahrestag der amerikanischen Unabhängigkeitserklärung) Eintrittsgeld verlangen.

Ähnliche Überlegungen erklären, was an bezahlten Vertretern in der Warteschlange am Capitol Hill falsch ist. Ein Einwand betrifft die Fairness: Es ist unfair, dass reiche Lobbyisten den Markt für Anhörungen des Kongresses monopolisieren und so normale Bürger der Möglichkeit berauben, daran teilzunehmen. Doch ungleiche Zugangsmöglichkeiten sind nicht der einzige störende Aspekt daran. Nehmen wir an, Lobbyisten würden besteuert, wenn sie Firmen für professionelles Schlangestehen einschalten, und die Einnahmen würden dazu verwendet, genau diese Dienste auch für normale Bürger erschwinglich zu machen. Ein solches System könnte die Unfairness des aktuellen Verfahrens ein Stück weit ausgleichen. Dennoch bliebe ein weiterer Einwand bestehen: Verwandelt man den Zugang zum Kongress in eine Handelsware, wird dieser entwürdigt und abgewertet.

Ökonomisch betrachtet, führt der freie Zugang zu Anhörungen des Kongresses dazu, dass dieses Gut »unter Preis« verfügbar wird, was Warteschlangen hervorruft. Die Branche für bezahltes Schlangestehen beseitigt diese Ineffizienz, indem sie einen Marktpreis einführt. Sie teilt Plätze für die Anhörung denjenigen zu, die am meisten dafür bezahlen. Doch damit wird das Gut – einer repräsentativen Regierung bei der Arbeit zuzusehen – auf falsche Art bewertet.

Warum das so ist, erkennen wir, wenn wir fragen, warum der Kongress den Zutritt zu seinen Beratungen überhaupt »unter Preis« anbietet. Nehmen wir an, der Kongress würde in seinem Bestreben, die Staatsverschuldung zu reduzieren, für den Eintritt in seine Anhörungen Geld verlangen – sagen wir 1000 Dollar für einen Sitz in der ersten Reihe des Haushaltsausschusses. Viele würden sich dagegen aussprechen – nicht nur, weil eine Eintrittsgebühr unfair gegenüber denen wäre, die sich das nicht leisten können, sondern auch, weil Eintrittsgebühren für das Publikum einer Anhörung des Kongresses eine Art der Korruption darstellen würde.

Bei Korruption denken wir oft an unrechtmäßig erworbene Einnahmen. Doch der Begriff umfasst mehr als Schmiergeld und rechtswidrige Zahlungen. Wird ein Gut oder eine gesellschaftliche Praxis korrumpiert, würdigt man sie herab; man legt den falschen Maßstab an, um ihren Wert zu bestimmen. Eintrittsgebühren für Anhörungen des Kongresses sind in diesem Sinn Korruption. Denn damit wird der Kongress behandelt, als sei er ein Gewerbe und nicht eine Institution der repräsentativen Regierung.

Zyniker dürften erwidern, der Kongress sei bereits ein Gewerbe, weil er routinemäßig Einfluss verkaufe und bestimmten Lobby-Gruppen Vergünstigungen gewähre. Warum also sollte man dies nicht gleich offen zugeben und Eintritt verlangen? Nun, weil auch Lobbyismus, Vorteilsnahme oder -gewährung und In-sich-Geschäfte bereits Beispiele für Korruption sind. Sie bedeuten eine Herabwürdigung der Regierung. Jeder Korruptionsvorwurf geht unausgesprochen mit einer bestimmten Vorstellung der angemessenen Zwecke und Ziele einer Institution (in diesem Fall des Kongresses) einher. Die Branche der bezahlten Vertreter in der Warteschlange am Capitol Hill, eine Erweiterung der Lobby-Branche, ist in diesem Sinne korrupt. Das Ganze ist nicht illegal, und die Bezahlung erfolgt vor aller Augen. Und doch wird damit der Kongress herabgewürdigt – man behandelt ihn als Quelle privater Gewinne und nicht als Instrument des Gemeinwohls.

Was ist falsch am Schwarzhandel mit Eintrittskarten?

Warum finden wir manche Beispiele für bezahltes Überspringen von Warteschlangen, Schlangestehen und Schwarzhandel mit Eintrittskarten anstößig, andere dagegen nicht? Nun, weil Marktwerte bei bestimmten Gütern zersetzend wirken, bei anderen dagegen angemessen sind. Ehe wir entscheiden können, ob ein Gut durch Märkte, Warteschlangen oder auf anderen Wegen zu verteilen ist, müssen wir bestimmen, um welches Gut es sich handelt und wie es bewertet werden sollte.

Es ist nicht immer leicht, das herauszufinden. Sehen wir uns drei Beispiele für »preislich unterbewertete« Güter an, die in letzter Zeit einen Schwarzmarkt für Tickets haben entstehen lassen: Campingplätze im Yosemite-Nationalpark, von Papst Benedikt XVI. abgehaltene Messen unter freiem Himmel und Live-Konzerte von Bruce Springsteen.

Zelten im Yosemite-Nationalpark

Der kalifornische Yosemite-Nationalpark zieht jährlich mehr als vier Millionen Besucher an. Etwa 900 seiner besten Zeltplätze können im Voraus reserviert werden, der Preis beträgt 20 Dollar pro Nacht. Die Reservierungen können telefonisch oder online gebucht werden, und zwar jeweils ab 7.00 Uhr am 15. jedes Monats und bis zu fünf Monate im Voraus. Es ist jedoch nicht leicht, diese Zeltplätze zu ergattern. Die Nachfrage speziell für den Sommer ist so groß, dass sie innerhalb weniger Minuten nach Reservierungsbeginn komplett ausgebucht sind.

Doch 2011 berichtete *The Sacramento Bee*, dass Schwarzhändler die Zeltplätze für 100 bis 200 Dollar pro Nacht auf einer einschlägigen Webseite anboten. Da der National Park Service den Weiterverkauf von Reservierungen verbietet, wurde er prompt mit Beschwerden über die Schwarzhändler überschwemmt und versuchte, den unerlaubten Handel zu unterbinden.[34] Aus ökonomischer Sicht ist nicht klar, warum die Verwaltung das tun sollte: Wenn sie den Nutzen maximieren will, den die Gesellschaft aus dem Yosemite-Park zieht, sollte sie die Zeltplätze doch an diejenigen vergeben, die dieses Erlebnis am höchsten zu schätzen wissen – und am meisten dafür bezahlen. So gesehen sollte der Schwarzmarkt nicht bekämpft, sondern eher begrüßt werden. Oder sie sollten den Preis für Reservierungen auf das vom Markt vorgegebene Niveau anheben und so die überhöhte Nachfrage aus der Welt schaffen.

Doch die öffentliche Empörung über den Schwarzhandel mit Zeltplätzen im Yosemite-Park folgt nicht der Marktlogik. Die Zeitung, die als Erste mit der Story herauskam, brachte einen Leitartikel, der die Schwarzhändler verdammte. Die Schlagzeile lautete: »Schwarzhändler schlagen beim Yosemite-Nationalpark zu: Ist denn nichts mehr heilig?« Der Autor sah den Schwarzhandel nicht als Dienst am gesellschaftlichen Nutzen, sondern als Gaunerei. »Die Wunder von Yosemite gehören uns allen«, hieß es in dem Artikel, »und nicht nur denen, die es sich leisten können, dem Schwarzhändler zusätzlich Geld in den Rachen zu werfen.«[35]

Hinter der Ablehnung des Schwarzhandels mit Zeltplatz-Reservierungen im Yosemite-Park stehen zwei Einwände – einer hat mit Fairness zu tun, der andere bezieht sich darauf, wie ein Nationalpark angemessen zu bewerten ist. Der erste Einwand stört sich daran, dass der Schwarzhandel unfair ist gegenüber Menschen, die sich 150 Dollar für eine Nacht auf dem Campingplatz nicht leisten können. Der zweite Einwand – er schwingt in der rhetorischen Frage »Ist denn nichts mehr heilig?« mit – bezieht sich auf die Vorstellung, dass manche Dinge nicht verkäuflich sein sollten. Demzufolge sind Nationalparks nicht bloß Gebrauchsgegenstände oder Quellen gesellschaftlichen Nutzens, sondern Naturwunder und Orte der Schönheit, die die Wertschätzung oder gar Bewunderung aller verdient haben. Da erscheint es gewissermaßen als Sakrileg, wenn Schwarzhändler den Zugang zu solchen Orten versteigern.

Papstmessen zu verkaufen

Hier ein weiteres Beispiel, wie das Wertesystem des Marktes mit einem geheiligten Gut kollidieren kann: Als Papst Benedikt XVI. die USA besuchte, überstieg die Nachfrage nach Karten für seine Stadionmessen in New York City und in Washington, D.C., das Sitzplatzangebot bei Weitem. Die kostenlosen Tickets wurden von katholischen Diözesen und örtlichen Pfarrgemeinden verteilt. Als dann der unvermeidliche Schwarzhandel mit Karten einsetzte – eine Karte wurde online für mehr als 200 Dollar verkauft –, wurde das von Kirchenvertretern mit der Begründung verurteilt, dass der Zugang zu einem religiösen Ritus keine Handelsware sei. »Es sollte keinen Markt für die Karten geben«, erklärte ein Kirchensprecher. »Die Feier eines Sakraments ist mit Geld nicht aufzuwiegen.«[36]

Diejenigen, die Karten im Schwarzhandel erworben haben, dürften da anderer Ansicht sein. Ihnen war es gelungen, sich in die Feier eines Sakraments einzukaufen. Doch meiner Meinung nach wollte der Kirchensprecher auf etwas anderes hinweisen: Auch wenn es möglich sein mag, an einer Papstmesse teilzunehmen, nachdem man im Schwarzhandel eine Karte erstanden hat, widerspricht der Verkauf von Eintrittskarten dem Geist des Sakraments. Es zeugt von einem Mangel an Respekt, wenn man religiöse Riten oder Naturwunder wie vermarktbare Waren behandelt. Verwandelt man geheiligte Güter in Instrumente zur Gewinnerzielung, bewertet man sie auf eine falsche Weise.

Bruce Springsteen

Doch wie verhält es sich bei einem Ereignis, das zumindest zum Teil ein kommerzielles Unternehmen ist? 2009 veranstaltete Bruce Springsteen in seinem Heimatstaat New Jersey zwei Konzerte. Er legte den höchsten Ticketpreis auf 95 Dollar fest, obwohl die Arena auch voll geworden wäre, wenn er viel mehr verlangt hätte. Diese Preisgrenze führte zu einem wuchernden Schwarzmarkt und brachte Springsteen zugleich um eine Menge Geld – die Rolling Stones verlangten bei einer ihrer jüngsten Tourneen 450 Dollar für die besten Plätze.

Ökonomen, die die Eintrittspreise zu Springsteens Konzert mit seinen früheren Konzerten verglichen haben, kamen zu dem Ergebnis, dass er wegen der unter Marktpreis verkauften Karten an diesem Abend auf etwa vier Millionen Dollar verzichtet hat.[37]

Warum also nicht den Marktpreis verlangen? Für Springsteen sind die relativ erschwinglichen Kartenpreise eine Möglichkeit, seine Fans aus der Arbeiterklasse zu erreichen. Außerdem wird dadurch ein gewisses Verständnis dafür ausgedrückt, worum es bei seinen Konzerten geht. Natürlich soll damit Geld verdient werden, aber eben nur zum Teil. Die Konzerte sind auch große Feste, deren Erfolg davon abhängt, wie das Publikum zusammengesetzt ist. Die Vorstellung wird nicht nur durch die Songs geprägt, sondern auch durch die Beziehung zwischen dem Sänger und seinen Zuhörern sowie durch den Geist, in dem sie sich versammeln.

In der Zeitschrift *New Yorker* weist John Seabrook in einem Artikel zur Ökonomie von Rockkonzerten darauf hin, dass Live-Konzerte nicht lediglich als Handelsware anzusehen sind; wenn man sie nur als solche behandele, reduziere man sie um einen wichtigen Aspekt: »Tonträger sind Waren; Konzerte sind gesellschaftliche Ereignisse, und wenn man versucht, aus dem lebendigen Erlebnis eine Ware zu machen, läuft man Gefahr, das Erlebnis insgesamt zu verderben.« Er zitiert den Ökonomen Alan Krueger, der die Preisgestaltung der Springsteen-Konzerte untersucht hat: »Rockkonzerte sind nicht nur eine Ware, sondern auch eine Art Party.« Laut Krueger ist eine Karte für ein Springsteen-Konzert nicht nur ein Handelsgut. In mancher Hinsicht ist sie auch ein Geschenk. Springsteen gibt seinen Fans etwas, und würde er verlangen, was der Markt zulässt, würde er das auf dieser Gabe gegründete Verhältnis zu seinen Fans untergraben.[38]

So mancher dürfte den niedrigen Ticketpreis zwar bloß als Strategie abtun, heute auf einen gewissen Teil der Einkünfte zu verzichten, um sich die Gunst der Fans zu erhalten und die Einnahmen langfristig zu sichern. Doch so muss man es nicht betrachten. Springsteen glaubt ja vielleicht mit Recht, dass seine Vorstellung, wäre sie reine Handelsware, entwürdigt und falsch bewertet würde. Zumindest das hat er mit Papst Benedikt XVI. gemeinsam.

Die Ethik der Warteschlange

Wir haben uns einige Methoden angesehen, wie man eine Warteschlange überspringt: Man heuert Vertreter an, die sich anstellen, kauft Karten im Schwarzhandel oder erwirbt die Privilegien zum Vordrängeln direkt bei einer Fluglinie oder einem Vergnügungspark. Jede dieser Transaktionen ersetzt die Ethik der Warteschlange (jeder wartet, bis er an der Reihe ist) durch die Ethik des Marktes (man bezahlt extra für schnelleren Service).

Märkte und Warteschlangen – bezahlen und warten – sind zwei verschiedene Möglichkeiten, Dinge zuzuteilen, und jede ist für jeweils unterschiedliche Aktivitäten angemessen. Die Ethik der Warteschlange hat etwas Egalitäres. Sie lädt uns ein, Privilegien, Macht und dicke Brieftaschen zu ignorieren – zumindest für bestimmte Zwecke.

Schon als Kinder wurden wir ermahnt, zu warten, bis wir an der Reihe sind und uns nicht vorzudrängeln. Auf Spielplätzen, an Bushaltestellen und bei Warteschlangen vor öffentlichen Toiletten, vor einem Theater oder einem Stadion erscheint das Prinzip als passend, und wir ärgern uns über Leute, die sich vor uns hineindrängen. Wenn jemand mit einem dringenden Bedürfnis darum bittet, nach vorn durchgehen zu dürfen, werden die meisten Menschen zustimmen. Aber wir würden es für seltsam halten, wenn jemand weiter hinten in der Schlange uns zehn Dollar anböte, um die Plätze zu tauschen, oder wenn das Management zusammen mit den kostenlosen Toiletten kostenpflichtige Expresstoiletten einrichten würde, um besonders betuchten (oder verzweifelten) Kunden entgegenzukommen.

Doch die Ethik der Warteschlange herrscht nicht bei allen Gelegenheiten. Wenn ich mein Haus zum Verkauf anbiete, gibt es keinerlei Verpflichtung, das erste einlaufende Angebot zu akzeptieren, nur weil es das erste ist. Ein Hausverkauf ist etwas anderes als das Warten an der Bushaltestelle. Es gelten jeweils unterschiedliche Normen. Es gibt keinen Grund für die Annahme, nur eines der beiden Prinzipien – sich anstellen oder bezahlen – solle allein die Zuteilung aller Güter regeln.

Normen ändern sich manchmal, und dann ist nicht klar, welches Prinzip den Vorrang haben sollte. Nehmen wir die ständig wiederholte Ansage in der Telefonschleife einer Bank, Krankenversicherung oder eines Internet-Providers: »Ihr Anruf wird in der Reihenfolge des Eingangs beantwortet.« Das ist der Wesenskern einer Ethik der Warteschlange. Es scheint, als würde das Unternehmen versuchen, unsere Ungeduld mit dem Balsam der Fairness zu besänftigen.

Diese automatische Ansage sollte man jedoch nicht allzu

ernst nehmen. Heutzutage werden die Anrufe mancher Leute schneller beantwortet als andere. Man könnte das als Überspringen der Warteschlange am Telefon bezeichnen. Immer mehr Banken, Fluglinien und Kreditkartenunternehmen stellen ihren besten Kunden spezielle Telefonnummern zur Verfügung, oder sie leiten die Anrufe an ausgewählte Call-Center weiter, wo sie prompt angenommen werden. Die Technologie der Call-Center ermöglicht es den Firmen, eingehende Anrufe zu »bewerten« und denen einen schnelleren Service zukommen zu lassen, die aus wohlhabenden Gegenden kommen. Delta Airlines kündigte kürzlich einen umstrittenen Service an: Für einen Aufschlag von fünf Dollar konnten Vielflieger mit einem Kundendienstmitarbeiter in den USA sprechen, anstatt an ein Call-Center in Indien weitergeleitet zu werden. Das öffentliche Missfallen brachte Delta dazu, die Idee aufzugeben.[39]

Was könnte daran falsch sein, die Anrufe der besten (oder vielversprechendsten) Kunden zuerst zu beantworten? Das hängt davon ab, um welche Art von Gütern es sich handelt. Rufen sie wegen der Zinsen für eine Kontoüberziehung an oder wegen einer Blinddarmoperation?

Märkte und Warteschlangen sind natürlich nicht die einzigen Wege der Zuteilung. Manche Güter werden auch nach Leistung vergeben, andere nach der Bedürftigkeit, über eine Lotterie oder durch Zufall. Universitäten lassen üblicherweise Studenten mit der größten Begabung oder den besten Aussichten zu und nicht diejenigen, die sich als Erste bewerben oder die am meisten Geld für einen Studienplatz bieten. Notfallstationen in Kliniken behandeln Patienten nach der Dringlichkeit ihres Zustands und nicht nach Reihenfolge der Ankunft oder der Bereitschaft, einen Aufschlag zu bezahlen. Die Verpflichtung als Schöffe wird per Los vergeben; wer zu diesem Dienst einberufen wird, kann selbst keinen Ersatzmann anheuern.

Die Neigung der Märkte, Warteschlangen und andere nicht vom Markt bestimmte Formen der Güterzuteilung durch finanzielle Lösungen zu ersetzen, ist allerdings so tief in das moderne Leben eingedrungen, dass wir sie kaum mehr bemerken. Es ist verblüffend, zu sehen, dass die meisten der bislang erörterten Formen des Überspringens von Warteschlangen (in Flughäfen und Vergnügungsparks, bei Shakespeare-Festivals und Anhörungen des Kongresses, in Call-Centern und Arztpraxen, auf Einfallstraßen und in Nationalparks) erst in jüngster Zeit entstanden sind; vor drei Jahrzehnten wären sie kaum vorstellbar gewesen.

Das Verschwinden der Warteschlangen auf diesen Sektoren könnte einem als relativ abseitiges Problem vorkommen. Doch die Märkte sind auch in andere Bereiche eingedrungen.

2

ANREIZE
UND BELOHNUNGEN

Bargeld für die Sterilisation

Jedes Jahr werden Hunderttausende Babys von drogenabhängigen Müttern geboren. Manche dieser Babys sind von Geburt an selbst drogenabhängig, und sehr viele von ihnen werden misshandelt oder vernachlässigt. Barbara Harris, Gründerin einer in North Carolina ansässigen Hilfsorganisation namens Project Prevention, bietet eine auf der Logik des Marktes beruhende Lösung an: Drogenabhängige Frauen erhalten 300 Dollar in bar, wenn sie sich sterilisieren lassen oder langfristig Empfängnisverhütung betreiben. Seit das Programm 1997 begonnen wurde, haben mehr als 3000 Frauen das Angebot angenommen.[1]

Kritiker bezeichnen das Projekt als »moralisch verwerflich« und als »Bestechung«. Drogenabhängigen einen finanziellen Anreiz zu geben, damit sie ihre Fortpflanzungsfähigkeit aufgeben, laufe auf Zwang hinaus – insbesondere deshalb, weil das Programm auf anfällige Frauen in armen Wohngebieten abziele. Anstatt den Empfängern zu helfen, ihre Abhängigkeit zu überwinden, werde die Sucht subventioniert, meinen die Kritiker. Oder wie es in einem Werbe-Flugblatt für das Programm heißt: »Lass dir deine Drogensucht nicht durch eine Schwangerschaft verderben.«[2]

Wie Harris einräumt, verwenden ihre Klienten das Geld recht häufig dazu, sich weitere Drogen zu beschaffen. Sie ist jedoch davon überzeugt, dies sei, gemessen an ihrem

Ziel – zu verhindern, dass drogenabhängige Kinder geboren werden –, nur ein kleiner Preis. Manche der Frauen, die sich für Geld sterilisieren lassen, sind schon ein Dutzend Mal oder häufiger schwanger gewesen; viele haben bereits mehrere Kinder in Pflegeeinrichtungen gegeben. Harris fragt: »Wieso soll das Recht einer Frau auf Fortpflanzung wichtiger sein als das Recht eines Kindes auf ein normales Leben?« Sie spricht aus Erfahrung: Sie und ihr Mann haben vier Kinder einer von Crack abhängigen Frau in Los Angeles adoptiert. »Ich werde alles Notwendige tun, um zu verhindern, dass Babys leiden. Ich glaube nicht, dass irgendjemand das Recht hat, einem anderen Menschen seine Sucht aufzuzwingen.«³

2010 exportierte Harris ihr Belohnungsmodell nach Großbritannien, wo die Vorstellung von Bargeld gegen Sterilisation auf heftigen Widerstand beim britischen Ärzteverband und in der Presse stieß – ein Artikel im *Telegraph* sprach von einem »gruseligen Vorschlag«. Harris hat die Initiative mittlerweile auf Kenia ausgedehnt, wo sie HIV-positiven Frauen 40 Dollar bezahlt, damit sie sich Spiralen einsetzen lassen. In Kenia und Südafrika (dort will Harris demnächst tätig werden) haben Vertreter von Gesundheitsbehörden und Menschenrechtsaktivisten mit Empörung und Ablehnung reagiert.⁴

Aus Sicht der Marktlogik ist nicht nachvollziehbar, warum das Programm für Entrüstung sorgen sollte. Auch wenn manche Kritiker vorbringen, dies erinnere sie an die Eugenik der Nazis, ist der Tausch von Bargeld gegen Sterilisation ein freiwilliges Arrangement zwischen privaten Parteien. Der Staat ist nicht eingebunden, und niemand wird gegen seinen Willen sterilisiert. Einige meinen, Drogenabhängige, die dringend Geld benötigten, seien nicht in der Lage, eine wirklich freie Entscheidung zu treffen. Wenn ihr Urteilsvermögen aber tatsächlich so stark beeinträchtigt sei, entgegnet Harris, wie kann man von ihnen dann vernünftige Entscheidungen in Sachen Schwangerschaft und Kindererziehung erwarten?[5]

Sieht man es als einfaches Geschäft, bringt der Deal beiden Seiten einen Gewinn und steigert den gesellschaftlichen Nutzen. Die Süchtige erhält 300 Dollar im Tausch dafür, dass sie ihre Gebärfähigkeit aufgibt. Harris und ihre Organisation erhalten für ihre 300 Dollar die Gewissheit, dass die Süchtige künftig keine drogenabhängigen Kinder mehr in die Welt setzen wird. Nach der normalen Logik des Marktes ist dieser Tausch ökonomisch effizient. Er teilt ein Gut – in diesem Fall die Kontrolle über die Fortpflanzungsfähigkeit der Süchtigen – jemandem (Harris) zu, der es so sehr schätzt, dass er bereit ist, einen hohen Geldbetrag dafür zu bezahlen.

Wieso also die ganze Aufregung? Sie beruht auf zwei Gründen, die zusammen Licht auf die moralischen Grenzen der Marktlogik werfen. Einige kritisieren die Sterilisation gegen Cash als Zwang, andere nennen sie Bestechung. Letztlich sind das zwei verschiedene Einwände. Jeder verweist auf einen anderen Grund, sich dem Zugriff des Marktes auf Bereiche zu widersetzen, in denen er nichts zu suchen hat.

Der auf Zwang abzielende Einwand ist von der Sorge getragen, dass Drogenabhängige, die sich gegen Geld sterilisieren lassen, nicht frei handeln. Zwar hält ihnen niemand ein Schießeisen an den Kopf, doch der finanzielle Anreiz könnte trotzdem unwiderstehlich sein. Angesichts ihrer Sucht und ihrer Armut erfolgt die Entscheidung, sich für 300 Dollar sterilisieren zu lassen, nicht wirklich frei. Tatsächlich könnten die Frauen aufgrund ihrer Lage unter Zwang stehen.

Natürlich gibt es unterschiedliche Ansichten, welche Anreize unter welchen Bedingungen auf Zwang hinauslaufen.

Wenn wir also den moralischen Status einer beliebigen Markttransaktion einschätzen wollen, müssen wir uns vorher fragen: Unter welchen Bedingungen beruhen die Marktbeziehungen auf einer freien Entscheidung, und unter welchen Bedingungen üben sie einen gewissen Zwang aus?

Der Einwand der Bestechung ist von anderer Art. Er betrifft nicht die Bedingungen, unter denen man einen Handel abschließt, sondern die Art des gehandelten Gutes. Nehmen wir einen Standardfall für Bestechung. Wenn ein skrupelloser Typ einen Richter oder Staatsbeamten schmiert, um einen illegitimen Vorteil zu erhalten, kann die schändliche Transaktion durch und durch freiwillig erfolgen. Keine Partei wird gezwungen, und beide gewinnen dabei. Einwände gegen die Bestechung beziehen sich nicht darauf, dass sie mit Zwang einhergeht, sondern darauf, dass es sich um Korruption handelt. Die Korruption besteht darin, dass etwas gehandelt wird (etwa ein Gerichtsurteil oder politischer Einfluss), was nicht verkäuflich sein sollte.

Oft bringen wir Korruption mit ungesetzlichen Zahlungen an Behördenvertreter in Verbindung. Doch wie wir im ersten Kapitel gesehen haben, hat Korruption auch eine breitere Bedeutung: Wir korrumpieren ein Gut, eine Handlung oder eine gesellschaftliche Praxis immer dann, wenn wir sie unangemessen behandeln, also gemäß einer niedrigeren Norm, als ihr zusteht. Um ein extremes Beispiel zu nehmen: Kinder zu bekommen, um sie zu verkaufen, ist demnach als Korrumpierung der Elternschaft zu sehen, weil hier Kinder als Gebrauchsgegenstände behandelt werden und nicht als Personen. Politische Korruption kann man im gleichen Licht betrachten: Wenn ein Richter Schmiergeld annimmt und dann ein korruptes Urteil fällt, handelt er, als sei seine gesetzliche Autorität ein Werkzeug für persönlichen Profit (und missbraucht damit das Vertrauen, das in ihn als Amtsträger gesetzt wurde). Er entwertet und entwürdigt sein Amt, weil er es gemäß einer niedrigeren, unangemessenen Norm behandelt.

Dieser weiter gefasste Begriff von Korruption steht hinter dem Vorwurf, Bargeld für Sterilisation sei eine Form von Bestechung. Wer hier von Schmiergeld spricht, will darauf hinaus, dass der Handel (unabhängig davon, ob er Zwang einschließt oder nicht) verwerflich sei, weil beide Parteien – der Käufer (Harris) und der Verkäufer (die Drogenabhängige) – das gehandelte Gut (die Gebärfähigkeit der Verkäuferin) auf falsche Weise bewerten. Harris behandelt drogenabhängige und HIV-positive Frauen als beschädigte Gebärmaschinen, die gegen eine bestimmte Gebühr abgeschaltet werden können. Und wer auf das Angebot eingeht, schließt sich dieser abwertenden Sicht seiner selbst an. Hier liegt die moralische Stärke des Bestechungsvorwurfs. Wie korrupte Richter und Beamte verkaufen diejenigen, die sich sterilisieren lassen, etwas, was nicht verkäuflich sein sollte. Sie behandeln ihre Fortpflanzungsfähigkeit als Mittel für finanziellen Gewinn und nicht als Geschenk oder etwas, mit dem sie verantwortungsvoll und umsichtig umgehen sollten.

Dagegen ließe sich vorbringen, dass die Analogie falsch ist. Ein Richter, der im Tausch für ein korruptes Urteil Schmiergeld annimmt, verkauft etwas, dessen Verkauf ihm nicht zusteht – das Urteil ist ja nicht sein Eigentum. Eine Frau, die einwilligt, sich gegen Bezahlung sterilisieren zu lassen, verkauft dagegen etwas, was ihr gehört, nämlich ihre Fortpflanzungsfähigkeit. Es ist schließlich nicht an sich falsch, wenn sie beschließt, sich sterilisieren zu lassen (oder keine Kinder zu bekommen); der Richter jedoch verhält sich falsch, wenn er wider besseres Wissen ein ungerechtes Urteil spricht – selbst wenn er kein Schmiergeld dafür bekommt. Wenn eine Frau das Recht hat, ihre Fortpflanzungsfähigkeit aus ganz persönlichen Gründen aufzugeben, so muss sie nach dieser Sicht der Dinge auch das Recht haben, dies gegen Bezahlung zu machen.

Wenn wir dieses Argument akzeptieren, dann ist der Handel Bargeld gegen Sterilisation am Ende gar keine Bestechung. Um also bestimmen zu können, ob die Fortpflanzungsfähigkeit einer Frau Gegenstand einer Markttransaktion sein sollte, müssen wir fragen, um welche Art von Gut es hier geht: Sollen wir unseren Körper als persönliches Eigentum betrachten, mit dem wir nach Belieben verfahren können, oder sind manche Gebrauchsweisen schlicht entwürdigend? Diese große und umstrittene Frage spielt auch in Debatten über Prostitution, Leihmutterschaft und den Handel mit Eizellen und Spermien eine Rolle. Ehe wir entscheiden können, ob es angemessen ist, diese Bereiche über den Markt zu regeln, müssen wir herausfinden, welche Normen unser Sexualleben und unser Fortpflanzungsverhalten beherrschen sollten.

Die Ökonomie des Lebens

Die meisten Ökonomen ziehen es vor, sich nicht mit moralischen Fragen zu beschäftigen, zumindest nicht in ihrer Rolle als Ökonomen. Sie sagen, ihr Job bestehe nicht darin, das Verhalten der Menschen zu beurteilen, sondern darin, es zu erklären. Welche Normen bei dieser oder jener Tätigkeit gälten oder wie wir dieses oder jenes Gut beurteilen sollten, gehe sie nichts an.

Das Preissystem verteilt Güter gemäß den Vorlieben der Leute; es beurteilt nicht, ob diese Vorlieben wertvoll oder bewundernswert oder den Umständen angemessen sind. Doch trotz aller Vorbehalte finden sich Ökonomen zunehmend in moralische Fragen verstrickt.

Zum einen, weil die Welt sich weitergedreht hat, und zum anderen, weil die Wirtschaftswissenschaftler ihren Gegenstand mittlerweile anders definieren.

Während der letzten Jahrzehnte haben Märkte und marktkonformes Denken auf Lebensbereiche übergegriffen, die üblicherweise von marktfremden Normen beherrscht waren. Immer häufiger versehen wir heutzutage nichtökonomische Güter mit einem Preis. Die von Harris angebotenen 300 Dollar sind ein Beispiel für diesen Trend.

Gleichzeitig haben die Ökonomen ihr Fachgebiet geöffnet. In der Vergangenheit behandelten sie ausschließlich explizit wirtschaftliche Themen: Inflation und Arbeitslosigkeit, Ersparnisse und Investments, Zinssätze und Außenhandel. Sie erklärten, wie Länder reich werden und wie das Preissystem Angebot und Nachfrage bei Termingeschäften mit Schweinebäuchen und anderen Marktgütern zur Deckung bringt.

In jüngster Zeit aber haben Ökonomen sich eine ehrgeizigere Aufgabe gestellt. Was die Ökonomie biete, sagen sie, sei nicht bloß eine Sammlung von Einsichten über Produktion und Konsum materieller Güter, sondern auch eine Wissenschaft des menschlichen Verhaltens. Im Zentrum dieser Wissenschaft liege eine schlichte, aber durchschlagende Idee: Das Leben der Menschen kann in allen Lebensbereichen durch die Annahme erklärt werden, dass die Leute ihre Entscheidungen treffen, indem sie Kosten und Nutzen der verschiedenen Möglichkeiten gegeneinander abwägen und sich dann für die Handlungsoption entscheiden, die ihrer Meinung nach den größten Gewinn oder Nutzen verspricht.

Falls diese Vorstellung zutrifft, hat alles seinen Preis. Dieser Preis kann wie bei Autos, Toastern und Schweinebäuchen offen erkennbar oder nur implizit erschließbar sein, wie bei Sexualität, Ehe, Kindern, Erziehung, kriminellen Aktivitäten, Rassendiskriminierung, politischer Beteiligung, Umweltschutz oder sogar dem menschlichen Leben an sich. Ob wir uns dessen bewusst sind oder nicht, das Gesetz von Angebot und Nachfrage regelt alle Bereiche unseres Lebens.

Die einflussreichste Ausformulierung dieser Ansicht liefert Gary Becker, ein Ökonom der University of Chicago, in seinem Buch *Der ökonomische Ansatz zur Erklärung menschlichen Verhaltens* (1976). Er verwirft die altmodische Vorstellung, Ökonomie sei nur »durch den Bezug auf materielle Güter« definiert. Dass sich diese Ansichten so hartnäckig hielten, sei auf die »Weigerung zurückzuführen, bestimmte Formen menschlichen Verhaltens dem ›kühlen‹ Kalkül der Ökonomie zu unterwerfen«. Becker möchte uns diese Weigerung gern abgewöhnen.[6]

Laut Becker streben die Menschen stets danach, ihr Wohlergehen zu maximieren – und das bei ausnahmslos allen Aktivitäten. Diese Annahme, »unablässig und unbeirrt angewandt, bildet den Kern der ökonomischen Annäherung« an menschliches Verhalten. Der ökonomische Ansatz gilt uneingeschränkt für alle denkbaren Güter. Er erklärt Entscheidungen auf Leben und Tod wie auch »die Auswahl einer Kaffeemarke«. Man kann ihn auf die Wahl des Partners und auf den Kauf einer Farbdose anwenden. Becker fährt fort: »In der Tat bin ich zu der Auffassung gekommen, dass der ökonomische Ansatz so umfassend ist, dass er auf alles menschliche Verhalten anwendbar ist, sei es nun Verhalten, das monetär messbar ist oder unterstellte ›Schatten‹-Preise hat, seien es wiederkehrende oder seltene Entscheidungen, seien es wichtige oder nebensächliche Entscheidungen, emotionale oder nüchterne Ziele, reiche oder arme Menschen, Männer oder Frauen, Erwachsene oder Kinder, kluge oder dumme Menschen, Patienten oder Therapeuten, Geschäftsleute oder Politiker, Lehrer oder Schüler.«[7]

Becker behauptet nicht, dass Patienten und Therapeuten, Geschäftsleute und Politiker, Lehrer und Schüler ihre Entscheidungen tatsächlich so verstehen, als seien sie durch ökonomische Imperative gesteuert. Das liege aber nur daran, dass wir den Ursprüngen unserer Handlungen gegenüber oft blind seien. Der ökonomische Ansatz »unterstellt nicht, dass die Entscheidungsträger sich notwendigerweise ihrer Maximierungsbemühungen bewusst sind oder dass sie in informativer Weise Gründe für die systematischen Muster in ihrem Verhalten verbalisieren oder sonstwie darstellen können«. Doch diejenigen, die ein scharfes Auge für die in jeder menschlichen Situation enthaltenen Preissignale haben, können laut Becker erkennen, dass unser gesamtes Verhalten, auch wenn es fern aller materiellen Belange liegt, als rationale Berechnung von Kosten und Nutzen erklärt und vorhergesagt werden kann.[8]

Becker illustriert seine Behauptung mit einer ökonomischen Analyse von Heirat und Scheidung:

Entsprechend dem ökonomischen Ansatz heiratet ein Mensch, wenn der Nutzen, den er von einer Heirat erwartet, den Nutzen übersteigt, den er sich vom Alleinbleiben oder von weiterer Suche nach einem passenden Partner verspricht. Ebenso beendet eine verheiratete Person ihre Ehe, wenn der antizipierte Nutzen des Alleinlebens oder einer Ehe mit einem anderen Partner den Nutzenentgang übersteigt, der durch die Trennung entsteht, wobei Verluste, die durch die räumliche Trennung von den eigenen Kindern, durch die Teilung gemeinsamen Besitzes, durch Anwaltsgebühren und so fort entstehen, eingeschlossen sind. Da sehr viele Menschen nach Partnern Ausschau halten, kann man davon sprechen, dass es einen *Heiratsmarkt* gibt.[9]

Manche Leute glauben, dieser berechnende Blick unterschätze den romantischen Aspekt der Ehe. Sie meinen, Liebe, Selbstverpflichtung und Hingabe seien Ideale, die sich nicht auf monetäre Begriffe reduzieren ließen, und halten daran fest, dass eine Ehe keinen Preis habe; sie sei etwas, was für Geld nicht zu haben ist.

Für Becker ist dies ein Anfall von Sentimentalität, der das klare Denken blockiert. »Mit einem Einfallsreichtum, der Bewunderung verdiente, wenn er einem besseren Zweck dienen würde«, führen für ihn diejenigen, die sich dem ökonomischen Ansatz widersetzen, das menschliche Verhalten zurück auf »Unwissenheit oder Irrationalität, auf Werte und deren häufige, unerklärliche Veränderungen, auf Brauchtum und Tradition, wobei diese Beeinflussbarkeit irgendwie als Ausfluss sozialer Normen ... angesehen wird.« Becker hat wenig Geduld mit dieser Art schlampigen Denkens. Wenn man sich zielstrebig auf die Effekte von Einkommen und Preisen konzentriere, so glaubt er, dann ergebe sich für die Sozialwissenschaft eine stabilere Grundlage.[10]

Ob wirklich alle menschlichen Aktivitäten als Transaktionen auf einem Markt begriffen werden können, ist zwischen Ökonomen, Politikwissenschaftlern und Rechtsgelehrten weiterhin umstritten. Auffallend ist aber, wie mächtig diese Vorstellung geworden ist – nicht nur in Akademikerkreisen, sondern auch im Alltag. Die letzten Jahrzehnte haben eine bemerkenswert weitreichende Neukonstruktion der sozialen Beziehungen nach dem Vorbild der Marktbeziehungen gesehen. Ein Maßstab dieses Wandels ist der zunehmende Einsatz monetärer Anreize zur Lösung gesellschaftlicher Probleme.

Geld für gute Schulnoten

Jemanden dafür zu bezahlen, dass er sich sterilisieren lässt, ist eines der schamloseren Beispiele. Hier ein anderes: Manche Schulbezirke in den USA versuchen inzwischen, die schulischen Leistungen zu verbessern, indem sie Kinder bezahlen, wenn sie gute Noten oder hohe Punktzahlen in genormten Tests erzielen. Die Vorstellung, dass finanzielle Anreize dazu beitragen könnten, das Lernniveau zu heben, ist in der Bewegung für eine Erziehungsreform weit verbreitet.

Ich selbst habe als Kind eine sehr gute (wenn auch von übergroßem Konkurrenzdenken geprägte) öffentliche Highschool in Pacific Palisades in Kalifornien besucht. Gelegentlich hörte ich von Kindern, die von ihren Eltern für jede Eins im Zeugnis Geld bekamen. Den meisten von uns kam das einigermaßen skandalös vor. Doch niemandem wäre es auch nur im Traum eingefallen, dass die Schule selbst für gute Noten bezahlen würde. Ich erinnere mich allerdings, dass die Los Angeles Dodgers in jenen Jahren ein Förderprogramm auflegten, das den besonders guten Schülern der High School für obere Plätze auf der Rangliste Freikarten gewährte. Gegen dieses Programm hatten wir sicher nichts einzuwenden, und meine Freunde und ich besuchten einige Spiele. Doch keiner sah darin einen wirklichen Anreiz zum Lernen – es war eher ein Zeitvertreib auf Kosten anderer.

Inzwischen ist das anders. Finanzielle Anreize werden immer mehr als Schlüssel zur Verbesserung der schulischen Leistungen angesehen, besonders für Schüler in städtischen Schulen mit mäßigem Leistungsniveau.

Die Zeitschrift *Time* formulierte die Frage kürzlich auf ihrer Titelseite ganz unverblümt: »Sollen Schulen die Kids bestechen?«[11] Manche Leute meinen, dies hänge allein davon ab, ob das Schmiergeld funktioniere.

Roland Fryer, ein Wirtschaftswissenschaftler in Harvard, versucht das herauszufinden. Der Afroamerikaner Fryer, aufgewachsen in Problemvierteln in Florida und Texas, ist überzeugt, dass finanzielle Anreize dazu beitragen können, Kinder in schwierigen Lernumgebungen zu motivieren. Ausgestattet mit Stiftungsgeldern, hat er seine Idee in einigen der größten Schulbezirke der USA überprüft. Von 2007 an zahlte sein Projekt insgesamt 6,3 Millionen Dollar an überwiegend afro- und hispanoamerikanische Probanden aus Familien mit niedrigem Einkommen aus. Dabei wurden in verschiedenen Städten jeweils unterschiedliche Anreizsysteme angewandt:[12]

- In New York City wurden von den teilnehmenden Schulen 25 Dollar an Viertklässler ausbezahlt, die bei genormten Tests gut abschnitten. In der siebten Klasse waren es schon 50 Dollar pro Test – ein Siebtklässler bekam im Schnitt insgesamt 231,55 Dollar.[13]
- In Washington, D.C., bezahlten die Schulen Schüler der Mittelstufe als Belohnung für Anwesenheit, gutes Benehmen und Anfertigen der Hausaufgaben. Gewissenhafte Schüler konnten alle zwei Wochen bis zu 100 Dollar verdienen. Im Schnitt kassierte jeder Schüler bei den vierzehntägigen Auszahlungen 40 Dollar, im gesamten Schuljahr waren es 532,85 Dollar.[14]
- In Chicago bot man Neuntklässlern Bargeld für gute Noten in ihren Leistungskursen: 50 Dollar für eine Eins, 35 Dollar für eine Zwei und 20 Dollar für eine Drei. Der beste Schüler strich für das Schuljahr die hübsche Summe von 1875 Dollar ein.[15]
- In Dallas bezahlt man Zweitklässlern für jedes gelesene Buch zwei Dollar. Um das Geld abholen zu können, müssen die Schüler zum Beweis, dass sie das Buch gelesen haben, Fragen am Computer beantworten.[16]

Die Resultate waren gemischt. In New York City besserten sich die schulischen Leistungen nicht, wenn man die Kinder für gute Testergebnisse bezahlte. Das Bargeld für gute Noten in Chicago führte zu verbesserter Anwesenheit, brachte aber keine besseren Resultate bei normierten Tests. In Washington verhalf die Bezahlung manchen Schülern (Hispanoamerikanern, Knaben und Schülern mit Verhaltensproblemen) zu höheren Punktzahlen beim Lesen. Bei den Zweitklässlern in Dallas wirkte das Bargeld am besten: Die Kinder, die pro Buch zwei Dollar bekamen, erzielten am Ende des Jahres bessere Werte beim Leseverständnis.[17]

Fryers Projekt ist einer von mehreren Versuchen der letzten Zeit, Kinder für bessere Schulleistungen zu bezahlen. Andere Programme dieser Art bieten Geld für gutes Abschneiden bei den Prüfungen des Advanced-Placement-Programms (AP). Kurse für AP konfrontieren Schüler der Highschool mit anspruchsvollem Lehrmaterial auf College-Niveau in den Fächern Mathematik, Geschichte, Naturwissenschaften, Englisch und anderen Gebieten. 1996 startete Texas ein Anreizsystem für AP, das Schülern je nach Schule zwischen 100 und 500 Dollar anbietet, wenn sie bei AP-Examina hinreichend gut abschneiden. Auch ihre Lehrer werden belohnt – mit 100 bis 500 Dollar pro Schüler, der das Examen besteht, ergänzt durch Gehaltsboni. Das mittlerweile in 60 texanischen Highschools laufende Anreizprogramm zielt darauf ab, bei Schülern aus Minderheiten und niedrigen Einkommensgruppen die Befähigung zum Studium zu erhöhen. Mittlerweile bietet ein Dutzend Staaten finanzielle Anreize für Schüler und Lehrer bei erfolgreichem Abschneiden in den AP-Tests.[18]

Manche Belohnungsprogramme wenden sich eher an Lehrer als an Schüler. Obwohl Lehrerverbände den Vorschlägen, Leistung mit Geld zu belohnen, skeptisch gegenüberstehen, ist die Vorstellung, Lehrer für die Verbesserung der Leistungen ihrer Schüler zu bezahlen, bei Wählern, Politikern und manchen Schulreformern beliebt. Seit 2005 haben Schulbezirke in Denver, New York City, Washington, D.C., Guilford County, North Carolina und Houston Belohnungssysteme für Lehrer eingeführt. 2006 hat der Kongress den Teacher Incentive Fund eingerichtet, der erfolgreichen Lehrern in Schulen mit niedrigem Leistungsniveau Zuschüsse gewährt. Die Obama-Regierung erhöhte die Mittel für dieses Programm. Ein privat finanziertes Belohnungsprogramm bot Mathelehrern der Mittelstufe in Nashville kürzlich Boni von bis zu 15 000 Dollar, wenn sie die Testergebnisse ihrer Schüler verbessern konnten.[19]

Die durchaus erheblichen Boni in Nashville wirkten sich auf die Matheleistungen der Schüler praktisch nicht aus. Dagegen brachten die AP-Anreizsysteme in Texas und anderswo positive Folgen. Mehr Schüler (auch solche aus Minderheiten oder Schichten mit niedrigem Einkommen) wurden dazu ermutigt, die Kurse für das AP zu absolvieren. Und viele bestehen die genormten Examina, mit denen sie am College angenommen werden. Das ist eine sehr gute Nachricht. Die unter Ökonomen gängige Ansicht, wonach die Schüler umso härter arbeiten und entsprechend bessere Resultate erzielen, je mehr man ihnen zahlt, stützt sie jedoch nicht. Die Angelegenheit ist komplizierter.

Die erfolgreichen AP-Anreizprogramme bieten den Schülern und Lehrern mehr als nur Geld – sie verwandeln die Schulkultur und die Einstellung der Schüler zu ihren schulischen Leistungen. Solche Programme beinhalten spezielle Lehrerfortbildungen, Laborausrüstung sowie organisierte Nachhilfe an den Nachmittagen und an Samstagen. Eine Problemschule in Worcester, Massachusetts, erleichterte so den Zugang zu AP-Klassen für alle Schüler anstatt nur für eine vorher festgelegte Elite. Sie warb für das Programm mit Postern bekannter Rapper, wodurch es selbst »für Jungs mit tief hängenden Jeans, die Rapper wie Lil Wayne verehren, zu einer coolen Entscheidung wird, wenn sie die schwierigsten Klassen wählen«. Die 100 Dollar Belohnung für das Bestehen des AP-Tests am Jahresende hatten anscheinend eher Symbolwirkung. »Das Geld ist irgendwie cool«, erklärte ein erfolgreicher Schüler gegenüber der *New York Times*. »Es ist ein tolles Extra.« Die zweimal wöchentlich stattfindenden Nachhilfesitzungen sowie die im Programm vorgesehenen 18 Stunden Unterricht an Samstagen haben sicher einen guten Teil zum Erfolg des Programms beigetragen.[20]

Ein Ökonom, der sich das AP-Anreizprogramm in Schulen niedriger Einkommensgruppen in Texas genauer ansah, stellte etwas Interessantes fest: Mit dem Programm gelang es, die Schulleistungen zu stärken, wenn auch nicht so, wie der übliche »Preiseffekt« vorhersagen würde (je mehr man bezahlt, desto besser die Noten). Obwohl manche Schulen 100 Dollar für einen passablen Test boten und andere 500 Dollar, waren die Ergebnisse in den Schulen mit den höheren Beträgen nicht besser. Schüler und Lehrer »benahmen sich nicht einfach wie Leute, die ihr Einkommen maximieren wollen«, schrieb C. Kirabo Jackson, der Autor der Studie.[21]

Aber warum nicht? Das Geld sagte etwas aus – es ließ bessere Schulleistungen als »cool« erscheinen. Deshalb war die Höhe des Betrags nicht entscheidend. Und obwohl an den meisten Schulen nur für die AP-Kurse in Englisch, Mathe und Naturwissenschaften Geld geboten wurde, führte das Programm auch zu mehr Einschreibungen für andere AP-Kurse wie Geschichte und Sozialwissenschaft. Das AP-Anreizprogramm hat nicht deswegen funktioniert, weil die Schüler für Leistungen geschmiert wurden, sondern weil es die Einstellung der Schüler zu ihren Leistungen und die allgemeine Schulkultur veränderte.[22]

Gesund leben

Die Gesundheitsfürsorge ist ein weiteres Gebiet, auf dem finanzielle Anreize in Mode sind. Immer häufiger bezahlen Ärzte, Krankenversicherungen und Arbeitgeber die Leute dafür, dass sie sich gesund verhalten – also ihre Medikamente nehmen, mit dem Rauchen aufhören oder abnehmen. Mancher könnte meinen, die Aussicht, Leiden oder lebensbedrohliche Krankheiten zu vermeiden, sei Motivation genug. Doch überraschenderweise ist das häufig nicht der Fall. Ein Drittel bis hin zur Hälfte der Patienten beispielsweise nehmen ihre Medikamente nicht nach Vorschrift. Wenn ihr Zustand sich dadurch verschlechtert, führt das zu zusätzlichen Kosten in Milliardenhöhe. Also bieten Ärzte und Versicherer finanzielle Anreize, damit die Patienten ihre Medikamente einnehmen.[23]

In Philadelphia können Patienten, denen der Gerinnungshemmer Warfarin verschrieben wurde, zwischen 10 und 100 Dollar Belohnung erhalten, wenn sie das Medikament einnehmen (eine Pillenschachtel mit Chip registriert, ob sie die Arznei nehmen, und teilt den Patienten mit, ob sie etwas gewonnen haben). Die Teilnehmer des Belohnungsprogramms kommen im Schnitt auf 90 Dollar pro Monat, wenn sie sich an die Verschreibung halten. In England bezahlt man Patienten mit bipolarer Störung oder Schizophrenie 15 Pfund, wenn sie sich die monatliche Spritze mit antipsychotischen Medikamenten geben lassen. Weibliche Teenager erhalten Einkaufsgutscheine im Wert von etwa 45 Pfund, wenn sie sich gegen ein sexuell übertragbares Virus impfen lassen, das Gebärmutterhalskrebs verursachen kann.[24]

Rauchen belastet Unternehmen, die für die Krankenversicherung ihrer Beschäftigten aufkommen, mit erheblichen Kosten. Deshalb begann General Electric 2009, einige seiner Angestellten dafür zu bezahlen, dass sie mit dem Rauchen aufhörten. Wenn sie ein volles Jahr lang abstinent blieben, erhielten sie 750 Dollar. Die Ergebnisse waren so vielversprechend, dass GE das Angebot auf all seine Angestellten in den USA ausdehnte. Eine Drogeriekette bietet Arbeitern, die nicht rauchen und regelmäßig Gewicht, Blutdruck und Cholesterin kontrollieren, reduzierte Beiträge zur Krankenversicherung. Immer mehr Firmen arbeiten mit Zuckerbrot und Peitsche, um ihre Angestellten zu motivieren, etwas für ihre Gesundheit zu tun. 80 Prozent der großen US-Firmen bieten inzwischen finanzielle Anreize für alle, die an Wellness-Programmen teilnehmen. Und fast die Hälfte bestrafen Arbeiter für ungesunde Gewohnheiten – üblicherweise berechnen sie ihnen mehr für die Krankenversicherung.[25]

Gewichtsreduzierung ist das spannendste Ziel von Experimenten mit Anreizen. Allerdings ist sie auch schwer zu kontrollieren. Eine Reality-Show von NBC inszeniert den aktuellen Hype, mit dem man Leute dafür bezahlt abzuspecken. Der Teilnehmer, der während einer Saison relativ zum Ausgangsgewicht am meisten abnimmt, erhält 250 000 Dollar.[26]

Ärzte, Forscher und Arbeitgeber versuchen es mit bescheideneren Anreizen. In einer Studie in den USA ließen sich fettleibige Teilnehmer durch eine Belohnung von wenigen hundert Dollar dazu bewegen, in vier Monaten etwa sieben Kilo loszuwerden. (Leider erwiesen sich die Gewichtsverluste als nur vorübergehend.) In England, wo der nationale Gesundheitsdienst NHS fünf Prozent seines Budgets für die Behandlung von Folgeschäden der Fettleibigkeit ausgibt, versuchte der NHS, übergewichtigen Personen bis zu umgerechnet 425 Pfund zu bezahlen, wenn sie abnahmen und ihr Gewicht zwei Jahre lang hielten. Das Programm heißt übersetzt »Pfund gegen Pfunde«.[27]

Angesichts dieser Entwicklungen stellen sich zwei Fragen: Funktioniert es? Und ist etwas dagegen einzuwenden?

Aus ökonomischer Sicht geht es bei der Bezahlung für eine gesunde Lebensführung ganz einfach um Kosten und Nutzen. Es zählt allein die Frage, ob Belohnungsprogramme funktionieren. Wenn Geld die Menschen dazu bringt, ihre Medikamente zu nehmen, mit dem Rauchen aufzuhören oder ins Fitness-Studio zu gehen, und somit die Notwendigkeit teurer Folgebehandlungen verringert – warum sollte man dagegen sein?

Und doch löst das System der finanziellen Anreize zur Förderung gesunder Lebensführung heftige Debatten aus. Ein Einwand betrifft die Fairness, der andere spricht von Bestechung. Der die Fairness betreffende Einwand wird auf beiden Seiten des politischen Spektrums geäußert, wenn auch in jeweils unterschiedlicher Weise. Manche Konservative meinen, Leute mit Übergewicht sollten aus eigenem Antrieb abnehmen; bezahle man sie dafür (insbesondere mit dem Geld der Steuerzahler), belohne man unfairerweise ihre Trägheit, das Geld sei eine »Belohnung ihrer Schwäche«. Dahinter steht die Vorstellung, dass »jeder sein Gewicht kontrollieren kann«, weshalb es ungerecht sei, diejenigen zu bezahlen, die es nicht schafften, das selbst im Griff zu haben. Das gelte insbesondere dann, wenn das Geld wie in England vom nationalen Gesundheitsdienst stamme. »Jemanden dafür zu bezahlen, dass er schlechte Gewohnheiten bleiben lässt, ist der Gipfel der staatlichen Rundumfürsorge – den Leuten wird jede Verantwortung für die eigene Gesundheit abgenommen.«[28]

Einige eher linke Kritiker äußern die entgegengesetzte Sorge: Finanzielle Anreize für gute (und Strafen für schlechte) Gesundheit könnten Menschen für medizinische Gegebenheiten, die sie nicht zu verantworten hätten, in unfairer Weise benachteiligen. Gestatte man Unternehmen oder

Versicherern, bei der Festsetzung von Beiträgen zwischen Gesunden und Kranken zu unterscheiden, sei das ungerecht gegenüber denjenigen, die ohne eigenes Zutun weniger gesund seien und damit ein größeres Risiko darstellten. Es sei eine Sache, jemandem einen Rabatt zu gewähren, der sich im Fitness-Studio anmelde, aber etwas ganz anderes, Versicherungsprämien aufgrund gesundheitlicher Risiken festzulegen, die nur bedingt beeinflussbar seien.[29]

Der auf Bestechlichkeit zielende Einwand ist schwerer zu fassen. In der Presse werden finanzielle Gesundheitsanreize gewöhnlich als Bestechung bezeichnet. Aber ist das wirklich so? Im Falle der Bezahlung für eine Sterilisation trifft der Vorwurf der Bestechung eindeutig zu. Frauen erhalten Geld, wenn sie ihre Fortpflanzungsfähigkeit wegen eines ihnen äußerlichen Zieles aufgeben – es geht darum, die Zahl drogenabhängiger Babys zu verringern. Man bezahlt sie, damit sie – zumindest in vielen Fällen – gegen ihre eigenen Interessen handeln.

Von finanziellen Anreizen, die manchen Leuten helfen, mit dem Rauchen aufzuhören oder Gewicht zu verlieren, lässt sich das jedoch nicht sagen. Ungeachtet der äußeren Ziele, denen damit gedient ist (etwa der Reduktion der Gesundheitskosten für Firmen oder einen nationalen Gesundheitsdienst), fördert das Geld ein Verhalten, das der Gesundheit des Empfängers dient. Warum sollte dies Bestechung sein?[30] Oder, um die Frage ein wenig abzuwandeln: Warum scheint der Vorwurf der Bestechung hier zu passen, obwohl die gesunde Lebensführung doch im Interesse der bestochenen Person liegt?

Ich meine, er ist angemessen, weil der Verdacht besteht, dass das finanzielle Motiv andere, bessere Motive verdrängt. Eine gute Gesundheit hat nicht nur damit zu tun, dass man den richtigen Cholesterinwert und passenden Body-Mass-Index erreicht. Es geht auch darum, die richtige Einstellung gegenüber unserem physischen Wohlbefinden zu entwickeln und unseren Körper mit Sorgfalt und Achtung zu behandeln. Bezahlt man die Menschen dafür, dass sie ihre Medikamente einnehmen, trägt das wenig dazu bei, eine solche Einstellung zu erwerben – es kann sie sogar untergraben.

Denn Bestechung ist manipulativ. Sie umgeht die Überzeugungsarbeit und ersetzt einen inneren Grund durch einen äußeren. »Du kümmerst dich nicht genug um das eigene Wohlbefinden und kannst deshalb das Rauchen nicht aufgeben oder dein Gewicht reduzieren? Dann mach es doch einfach deswegen, weil ich dir 750 Dollar dafür bezahle.«

Die finanziellen Anreize bringen uns durch einen Trick dazu, etwas zu tun, was wir ohnehin tun sollten. Es verleitet uns dazu, das Richtige aus den falschen Gründen zu tun. Manchmal ist es hilfreich, ausgetrickst zu werden. Es ist nicht leicht, aus eigener Kraft das Rauchen aufzugeben oder abzunehmen. Aber am Ende sollten wir uns moralisch über die Manipulation erheben. Denn sonst könnte das Bestechungsgeld Gewohnheiten entstehen lassen.

Andererseits: Wenn das System der Anreize funktioniert, mag es ziemlich abgehoben erscheinen, sich wegen der Korrumpierung guter Einstellungen Sorgen zu machen. Wenn Bargeld Fettleibigkeit kurieren kann – warum sollten wir dann daran herumnörgeln? Nun, unter anderem deswegen, weil die angemessene Sorge um unser körperliches Wohlbefinden eine Frage der Selbstachtung ist. Aber es gibt noch einen weiteren Grund, der eher praktischer Natur ist: Wenn die Einstellung nicht stimmt, dürften die Pfunde wiederkehren, sobald der finanzielle Anreiz endet.

Bei den Programmen zur Gewichtsreduzierung gegen Bargeld, die bisher untersucht worden sind, scheint das der Fall gewesen zu sein. Geld für die Raucherentwöhnung hat einen Hoffnungsschimmer erkennen lassen. Doch selbst die hoffnungsvollste Studie kam zu dem Ergebnis, dass mehr als 90 Prozent der Raucher, die gegen Geld mit dem Rauchen aufgehört hatten, sechs Monate nach dem Ende der finanziellen Anreize wieder damit angefangen haben. Ganz allgemein scheinen finanzielle Belohnungen besser geeignet, Menschen dazu zu bringen, etwas Bestimmtes zu tun – etwa einen Arzttermin wahrzunehmen oder eine Injektion über sich ergehen zu lassen; langfristige Gewohnheiten und Verhaltensweisen lassen sich damit nicht so leicht verändern.[31]

Bezahlt man die Leute für eine gesunde Lebensweise, kann es das Gegenteil dessen bewirken, was man eigentlich erreichen möchte, weil die Werte, die für die Erhaltung der Gesundheit wichtig sind, damit nicht kultiviert werden. Falls dies zutrifft, ist die Frage des Ökonomen (»Funktionieren finanzielle Anreize?«) enger mit der Frage des Moralisten (»Was spricht dagegen?«) verbunden, als es zunächst den Anschein hat. Ob ein Anreiz »funktioniert«, hängt von der Zielvorstellung ab – und diese sollte Werte und Einstellungen mit einschließen, die durch finanzielle Anreize untergraben werden.

Perverse Anreize

Einer meiner Freunde zahlte seinen kleinen Kindern regelmäßig einen Dollar für jedes schriftliche Dankeschön (gewöhnlich sah man es den Dankesbezeugungen auch an, dass sie nicht ganz freiwillig geschrieben worden waren). Diese Methode mag langfristig wirksam sein oder auch nicht. Es könnte sich herausstellen, dass die Kinder, wenn sie nur oft genug solche Bekundungen geschrieben haben, schließlich lernen, was es damit auf sich hat. Sie würden dann weiterhin ihre Dankbarkeit für Geschenke zum Ausdruck bringen, auch wenn sie nicht mehr dafür bezahlt würden. Es ist aber auch möglich, dass sie die falsche Lektion verinnerlichen und Dankesbezeugungen als Akkordarbeit betrachten – als eine Anstrengung, die man gegen Bezahlung ausführt. In diesem Fall bleibt die Gewohnheit nicht hängen, und sie werden keinen Dankesbrief mehr schreiben, sobald die Bezahlung aufhört. Schlimmer noch, die Bestechung könnte ihre moralische Erziehung korrumpieren und es ihnen erschweren, die Tugend der Dankbarkeit zu erlernen. Selbst wenn das Schmiergeld kurzfristig die Produktion von Dankesschreiben erhöht, wird es längerfristig kontraproduktiv sein, weil die Kinder das fragliche Gut nun auf die falsche Art bewerten.

Eine ähnliche Frage ergibt sich im Fall der Bezahlung für gute Noten: Warum sollte man ein Kind nicht dafür belohnen, wenn es gute Noten bekommt oder ein Buch liest? Schließlich soll das Kind ja dazu motiviert werden, eifrig zu lernen oder zu lesen. Die Bezahlung scheint diesem Ziel förderlich zu sein. Denn die Ökonomie lehrt, dass die Menschen auf Anreize reagieren. Und während manche Kinder aus reiner Liebe zum Lernen Bücher lesen, dürfte das bei anderen nicht zutreffen. Warum also sollte man jenen als zusätzlichen Anreiz kein Geld anbieten?

Es mag ja sein, dass zwei Anreize – das legt die ökonomische Argumentation nahe – besser funktionieren als einer. Es könnte sich aber auch herausstellen, dass der finanzielle Anreiz die intrinsische Motivation aushöhlt und dazu führt, dass weniger statt mehr gelesen wird. Oder dass er zwar kurzfristig das Lesen fördert, aber aus den falschen Gründen.

In diesem Szenario ist der Markt ein Werkzeug, wenn auch keinesfalls ein harmloses. Denn was als Marktmechanismus beginnt, tendiert dazu, zu einer aus dem Markt abgeleiteten Norm zu werden. Offensichtlich besteht durchaus die Gefahr, dass die Bezahlung Kinder dazu bringt, das Bücherlesen als eine Art des Geldverdienens anzusehen, und die Liebe zum Lesen um seiner selbst willen verwässert, verdrängt oder korrumpiert wird.

Finanzielle Anreize, die die Menschen dazu bewegen sollen, Gewicht zu verlieren, Bücher zu lesen oder sich sterilisieren zu lassen, spiegeln die Logik der ökonomischen Annäherung an das Leben, erweitern aber auch ihren Geltungsbereich. Als Gary Becker Mitte der 70er Jahre schrieb, alle unsere Tätigkeiten seien durch die Annahme zu erklären, dass wir Kosten und Nutzen kalkulieren, führte er den Begriff der »Schattenpreise« ein – jene imaginären Preise, die in den vor uns liegenden Alternativen und unseren Entscheidungen verborgen sind. Wenn beispielsweise jemand beschließt, lieber verheiratet zu bleiben, statt sich scheiden zu lassen, sind bei dieser Entscheidung keine Preisschilder zu sehen; der Betreffende sieht sich vielmehr den impliziten (finanziellen wie emotionalen) Preis einer Trennung an und beschließt, dass die Vorteile den Preis nicht wert sind.

Doch die heutzutage massenhaft aufgelegten Belohnungsprogramme reichen weiter. Sie versehen alle möglichen ehemals marktfremden Verrichtungen mit einem expliziten Preis – und holen damit Beckers Schattenpreise aus der Latenz in die Aktualität. Sie verleihen seiner Idee Wirklichkeit, dass alle menschlichen Beziehungen letztlich Marktbeziehungen seien.

Becker selbst hat in diesem Sinne einen bemerkenswerten Vorschlag gemacht – eine Marktlösung für die umstrittene Frage der Einwanderungspolitik: Die USA sollten ihr komplexes System aus Quoten, Punktesammeln, familiären Bevorzugungen und Wartelisten aufgeben und das Recht auf Einwanderung schlichtweg verkaufen. Becker regt an, den Preis für die Genehmigung auf 50 000 Dollar oder höher festzusetzen.³²

Einwanderer, die bereit sind, eine hohe Eintrittsgebühr zu bezahlen, so die Überlegung Beckers, brächten automatisch alle wünschenswerten Eigenschaften mit. Sie wären wahrscheinlich jung, geschickt, ehrgeizig und zu harter Arbeit bereit. Zudem wäre es sehr unwahrscheinlich, dass sie Sozialhilfe oder Leistungen der Arbeitslosenunterstützung beanspruchten.

Als Becker 1987 erstmals anregte, das Recht auf Einwanderung zu verkaufen, hielten das viele für weit hergeholt. Doch diejenigen, die das ökonomische Denken mit der Muttermilch eingesogen hatten, hielten es für eine vernünftige und sogar auf der Hand liegende Möglichkeit, die Logik des Marktes auf eine ansonsten heikle Frage anzuwenden: Wie sollen wir entscheiden, welche Einwanderer wir aufnehmen?

Der Ökonom Julian L. Simon legte etwa zur gleichen Zeit einen ähnlichen Plan vor. Er schlug vor, eine jährliche Quote aufzunehmender Einwanderer festzulegen und die Aufnahme an die höchsten Bieter zu versteigern, bis die Quote erfüllt sei. Das Recht auf Einwanderung zu verkaufen sei laut Simon fair, »weil es gemäß der Norm einer am Markt orientierten Gesellschaft unterscheidet: der Befähigung und Bereitschaft, zu bezahlen«. Dem Einwand, sein Plan erlaube nur den Wohlhabenden, in die USA einzuwandern, begegnete Simon mit dem Vorschlag, die erfolgreichen Bieter könnten einen Teil ihres Eintrittsgeldes vom Staat borgen und später mit ihrer Einkommensteuer zurückzahlen. Falls sie den Betrag nicht tilgen könnten, merkte er an, könne man sie immer noch ausweisen.³³

Die Vorstellung, das Recht auf Einwanderung zu verkaufen, empfanden manche als widerwärtig. Doch in einer zunehmend marktgläubigen Gesellschaft fand der Kern des Vorschlags von Becker/Simon bald seinen Weg in die Gesetzgebung. 1990 bestimmte der Kongress, dass Ausländer, die 500 000 Dollar in den USA investierten, mit ihren Familien für zwei Jahre einreisen durften. Wenn ihre Investition mindestens zehn Arbeitsplätze geschaffen hatte, konnten sie eine unbefristete Green Card erhalten. Die Green Card gegen Bargeld war der ultimative Weg zum Überspringen der Warteschlange – eine Überholspur zur Staatsbürgerschaft. 2011 brachten zwei Senatoren einen Gesetzentwurf ein, der einen ähnlichen finanziellen Anreiz vorsah, um den infolge der Finanzkrise immer noch schwächelnden Markt für gehobene Immobilien anzukurbeln. Jeder Ausländer, der ein Haus für 500 000 Dollar kaufte, sollte ein Visum bekommen, das es dem Käufer, seiner Ehefrau und ihren minderjährigen Kindern erlaubte, so lange in den USA zu leben, wie sie Eigentümer des Anwesens blieben. Eine Schlagzeile im *Wall Street Journal* brachte es auf den Punkt: »Hauskauf verschafft Visa.«[34]

Becker machte sogar den Vorschlag, verfolgten Flüchtlingen Geld für die Einreiseerlaubnis abzunehmen. Der freie Markt, verkündete er, werde die Entscheidung erleichtern, welche Flüchtlinge man aufnehmen wolle – nämlich diejenigen, die ausreichend motiviert seien, den Preis zu entrichten: »Politische Flüchtlinge und Menschen, die im eigenen Land verfolgt werden, wären aus naheliegenden Gründen bereit, eine ansehnliche Gebühr zu bezahlen, um in ein freies Land einreisen zu dürfen. Ein System der Eintrittsgebühren würde es also automatisch überflüssig machen, in zeitraubenden Anhörungen zu ermitteln, ob sie wirklich physischer Gefahr ausgesetzt wären, wenn man sie zur Rückkehr zwänge.«[35]

Den meisten dürfte es ein wenig kaltschnäuzig vorkommen, von einem politisch verfolgten Flüchtling 50 000 Dollar für die Einreise zu verlangen – als ein weiteres Beispiel für das Unvermögen der Ökonomen, zwischen der *Bereitschaft* und der *Fähigkeit* zu bezahlen zu unterscheiden. Sehen wir uns also einen anderen marktkonformen Vorschlag für die Lösung des Flüchtlingsproblems an, in dem die Flüchtlinge selbst nichts aus der eigenen Tasche bezahlen müssen. Der Rechtsprofessor Peter Schuck schlug Folgendes vor:

Ein internationales Gremium weist jedem Land eine jährliche Flüchtlingsquote zu, die auf seinem nationalen Wohlstand beruht. Und anschließend können die Länder diese Verpflichtungen untereinander handeln. Wenn also beispielsweise Japan jährlich 20 000 Flüchtlinge zugewiesen bekommt, sie aber nicht aufnehmen will, könnte es Russland oder Uganda dafür bezahlen, sie einreisen zu lassen. Nach der Logik des Marktes profitieren alle. Russland oder Uganda erhalten eine neue Quelle für Staatseinnahmen, Japan wird seinen Verpflichtungen gerecht, indem es Flüchtlinge auslagert, und es finden mehr Flüchtlinge Asyl als ohne eine entsprechende Regel.[36]

Ein Markt für Flüchtlinge hat jedoch etwas Widerliches an sich, selbst wenn er dazu führt, dass mehr Flüchtlinge eine Zuflucht finden. Aber warum erscheint das eigentlich so verwerflich? Dies hat mit der Tatsache zu tun, dass ein Markt für Flüchtlinge unsere Einstellung zu den Flüchtlingen verändert. Er ermutigt die Teilnehmer – Käufer, Verkäufer und auch diejenigen, deren Recht auf Asyl da verschachert wird –, Flüchtlinge als Bürde anzusehen, die man loswerden sollte oder als Einkommensquelle erschließen kann – nicht aber als Menschen in Gefahr.

Man könnte diesen erniedrigenden Effekt einräumen und dennoch zu dem Schluss kommen, dass das Verfahren mehr Gutes als Schlechtes bewirkt. Das Beispiel zeigt aber, dass Märkte keine bloßen mechanischen Apparate sind. Sie verkörpern bestimmte Normen. Sie unterstellen – und fördern – gewisse Arten, die ausgetauschten Güter zu bewerten.

Ökonomen gehen oft davon aus, dass Märkte die von ihnen gelenkten Güter unversehrt lassen. Doch das ist nicht wahr. Märkte beeinflussen die gesellschaftlichen Normen. Häufig zerfressen oder verdrängen Marktanreize andere, marktfremde Normen.

Eine Untersuchung mehrerer Kindergärten in Israel zeigt, wie das ablaufen kann. Die Einrichtungen standen vor einem bekannten Problem: Eltern holen ihre Kinder manchmal zu spät ab, und die Erzieher müssen die Kinder dann beaufsichtigen, bis die verspäteten Eltern auftauchen. Um das Problem zu lösen, legten die Kindergärten eine Geldbuße für verspätetes Abholen fest. Was glauben Sie, was geschah? Die Eltern verspäteten sich häufiger.[37]

Wenn man davon ausgeht, dass die Menschen auf Anreize reagieren, ist das Ergebnis rätselhaft. Es wäre zu erwarten gewesen, dass die Buße die Häufigkeit von Verspätungen verringern und nicht steigern würde. Was also war passiert? Mit der Einführung einer Strafgebühr wurden die Normen geändert. Vorher mussten verspätete Eltern ein schlechtes Gewissen haben – sie bereiteten den Erziehern ja schließlich Unannehmlichkeiten. Jetzt aber sahen die Eltern eine verspätete Abholung als Service an, für den sie bezahlen konnten. Sie betrachteten die Geldbuße als Gebühr. Anstatt dem Erzieher etwas aufzuzwingen, bezahlten sie ihn einfach für seine längere Arbeitszeit.

Geldbußen vs. Gebühren

Worin besteht der Unterschied zwischen einer Geldbuße und einer Gebühr? Es lohnt sich, über diese Unterscheidung nachzudenken. Geldbußen stehen für moralische Missbilligung, während Gebühren schlicht Preise darstellen, die kein moralisches Urteil implizieren. Wenn wir für das Wegwerfen von Abfällen ein Bußgeld festsetzen, so kennzeichnen wir diese Handlung als falsch. Wenn jemand eine Bierdose in den Grand Canyon wirft, zieht das nicht nur Entsorgungskosten nach sich, es zeigt auch eine Einstellung, die wir als Gesellschaft nicht ermutigen wollen. Nehmen wir an, die Geldbuße beträgt 100 Dollar und ein reicher Wanderer ist der Ansicht, so viel sei es ihm wert, sein Leergut nicht wieder mit hinaustragen zu müssen. Er tut so, als sei die Strafe eine Gebühr, und wirft die leeren Dosen in den Grand Canyon. Obwohl er draufzahlt, sind wir der Ansicht, er habe etwas falsch gemacht. Weil er den Grand Canyon wie eine teure Müllkippe behandelt, hat er ihn nicht in angemessener Weise bewertet.

Oder nehmen wir Behindertenparkplätze. Ein emsiger Kleinunternehmer ohne körperliche Behinderungen möchte in der Nähe seiner Baustelle parken. Für die Bequemlichkeit, den Wagen auf einem Behindertenparkplatz abzustellen, zahlt er bereitwillig eine hohe Geldbuße; für ihn sind das Betriebskosten. Glauben wir nicht, er verhalte sich falsch, auch wenn er das Bußgeld bezahlt? Er tut so, als sei die Strafe einfach eine teure Parkgebühr. Damit aber ignoriert er die moralische Dimension der Angelegenheit. Er missachtet die Bedürfnisse der Behinderten und den Wunsch der Gemeinschaft, ihnen gerecht zu werden und bestimmte Parkplätze für sie zu reservieren.

170 000 *Euro für zu schnelles Fahren*

Wenn die Menschen Geldbußen als Gebühren betrachten, setzen sie sich über die Normen hinweg, die sich in Bußgeldern ausdrücken. Häufig schlägt die Gesellschaft zurück. Einige reiche Autofahrer sehen Bußgelder für zu schnelles

Fahren als Preis, den sie dafür bezahlen, die Geschwindigkeitsbegrenzung übertreten zu dürfen. In Finnland geht man gegen diese Haltung (und den entsprechenden Fahrstil) hart vor: Man koppelt das Bußgeld an das Einkommen des Missetäters. 2003 ging Jussi Salonoja, dem 27-jährigen Erben eines Wurstunternehmens, ein Bescheid über 170 000 Euro zu, weil er in einer 40er-Zone mit 80 Stundenkilometern gefahren war. Salonoja, einer der reichsten Männer Finnlands, hatte ein jährliches Einkommen von sieben Millionen Euro. Vorher hielt Anssi Vanjoki, eine Führungskraft von Nokia, den Rekord für das höchste Bußgeld wegen überhöhter Geschwindigkeit. 2002 hatte er 116 000 Euro zu bezahlen, weil er mit seiner Harley-Davidson zu schnell durch Helsinki gebrettert war. Ein Richter reduzierte den Betrag, als Vanjoki nachwies, dass sein Einkommen wegen eines Gewinneinbruchs bei Nokia gefallen war.[38]

Die finnischen Strafzettel für zu schnelles Fahren sind nicht nur deswegen eher Geldbußen als Gebühren, weil sie mit dem Einkommen variieren – hier geht es auch um die moralische Schande, die damit verbunden ist, das Urteil, dass die Übertretung der zulässigen Geschwindigkeit falsch ist. Progressive Einkommensteuern variieren ebenfalls mit dem Einkommen und sind doch keine Geldbußen; sie sollen keine Aktivitäten mit Strafe belegen, die Einkommen schaffen, sondern die Staatseinkünfte mehren. Die finnische Geldbuße über 170 000 Euro zeigt, dass die Gesellschaft damit nicht nur die Kosten für riskantes Verhalten abdecken will, sondern auch die Bestrafung mit dem Vergehen (und dem Banksaldo des Missetäters) in Einklang bringen möchte.

Auch wenn manche reichen Leute zu schnelles Fahren als Kavaliersdelikt sehen, ist die Unterscheidung zwischen einer Geldbuße und einer Gebühr nicht so leicht zu verwischen. Fast überall ist es stigmatisierend, wenn man herausgewinkt wird und eine Verwarnung wegen überhöhter Geschwindigkeit erhält. Niemand wird annehmen, der Polizeibeamte kassiere nichts weiter als eine Maut oder präsentiere dem Rechtsverletzer eine Rechnung für die Bequemlichkeit, schneller zu Hause oder im Büro zu sein.

Kürzlich fiel mir eine schräge Idee auf, die den Sachverhalt verdeutlicht, weil sie zeigt, wie eine Gebühr für Schnellfahren statt eines Bußgeldbescheids tatsächlich aussehen würde.

2010 machte Eugene DiSimone, ein unabhängiger Kandidat für das Gouverneursamt in Nevada, einen ungewöhnlichen Vorschlag zur Steigerung der staatlichen Einnahmen: Man solle den Leuten erlauben, für 25 Dollar pro Tag die ausgeschilderte Geschwindigkeitsbeschränkung zu übertreten und auf bestimmten Straßen Nevadas mit 90 Meilen pro Stunde zu fahren. Wer den Wunsch habe, nur ab und zu zu beschleunigen, könne sich einen Transponder anschaffen und per Handy sein Konto anzapfen, wann immer er schnell irgendwohin kommen möchte. Die 25 Dollar würden von der Kreditkarte abgebucht, woraufhin man berechtigt sei, die nächsten 24 Stunden schneller zu fahren, ohne aus dem Verkehr gezogen zu werden. Wenn der Polizist mit der Radarpistole merke, dass da einer den Highway hinunterbrettere, signalisiere der Transponder, dass er ein zahlender Kunde sei, und es würde kein Bußgeldbescheid ausgestellt. Nach DiSimones Schätzung hätte sein Vorschlag dem Bundesstaat mindestens 1,3 Milliarden Dollar jährlich eingebracht, ganz ohne neue Steuern. Trotz der verführerischen Profitchance für den Staatshaushalt erklärte die Nevada Highway Patrol, das Vorhaben würde die öffentliche Sicherheit beeinträchtigen – der Kandidat verlor die Wahl.[39]

U-Bahn-Tickets und Videos

In der Praxis verschwimmt die Unterscheidung zwischen einer Geldbuße und einer Gebühr gelegentlich. Ein Beispiel: Fährt man in Paris mit der U-Bahn, ohne die zwei Euro für ein Ticket zu bezahlen, kann man mit einer Geldbuße bis 60 Euro belegt werden. Das Bußgeld ist eine Strafe dafür, dass man ohne Fahrschein gefahren ist und so das System betrogen hat. Kürzlich hat aber eine Gruppe von regelmäßigen Schwarzfahrern eine Methode erfunden, mit der die Geldbuße in eine bescheidene Gebühr verwandelt wird. Sie richteten eine Versicherung ein, die die Kosten übernimmt, wenn jemand erwischt wird. Jedes Mitglied bezahlt monatlich etwa sieben Euro in den Topf ein (die *Mutuelle des fraudeurs* – Versicherung auf Gegenseitigkeit für Schwarzfahrer) – was wesentlich günstiger kommt als die 60 Euro für eine Monatskarte.

Die Mitglieder dieser Bewegung geben an, es gehe ihnen nicht ums Geld, sondern um ein ideologisches Engagement für kostenlosen öffentlichen Nahverkehr. »Es ist eine Möglichkeit des gemeinsamen Widerstands«, sagte ein Anführer der Gruppe in der *Los Angeles Times*. »In Frankreich gibt es Dinge, die umsonst sind – Schulen, Gesundheitsfürsorge. Warum also nicht die Verkehrsmittel?« Obwohl die *Fraudeurs* sich wahrscheinlich nicht durchsetzen werden, wandelt ihr neuartiges System eine Strafe für Betrug in eine monatliche Versicherungsprämie um – in einen Preis, den sie bereitwillig bezahlen, um dem System entgegenzutreten.[40]

Wollen wir entscheiden, ob ein Bußgeld oder eine Gebühr angemessen ist, müssen wir uns den Zweck der entsprechenden sozialen Einrichtung und die Normen vergegenwärtigen, nach denen sie funktioniert. Die Antwort wird sich von Fall zu Fall unterscheiden – je nachdem, ob wir von einer verspäteten Abholung im Kindergarten reden, vom Sprung über das Drehkreuz in der Pariser Metro oder von der Rückgabe einer überfälligen DVD im Videoverleih um die Ecke.

In der Frühzeit der Videoläden tat man so, als seien Gebühren Geldbußen. Wenn ich ein Video zu spät zurückbrachte, machte der Angestellte hinter der Theke sehr deutlich, dass ich mich moralisch falsch verhalten hatte, indem ich den Film drei Tage zu spät zurückbrachte. Ich hielt diese Einstellung für unangebracht. Ein kommerzieller Videoverleih ist schließlich keine öffentliche Bibliothek. Bibliotheken verlangen für überfällige Bücher Bußgelder und keine Gebühren. Denn ihre Aufgabe ist es, in einer Gemeinde dafür zu sorgen, dass Bücher für alle kostenlos zur Verfügung stehen. Insofern ist es richtig, wenn ich mit einem überfälligen Buch voller Schuldgefühle angeschlichen komme.

Ein Videoladen dagegen ist ein Geschäft. Sein Zweck ist es, mit der Vermietung von Filmen Geld zu verdienen. Wenn ich also das Video länger behalte und dafür mehr bezahle, sollte man mich nicht als schlechteren, sondern als besseren Kunden ansehen. So zumindest war meine damalige Überzeugung. Mittlerweile hat sich diese Norm verschoben. Inzwischen scheinen Videoläden die Kosten für überzogene Leihfristen eher als Gebühren denn als Geldbußen zu betrachten.

Die Ein-Kind-Politik in China

Oft ist der moralische Einsatz höher. Nehmen wir beispielsweise folgende Kontroverse über die manchmal unscharfe Grenze zwischen Geldbuße und Gebühr: In China wird die Geldbuße für Verstöße gegen die staatliche Ein-Kind-Politik von wohlhabenden Chinesen zunehmend als Preis für ein zweites Kind gesehen. Diese Maßnahme, vor mehr als drei Jahrzehnten zur Eindämmung des chinesischen Bevölkerungswachstums eingeführt, erlaubt den meisten Paaren in urbanen Gebieten nur ein Kind. (Familien auf dem Land dürfen ein zweites Kind bekommen, wenn das erste ein Mädchen ist.) Die Geldbuße variiert je nach Region, erreicht in großen Städten jedoch 200 000 Yuan (etwa 30 000 Euro) – für einen durchschnittlichen Arbeiter eine schwindelerregende Summe, aber problemlos für reiche Unternehmer, Sportstars und Berühmtheiten. Eine chinesische Nachrichtenagentur berichtete von einer schwangeren Frau und ihrem Ehemann in Guangzhou, die in ihre lokale Behörde für Geburtenkontrolle »stolzierten«, das Geld auf den Tisch klatschten und erklärten: »Hier sind 200 000 Yuan. Wir müssen für unser kommendes Baby sorgen. Bitte lassen Sie uns in Ruhe.«[41]

Die Beamten der Familienplanung haben versucht, den strafenden Aspekt der Sanktion wiederherzustellen, indem sie die Bußgelder für begüterte Regelbrecher anhoben, Berühmtheiten anprangerten, die gegen die Vorschrift verstoßen hatten, und Geschäftsleute mit überzähligen Kindern von Regierungsaufträgen ausschlossen. »Für die Reichen sind das Peanuts«, erklärte Zhai Zhenwu, ein Soziologieprofessor der Universität von Renmin. »Die Regierung müsste sie härter anfassen, da, wo es wirklich wehtut, bei ihrem Ruhm, ihrem Ansehen und ihrer Stellung in der Gesellschaft.«[42]

Die Behörden sehen in dem Bußgeld eine Strafe und möchten das damit verbundene Stigma aufrechterhalten. Sie wollen es nicht zur Gebühr verkommen lassen. Der Hauptgrund ist nicht so sehr die Sorge, dass begüterte Paare zu viele Kinder bekommen; die Zahl reicher Regelverletzer ist relativ klein. Ihnen geht es eher um die Norm, auf der diese Politik beruht. Wäre das Bußgeld lediglich eine Gebühr, würde der Staat das Recht auf weitere Kinder an diejenigen verkaufen, die fähig und bereit sind, dafür zu bezahlen.

Die Lizenz zum Kinderkriegen

Seltsamerweise haben einige westliche Ökonomen einen marktkonformen Ansatz für Geburtenkontrolle gefordert, der stark dem auf einer Gebühr beruhenden System ähnelt, das die chinesischen Regierungsvertreter vermeiden wollen. Diese Ökonomen haben Länder, die ihr Bevölkerungswachstum einschränken sollen, dazu gedrängt, handelbare Genehmigungen zur Fortpflanzung auszugeben. 1964 schlug Kenneth Boulding zur Kontrolle der Überbevölkerung ein System handelbarer Fortpflanzungslizenzen vor. Dabei sollte jeder Frau eine (oder je nach Regelung auch eine zweite) Bescheinigung ausgestellt werden, die ihr das Recht auf ein Kind einräumte. Von dieser Lizenz könnte sie dann Gebrauch machen oder sie zum aktuellen Preis verkaufen. Boulding stellte sich einen Markt vor, in dem Menschen mit dringendem Kinderwunsch solche Zertifikate kaufen, und zwar von (wie er etwas taktlos formulierte) »Armen, Nonnen, alten Jungfern und so weiter«.[43]

Diese Regelung wäre weniger restriktiv als ein System fixer Quoten wie bei der Ein-Kind-Politik. Außerdem wäre sie ökonomisch effizienter, da die Güter (in diesem Fall Kinder) denjenigen Kunden zufielen, die am bereitwilligsten dafür bezahlen würden.

Kürzlich brachten zwei belgische Ökonomen Bouldings Vorschlag erneut ins Spiel. Sie verwiesen darauf, diese Regelung hätte, weil die Reichen wahrscheinlich Fortpflanzungslizenzen von den Armen kaufen würden, den zusätzlichen Vorteil, dass die Ungleichheit verringert würde, weil die Armen eine neue Einkommensquelle erschlössen.[44]

Es gibt Leute, die gegen alle Beschränkungen der Fortpflanzung sind, während andere glauben, das Recht darauf könne zur Vermeidung von Überbevölkerung in legitimer Weise eingeschränkt werden. Lassen wir diese prinzipielle Uneinigkeit einmal beiseite und stellen wir uns eine Gesellschaft vor, die entschlossen ist, eine obligatorische Bevölkerungskontrolle einzuführen. Zwei Möglichkeiten kämen in Frage: ein fixes Quotensystem, das jedem Paar nur ein Kind zubilligt und Verstöße mit einem Bußgeld ahndet, und ein marktkonformes System, das jedem Paar einen handelbaren Gutschein zur Fortpflanzung ausstellt. Gegen welche Regelung hätten wir weniger einzuwenden?

Aus der Sicht der Ökonomen ist die zweite Regelung eindeutig vorzuziehen. Frei entscheiden zu können, ob man den Gutschein nutzen oder verkaufen möchte, stellt einige Menschen besser, ohne andere schlechter zu stellen. Diejenigen, die Gutscheine kaufen oder verkaufen, gewinnen etwas (sie schließen einen wechselseitig vorteilhaften Handel ab), und diejenigen, die nicht auf den Markt gehen, sind nicht schlechter dran als unter einem fixen Quotensystem – sie können immer noch ein Kind bekommen.

Dennoch hat eine Regelung, bei der Menschen mit dem Recht auf Kinder Handel treiben, etwas Beunruhigendes. Zum Teil liegt es daran, dass ein solches System unter der Bedingung der Ungleichheit unfair erscheint. Es widerstrebt uns, Kinder zum Luxusgut zu machen, das für Reiche, aber nicht für Arme erschwinglich ist. Wenn es der zentrale Aspekt des menschlichen Lebens ist, dass man Kinder bekommt, ist es unfair, den Zugang zu diesem Gut an die Fähigkeit zum Bezahlen zu knüpfen.

Infrage steht aber auch, ob es sich hierbei nicht um eine Form der Bestechung handelt. Im Kern der Markttransaktion liegt ein moralisch beunruhigendes Verhalten: Eltern, die sich ein weiteres Kind wünschen, müssen andere mögliche Eltern dazu bringen oder verlocken, ihr Recht auf ein Kind zu verkaufen. Moralisch unterscheidet sich das nicht allzusehr davon, das einzige Kind eines Paares nach der Geburt zu kaufen.

Ökonomen dürften einwenden, dass ein Markt, auf dem Kinder oder ein Anrecht auf sie gehandelt werden, den Vorzug der Effizienz besitzt: Er vergibt Kinder an diejenigen, die sie am meisten schätzen, was sich an der Zahlungsfähigkeit messen lässt. Doch der Handel mit dem Recht auf Fortpflanzung korrumpiert die Elternschaft. Die Elternliebe kreist im Wesentlichen um die Vorstellung, dass die eigenen Kinder unveräußerlich sind; es ist undenkbar, sie zum Verkauf freizugeben. Wenn also jemand ein Kind oder das Recht darauf von anderen möglichen Eltern kauft, wirft dies einen Schatten auf die Elternschaft als solche, weil man andere Paare bestechen muss, damit sie kinderlos bleiben. Man könnte sogar versucht sein, diese Tatsache vor seinen Kindern zu verbergen. Und falls dem so ist, lässt sich mit einigem Recht schließen, dass ein Markt für das Recht auf Fortpflanzung ungeachtet möglicher Vorzüge die Elternschaft auf eine Weise beschädigt, die durch eine fixe Quote – wie abstoßend man diesen Gedanken auch findet – vermieden würde.

Handelbare Verschmutzungsrechte

Die Unterscheidung zwischen einer Geldbuße und einer Gebühr ist auch relevant für die Debatte, auf welche Weise Treibhausgase und Kohlenstoffemissionen zu reduzieren sind. Sollte der Staat Grenzen für Emissionen festlegen und Unternehmen mit Bußgeldern belegen, die sie überschreiten? Oder sollte der Staat handelbare Verschmutzungsrechte einführen?

Der zweite Ansatz läuft darauf hinaus, dass die Emission von Schadstoffen nicht als Ausstoßen von Müll, sondern lediglich als Posten auf der Betriebskostenrechnung begriffen wird. Aber ist das richtig? Sollten Firmen, die die Luft exzessiv verschmutzen, nicht in gewisser Weise moralisch stigmatisiert werden? Wollen wir diese Frage entscheiden, dürfen wir nicht nur Kosten und Nutzen kalkulieren; wir müssen uns auch fragen, welche Einstellungen gegenüber der Umwelt wir fördern wollen.

Bei der Kyoto-Konferenz zur globalen Erwärmung von 1997 beharrten die USA darauf, dass alle bindenden Emissionsnormen weltweit eine Handelsregelung einschließen müssten, die es den Ländern ermöglicht, Emissionsrechte zu kaufen oder zu verkaufen. So könnten die USA beispielsweise ihre Verpflichtungen aus dem Kyoto-Protokoll erfüllen, indem sie entweder die eigenen Emissionen von Treibhausgasen reduzieren oder aber dafür bezahlen, dass die Emissionen an anderer Stelle eingespart werden. Statt Sprit saufende Autos wie den Hummer zu Hause zu besteuern, könnten die USA für die Aufforstung im Amazonas-Regenwald bezahlen oder mit dem Geld ein altes Kohlekraftwerk in einem Entwicklungsland modernisieren.

Damals schrieb ich in der *New York Times* einen vom Leitartikel abweichenden Kommentar, in dem ich mich gegen den Handel mit Emissionsrechten wandte. Ländern zu erlauben, das Recht auf die Verschmutzung der Luft zu kaufen, so meine Sorge, sei so ähnlich wie die Erlaubnis, gegen Bezahlung seine privaten Abfälle in die Landschaft zu werfen. Wir sollten aber das mit der Umweltverschmutzung verbundene moralische Stigma verschärfen und nicht schwächen. Außerdem äußerte ich die Befürchtung, wir würden das Bewusstsein für die im Rahmen künftiger globaler Zusammenarbeit notwendigen gemeinsamen Opfer untergraben, wenn reiche Länder sich aus der Pflicht herauskaufen könnten, die eigenen Emissionen zu vermindern.[45]

Die *New York Times* wurde mit Schmähbriefen überschwemmt – die meisten stammten von Ökonomen, darunter einige von meinen Kollegen in Harvard. Sie meinten, ich verstünde nichts von den Vorzügen der Märkte, der Effizienz des Handels oder den Grundlagen der ökonomischen Vernunft.[46] Inmitten des kritischen Donnerwetters erhielt ich eine wohlwollende E-Mail von meinem alten Wirtschaftsprofessor aus dem College. Er verstünde, worauf es mir ankomme, schrieb er. Er bat mich aber auch um einen kleinen Gefallen: Ich solle doch bitte nicht öffentlich verkünden, wer mir Ökonomie beigebracht habe.

Inzwischen habe ich meine Ansichten zum Emissionshandel in gewissem Umfang revidiert, wenn auch nicht aus den doktrinären Gründen, die von den Ökonomen vorgebracht werden. Gegen die Müllentsorgung durch das Autofenster ist einiges einzuwenden – gegen die Emission von Kohlendioxid an sich dagegen nichts. Wir alle machen es mit jedem Atemzug. CO_2 in die Luft abzugeben ist nicht automatisch falsch. Zu beanstanden ist allerdings, wenn das im Übermaß geschieht – als Teil eines verschwenderischen Lebensstils. Es gilt also, diesen Lebensstil zusammen mit den dahinterstehenden Einstellungen zu entmutigen und zu stigmatisieren.[47]

Staatliche Vorschriften sind eine Möglichkeit, die Verschmutzung zu reduzieren: Man verpflichtet Autohersteller auf niedrigere Abgasnormen, verbietet Chemiefirmen und Papiermühlen, giftige Abfälle in öffentliche Gewässer zu leiten, und schreibt Fabriken vor, ihre Schornsteine mit einer Filteranlage auszustatten. Und wenn die Unternehmen die Normen nicht einhalten, belegt man sie mit Bußgeldern. So verfuhren etwa die USA während der ersten Generation der Umweltgesetze Anfang der 70er Jahre.[48] Diese Regelungen stellten eine Möglichkeit dar, Firmen für Verschmutzungen bezahlen zu lassen. Überdies enthielten sie eine moralische Botschaft: »Schande über uns, weil wir Quecksilber und Asbest in Seen und Flüsse leiten und die Luft mit erstickendem Qualm verpesten. Damit gefährden wir nicht nur unsere Gesundheit; wir dürfen die Erde insgesamt nicht so behandeln.«

Manche wandten sich gegen diese Regeln, weil ihnen alles missfiel, was der Industrie höhere Kosten auferlegte. Andere dagegen sahen den Umweltschutz positiv und suchten nach effizienteren Möglichkeiten, ihn zu verwirklichen. Als das Ansehen der Märkte in den 80er Jahren wuchs und das Denken in ökonomischen Kategorien immer mehr Rückhalt gewann, begannen einige Umweltaktivisten, marktkonforme Ansätze für die Rettung des Planeten zu favorisieren. Anstatt jeder Fabrik Emissionsnormen aufzuerlegen, könnte man, so ihre Überlegung, der Verschmutzung einen Preis zuweisen und dem Markt den Rest überlassen.[49]

Am einfachsten versieht man die Verschmutzung mit einem Preis, indem man sie besteuert. Eine Emissionssteuer gleicht eher einer Gebühr als einer Geldbuße. Ist sie aber groß genug, hat sie den Vorzug, dass die Verschmutzer für den angerichteten Schaden bezahlen müssen. Aus genau diesem Grund ist sie politisch so schwierig durchzusetzen. Also haben die Entscheidungsträger eine marktfreundlichere Lösung gefunden: den Emissionshandel.

1990 unterzeichnete US-Präsident George Bush ein Gesetz zur Reduktion des sauren Regens, der auf die Emission von Schwefeldioxid in Kohlekraftwerken zurückzuführen ist. Das Gesetz legte für die Kraftwerke keine Obergrenze fest, sondern gab jedem Anlagenbetreiber eine Lizenz für einen bestimmten Verschmutzungsbetrag. Die Unternehmen konnten die Lizenzen dann frei untereinander handeln. Damit konnte eine Firma entweder die eigenen Emissionen reduzieren oder zusätzliche Emissionsrechte von einer anderen Firma erwerben, die weniger ausstieß als den ihr zugeteilten Betrag.[50]

Die Schwefelemissionen gingen zurück, und der Emissionshandel wurde weithin als Erfolg angesehen.[51] Gegen Ende der 90er Jahre richtete sich die Aufmerksamkeit dann auf die globale Erwärmung. Das Kyoto-Protokoll zum Klimawandel stellte die Länder vor die Wahl: Sie konnten die eigenen Emissionen von Treibhausgasen reduzieren oder andere dafür bezahlen, ihren Ausstoß zu verringern. Die Logik dieses Ansatzes läuft darauf hinaus, dass er die Kosten für den Umweltschutz senkt. Wenn es billiger ist, Kerosinlampen in indischen Dörfern zu ersetzen, als Emissionen in den USA zu vermindern, warum sollte man dann nicht für den Austausch der Lampen bezahlen?

Trotzdem traten die USA dem Kyoto-Protokoll nicht bei, und die folgenden Klimagipfel scheiterten. Mein Interesse gilt jedoch weniger den Vereinbarungen selbst als der Frage, wieweit sie die moralischen Kosten eines globalen Handels mit Verschmutzungsrechten illustrieren.

Der vorgeschlagene Markt für das Recht auf Fortpflanzung ist mit einem moralischen Problem belastet: Er bringt manche Paare dazu, andere zu bestechen, damit jene selbst auf ein Kind verzichten. Das höhlt die Norm der Elternliebe aus: Eltern werden dazu ermutigt, Kinder als veräußerbares Gut zu betrachten – als Handelsware. Ein globaler Markt für Verschmutzungsrechte hingegen unterliegt einem anderen moralischen Problem. Hier geht es nicht um Bestechung, sondern um das Auslagern einer Verpflichtung. Im globalen Maßstab tritt dieses Auslagern stärker in Erscheinung als in einzelnen Ländern.

Erhalten reiche Länder die Erlaubnis, relevante Einsparungen beim eigenen Energieverbrauch dadurch zu vermeiden, dass sie Verschmutzungsrechte von anderen kaufen (oder Programme finanzieren, durch die andere Länder weniger emittieren), so werden zwei Normen beeinträchtigt. Erstens verfestigt es die Einstellung, die Natur sei in technischen Kategorien zu begreifen, zweitens untergräbt es das Bewusstsein, dass gemeinsame Opfer notwendig sein könnten, um eine globale Umweltethik zu schaffen. Wenn reiche Länder sich von der Verpflichtung loskaufen können, die eigenen Kohlenstoffemissionen zu reduzieren, dann könnte das Bild des Wanderers im Grand Canyon am Ende passen. Nur dass der wohlhabende Wanderer jetzt, anstatt Bußgeld für das Wegwerfen von Abfall zu bezahlen, seine Bierdose ungestraft in der Landschaft liegen lassen kann, falls er jemanden anheuert, der im fernen Himalaya Müll aufsammelt. Sicher, die beiden Fälle sind nicht identisch. Müll ist nicht so gut verrechenbar wie Treibhausgase. Die Bierdose im Grand Canyon wird durch eine unberührte Landschaft auf der anderen Seite der Welt nicht ausgeglichen. Die globale Erwärmung dagegen ist ein kumulatives Unheil. Von außen betrachtet ist es belanglos, welche Orte auf dem Planeten weniger Kohlenstoff in die Luft blasen. Aber moralisch und politisch spielt es sehr wohl eine Rolle. Wenn es reichen Ländern gestattet ist, ihre verschwenderischen Gewohnheiten gegen eine Gebühr beizubehalten, verstärkt das eine schädliche Einstellung: Die Natur wird als Müllkippe für diejenigen betrachtet, die es sich leisten können. Ökonomen gehen oft davon aus, das Problem der globalen Erwärmung sei einfach dadurch zu lösen, dass man die richtigen Anreize formuliert und die Länder dazu bringt, sich entsprechend zu verpflichten. Doch damit wird ein entscheidender Punkt verfehlt: die Bedeutung der Normen. Globales Handeln gegen den Klimawandel könnte es erfordern, dass wir eine neue Umweltethik finden und neue Einstellungen gegenüber der Natur entwickeln. Ungeachtet der möglichen

Effizienz könnte es durch einen globalen Markt für Verschmutzungsrechte schwieriger werden, die Bereitschaft zur Einschränkung und zu gemeinsamen Opfern zu kultivieren, die für solch eine verantwortliche Umweltethik erforderlich sind.

Klimakompensation

Eine ähnliche Frage ergibt sich aus der zunehmenden Nutzung von freiwilligen Ausgleichsmaßnahmen für Kohlenstoffemissionen. Ölfirmen und Fluglinien laden Kunden mittlerweile ein, ihren persönlichen Beitrag zur globalen Erwärmung durch einen Geldbetrag zu neutralisieren. BP ermöglicht es Kunden auf seiner Webseite, die Menge an CO_2 zu kalkulieren, die sie durch ihre Fahrgewohnheiten freisetzen, und diese Emissionen durch einen finanziellen Beitrag zu grünen Energieprojekten in Entwicklungsländern zu kompensieren. Glaubt man der Webseite, kann der durchschnittliche Autofahrer in England seine jährlichen Emissionen für etwa 20 Pfund ausgleichen.[52] British Airways bietet eine ähnliche Kalkulation an: Mit 17 Dollar kann man die klimatischen Auswirkungen einer Flugreise von New York nach London und zurück neutralisieren. Die Fluglinie bereinigt den durch den Flug verursachten Schaden, indem sie das Geld an einen Windpark in der Inneren Mongolei überweist.

Der Gedanke der Klimakompensation steht für einen löblichen Impuls: Der Schaden, den unser Energiekonsum dem Planeten zufügt, wird mit einem Preis versehen, und dieser Preis wird von jedem Einzelnen zur Schadensbehebung entrichtet. Die Unterstützung von Wiederaufforstung und von Projekten für saubere Energie in Entwicklungsländern ist sicher sinnvoll. Doch Ausgleichsmaßnahmen bergen auch die Gefahr in sich, dass diejenigen, die sie bezahlen, sich von jeder weiteren Verantwortung für den Klimawandel befreit sehen. Es ist zu befürchten, dass die Klimakompensation zumindest von einigen als schmerzlose Möglichkeit angesehen wird, sich von der Notwendigkeit freizukaufen, die eigenen Gewohnheiten und Einstellungen grundlegend zu ändern.[53]

Kritiker der Klimakompensation haben diese mit dem Ablasshandel früherer Zeiten verglichen, bei dem Sünder als Ausgleich für ihre Sünden Geld an die Kirche bezahlten. Die Webseite www.cheatneutral.com persifliert den Gedanken, indem sie einen Handel mit Ausgleichszahlungen für Untreue arrangiert. Wenn in London jemand Schuldgefühle hat, weil er seinen Partner betrügt, kann er jemanden in Manchester dafür bezahlen, dass er bzw. sie treu ist, und die Verfehlung so »ausgleichen«. Moralisch ist die Analogie unvollkommen: Der Betrug ist nicht nur (oder vor allem) verwerflich, weil er die Summe des Unglücks in der Welt mehrt; er ist ein Unrecht gegenüber einer bestimmten Person, das durch einen tugendsamen Akt an anderer Stelle nicht wettzumachen ist. Dagegen sind Kohlenstoffemissionen an sich nichts Unrechtes – sie werden es erst in der Summe.[54]

Trotzdem haben die Kritiker nicht ganz unrecht. Wenn man die Verantwortung für Treibhausgase in ein Handelsgut verwandelt und individualisiert, könnte sich das ebenso paradox auswirken wie die Geldforderungen für verspätetes Abholen im Kindergarten – es könnte mehr schädliches Verhalten hervorrufen statt weniger. In Zeiten der globalen Erwärmung gilt ein Spritsäufer wie der Hummer nicht als Statussymbol, sondern als Zeichen für verschwenderische Maßlosigkeit, für eine Art von Unersättlichkeit. Dagegen haben Hybridfahrzeuge ein gewisses Prestige. Ein Ausgleich für Kohlenstoffemissionen könnte diese Normen jedoch untergraben, weil er die Verschwendung lizenziert. Wenn Hummer-Fahrer ihre Schuld durch einen Scheck an eine Organisation tilgen können, die in Brasilien Bäume pflanzt, dürften sie kaum dazu geneigt sein, ihre CO_2-Schleuder gegen ein Hybridfahrzeug zu tauschen. Einen Hummer zu fahren könnte respektabel statt unverantwortlich erscheinen, und der Druck zugunsten umfassenderer, kollektiver Reaktionen auf den Klimawandel könnte nachlassen.

Natürlich ist das hier geschilderte Szenario spekulativ. Wie Bußgelder, Gebühren und andere finanzielle Anreize wirken, ist nicht mit Gewissheit vorherzusagen, und es kann sich von Fall zu Fall ändern. Ich will einfach zum Ausdruck bringen, dass Märkte bestimmte Normen reflektieren und fördern – bestimmte Arten, die dort ausgetauschten Güter zu bewerten. Um entscheiden zu können, ob wir ein Gut zur Ware machen, müssen wir also mehr als nur die Effizienz und die Verteilungsgerechtigkeit betrachten. Wir müssen auch fragen, ob die Normen des Marktes jene Normen verdrängen, die nicht seiner Logik folgen, und wenn ja, ob wir über diesen Verlust besorgt sein sollten.

Ich behaupte nicht, dass sich die Förderung tugendhafter Einstellungen gegenüber Umwelt, Elternschaft oder Bildung stets gegen konkurrierende Erwägungen durchsetzen sollte. Bestechung funktioniert gelegentlich, und in manchen Fällen kann sie genau das richtige Mittel der Wahl sein. Wenn die Lesefähigkeit dramatisch ansteigt, sobald man leseschwache Kinder für das Lesen von Büchern bezahlt, könnten wir beschließen, es einmal damit zu versuchen, und hoffen, ihnen die Liebe zum Lesen später vermitteln zu können. Wir dürfen aber nicht vergessen, dass es sich dabei um Bestechung handelt – eine moralisch kompromittierte Praxis, die eine höhere Norm (Lesen um seiner selbst willen) durch eine niedrigere Norm (Lesen, um Geld zu verdienen) ersetzt.

Weil Märkte und marktkonformes Denken auf Bereiche übergreifen, die traditionell von marktfremden Normen beherrscht wurden – Gesundheit, Bildung, Fortpflanzung, Flüchtlingspolitik, Umweltschutz –, tritt dieses Dilemma immer häufiger auf. Wie sollen wir uns verhalten, wenn im Namen von Wirtschaftswachstum und Effizienz Dinge, die wir für unbezahlbar halten, einen Preis bekommen? Wann dürfen wir uns moralisch fragwürdiger Märkte bedienen, um ein achtenswertes Ziel zu erreichen?

Ein Nashorn schießen

Nehmen wir an, es geht darum, gefährdete Arten zu schützen – etwa das Schwarze Nashorn. Zwischen 1970 und 1992 nahm die Population dieser Spezies in Afrika von 65 000 auf weniger als 2500 ab. Obwohl die Jagd auf gefährdete Arten illegal ist, waren die meisten afrikanischen Länder nicht in der Lage, die Nashörner vor Wilderern zu schützen. Ihre Hörner wurden für viel Geld in Asien und im Nahen Osten verkauft.[55]

In den 90ern begannen einige Tierschutzorganisationen und die südafrikanische Behörde für Artenvielfalt in Betracht zu ziehen, zum Schutz gefährdeter Arten Marktmechanismen einzusetzen. Wenn man privaten Ranchern erlaubte, Jägern das Recht auf den Abschuss einer begrenzten Zahl Schwarzer Nashörner zu verkaufen, hätten die Rancher einen Anreiz, sie zu züchten, sich um sie zu kümmern und Wilderer fernzuhalten.

2004 erhielt die Regierung Südafrikas die Genehmigung der Organisation des Washingtoner Artenschutzabkommens, pro Jahr fünf Abschüsse von Schwarzen Rhinozerossen zu erlauben. Diese Nashörner sind berüchtigt für ihre Angriffslust und schwer zu erlegen, weshalb die

Chance, Jagd auf eines dieser Tiere zu machen, unter Trophäenjägern heiß begehrt ist. Die erste legale Jagd seit Jahrzehnten erforderte ein hübsches Sümmchen: Ein amerikanischer Jäger aus der Finanzbranche ließ sie sich 150 000 Dollar kosten. Es folgten weitere Kunden, darunter ein russischer Erdölmilliardär, der gleich für den Abschuss von drei Schwarzen Nashörnern bezahlte.

Die Marktlösung scheint zu funktionieren. In Kenia, wo die Jagd auf Rhinos nach wie vor verboten ist, fiel die Population der Schwarzen Nashörner von 20 000 auf etwa 600, weil das Land gerodet und für Ackerbau und Viehzucht genutzt wurde. In Südafrika dagegen, wo für Landbesitzer nun ein finanzieller Anreiz besteht, den Wildtieren ausreichend Lebensraum zur Verfügung zu stellen, wächst die Population der Nashörner inzwischen wieder.

Für diejenigen, die gegen eine Trophäenjagd prinzipiell nichts einzuwenden haben, sind marktkonforme Anreize eine vernünftige Möglichkeit, eine gefährdete Art zu retten – auch wenn man dazu das Recht verkaufen muss, ein Schwarzes Nashorn abzuschießen. Wenn Jäger für die Jagd auf ein Nashorn bereitwillig 150 000 Dollar bezahlen, haben die Rancher einen Anreiz, die Tiere zu züchten und zu schützen, was den Bestand erhöht. Es ist eine besondere Art des Ökotourismus: »Bezahlen Sie dafür, ein gefährdetes Schwarzes Nashorn zu schießen. Sie werden ein unvergessliches Erlebnis haben und zugleich die Arterhaltung unterstützen.«

Aus Sicht der ökonomischen Vernunft scheint die Marktlösung eindeutig zu funktionieren. Einige Menschen sind dadurch bessergestellt, ohne dass andere einen Nachteil hätten. Die Rancher verdienen Geld, die Jäger haben eine Chance, einem großartigen Geschöpf nachzustellen und es abzuschießen, und eine gefährdete Art am Rande der Ausrottung erholt sich wieder. Wer sollte sich da beklagen?

Nun ja, das hängt vom moralischen Status der Trophäenjagd ab. Wenn Sie der Ansicht sind, es sei moralisch verwerflich, Wildtiere aus Vergnügen zu töten, wird Ihnen der Markt für Nashornjagd wie ein Pakt mit dem Teufel vorkommen, eine Art moralischer Erpressung. Sie dürften den positiven Effekt des Schutzes für Nashörner begrüßen, aber die Tatsache beklagen, dass dieses Ergebnis zustande kommt, indem die perversen Gelüste reicher Jäger befriedigt werden. Es ist fast so, als bewahre man einen alten Bestand an Mammutbäumen vor der Vernichtung, indem man reichen Spendern das Recht verkauft, ihre Initialen in die Rinde zu schnitzen.

Wie soll man sich also entscheiden? Man könnte die Marktlösung verwerfen, weil die moralische Verkommenheit der Trophäenjagd schwerer wiegt als der Nutzen der Arterhaltung. Oder man könnte beschließen, der moralischen Erpressung nachzugeben, und das Recht zur Jagd auf ein paar Rhinos verkaufen, weil man hofft, die Art vor der Ausrottung zu bewahren.

Die richtige Antwort hängt zum Teil davon ab, ob der Markt den versprochenen Nutzen wirklich erbringt. Sie hängt aber auch davon ab, wie schwer das Unrecht wiegt, wenn man zulässt, dass Trophäenjäger Wildtiere zum Vergnügen abschlachten.

Auch hier ist die Marktlogik ohne moralische Überlegungen unvollständig. Wir können nicht entscheiden, ob das Recht auf den Abschuss von Nashörnern handelbar sein soll, ohne die Frage beantwortet zu haben, wie diese Erlaubnis moralisch angemessen zu bewerten ist. Und das ist naturgemäß eine umstrittene Frage, bei der die Menschen uneins sind. Doch das Plädoyer zugunsten der Märkte kann eben nicht abgelöst werden von der umstrittenen Frage, wie die ausgetauschten Güter angemessen zu bewerten sind.

Großwildjäger klammern sich instinktiv an diesen Punkt. Sie begreifen, dass die moralische Legitimität ihres Sports (und die Nashornjagd gegen Bezahlung) von einer bestimmten Einstellung abhängt. So geben einige Trophäenjäger vor, ihre Beute zu verehren, und bestehen darauf, dass das Töten eines großen und mächtigen Geschöpfes eine Form von Respekt darstelle. Ein russischer Geschäftsmann, der 2007 ein Schwarzes Nashorn gegen Bezahlung abgeschossen hatte, erklärte: »Ich habe es erlegt, weil das eines der größten Komplimente ist, die man einem Schwarzen Nashorn machen kann.«[56]

Kritiker werden einwenden, dies sei eine verrückte Art, Verehrung auszudrücken. Im Kern der Debatte geht es jedenfalls um das Problem, ob die Trophäenjagd Wildtiere angemessen bewertet. Was uns zur Frage nach den Einstellungen und Normen zurückbringt: Ob man einen Markt für Jagdrechte auf gefährdete Arten einrichtet, hängt nicht nur davon ab, ob deren Bestand dadurch größer wird, sondern auch davon, ob man damit die richtige Art ausdrückt und fördert, sie angemessen zu bewerten.

Der Markt für Schwarze Nashörner ist ein moralisch komplexes Thema, weil es hier darum geht, eine gefährdete Art zu schützen, indem man eine fragwürdige Einstellung gegenüber Wildtieren fördert. Hier eine weitere Jagdgeschichte, die einen noch härteren Prüfstein für die Vernunft des Marktes darstellt.

Ein Walross schießen

Für Jahrhunderte war das atlantische Walross in den arktischen Regionen Kanadas so häufig wie der Bison im amerikanischen Westen. Der massige, wehrlose Meeressäuger, geschätzt wegen seines Fleisches, seines Fells, seines Specks und der Stoßzähne aus Elfenbein, war eine leichte Beute für Jäger, und gegen Ende des 19. Jahrhunderts war die Population stark zurückgegangen. 1928 verbot Kanada die Walrossjagd; ausgenommen war eine kleine Quote für die Inuit, eingeborene Jäger mit Subsistenzwirtschaft, deren Lebensweise sich seit gut 4500 Jahren um die Walrossjagd dreht.[57] In den 90ern wandten sich Führer der Inuit mit einem Vorschlag an die kanadische Regierung: Konnte sie den Inuit nicht erlauben, ihr Recht auf den Abschuss einiger Walrosse aus ihrer Quote an Großwildjäger zu verkaufen? Die Zahl der getöteten Walrosse würde gleich bleiben, die Inuit würden die Jagdgebühren kassieren, den Trophäenjägern als Führer dienen, den Abschuss überwachen und Fleisch wie Felle behalten, so wie sie das immer getan hatten. Damit würde das wirtschaftliche Wohl einer armen Gemeinschaft verbessert, ohne die geltenden Quoten zu überschreiten. Die kanadische Regierung war einverstanden.

Für die Gelegenheit, ein Walross zu schießen, reisen mittlerweile reiche Trophäenjäger aus der ganzen Welt in die Arktis. Für dieses Privileg bezahlen sie zwischen 6000 und 6500 Dollar. Sie kommen sicher nicht wegen des Nervenkitzels der Jagd oder der sportlichen Herausforderung. Walrosse sind harmlose Geschöpfe, die sich langsam bewegen und für Jäger mit Gewehren kein Problem darstellen. In seinem eindrucksvollen Bericht im *New York Times Magazine* verglich C. J. Chivers die Walrossjagd unter Aufsicht der Inuit mit »einer langen Bootsfahrt, an deren Ende man auf einen sehr großen Sitzsack schießt«.[58]

Die Führer manövrieren das Boot bis auf etwa 15 Meter an das Walross heran und geben dem Jäger ein Zeichen, wann er schießen soll. Chivers schilderte die Szene, als ein Jäger aus Texas seine Beute erlegte: »Die Kugel des Jägers klatschte in den Hals des Bullen, riss seinen Kopf herum und warf das Tier auf die Seite. Aus dem Einschussloch sprudelte Blut. Reglos lag der Bulle da. Der Jäger setzte sein Gewehr ab und griff nach der Videokamera.« Dann machte sich die Inuit-Mannschaft an die harte Arbeit, das tote Walross auf eine Eisscholle zu hieven und den Kadaver zu zerlegen.

Der Reiz einer solchen Jagd ist schwer zu ergründen. Sie stellt keine Herausforderung dar, weshalb sie weniger als Sport denn als eine Art todbringender Tourismus erscheint. Nicht einmal eine Trophäe kann sich der Jäger zu Hause an die Wand hängen. In den USA sind Walrosse geschützt, und es ist illegal, Körperteile dieser Tiere ins Land zu bringen.

Warum also sollte man ein Walross abschießen? Anscheinend geht es darum, je ein Exemplar all der Tierarten zu erlegen, die von Jagdvereinen aufgelistet werden – etwa die »Großen Fünf« Afrikas (Leopard, Löwe, Elefant, Nashorn und Kapbüffel) oder den »Grand Slam« der Arktis (Karibu, Moschusochse, Eisbär und Walross).

Dieses Ziel ist nicht gerade bewundernswert; manche finden es sogar ausgesprochen widerwärtig. Aber wir dürfen nicht vergessen: Märkte geben kein Urteil über die von ihnen befriedigten Bedürfnisse ab. Aus Sicht der Marktlogik spricht tatsächlich einiges dafür, dass man den Inuit erlaubt, ihr Recht auf Abschuss einer bestimmten Zahl von Walrossen zu verkaufen. Sie selbst erschließen eine neue Einkommensquelle, die »Listenjäger« erhalten die Möglichkeit, ihre Bilanz der getöteten Tiere zu vervollständigen, und die Quoten werden nicht überschritten. In dieser Hinsicht entspricht der Verkauf des Abschussrechts für ein Walross dem Verkauf des Rechts auf Fortpflanzung oder Verschmutzung. Sobald eine Quote vorhanden ist, schreibt die Marktlogik vor, dass ein Handel mit den Konzessionen das Gemeinwohl mehrt. Er sorgt dafür, dass einige besser dastehen, ohne dass andere schlechter dran sind.

Und doch ist der Markt für Walross-Abschüsse moralisch äußerst fragwürdig. Selbst wenn es vernünftig ist, den Inuit weiterhin zu erlauben, für ihren Lebensunterhalt Walrosse zu jagen, wie sie das seit Jahrhunderten tun, ist das Recht, die Walross-Abschüsse zu verkaufen, aus zwei Gründen immer noch moralisch verwerflich.

Erstens hilft dieser bizarre Markt, einen perversen Wunsch zu erfüllen, dem in jeder denkbaren Berechnung eines gesellschaftlichen Nutzens kein Gewicht zukommen sollte. Was immer man von der Großwildjagd halten mag: Das hier ist etwas anderes. Der Wunsch, ohne jegliche Herausforderung oder Jagd ein hilfloses Säugetier aus kurzer Entfernung zu töten, nur um es auf einer Liste abhaken zu können, ist es nicht wert, erfüllt zu werden, selbst wenn sich daraus für die Inuit ein zusätzliches Einkommen ergibt. Zweitens: Wenn die Inuit das Recht, die ihnen zugeteilten Walrosse zu töten, an Außenstehende verkaufen, beschädigen sie die Bedeutung und den Zweck der Ausnahmeregelung, die man ihrer Gemeinschaft zunächst zugestanden hat. Die Lebensweise der Inuit zu würdigen und ihre von alters her bestehende Abhängigkeit von der Jagd auf Walrosse zu respektieren ist eine Sache. Etwas anderes ist es aber, dieses Privileg in eine bezahlte Konzession zum beiläufigen Töten umzuwandeln.

Ökonomische und moralische Vernunft

In der zweiten Hälfte des 20. Jahrhunderts war Paul Samuelsons *Volkswirtschaftslehre* das führende Lehrbuch im Land. Kürzlich warf ich einen Blick in eine frühe Ausgabe seines Werks, um zu sehen, wie er das Wesen der Volkswirtschaftslehre bestimmt. Er definierte sie über ihren traditionellen Gegenstandsbereich: Die Volkswirtschaftslehre befasst sich mit der »Welt der Preise, Löhne, Zinssätze, Aktien und Schuldscheine, Banken und Kredite, Steuern und Ausgaben«. Die Ökonomie hatte eine konkrete und genau umrissene Aufgabe: Sie sollte erklären, wie Rezessionen, Arbeitslosigkeit und Inflation zu vermeiden sind, wie eine hohe Produktivität aufrechtzuerhalten ist und »wie der Lebensstandard der Menschen gerechter gestaltet werden kann«.[59]

Heute ist die Volkswirtschaftslehre ziemlich weit von ihrem ursprünglichen Gegenstand abgekommen. Nehmen wir folgende Definition für eine Wirtschaftslehre, die Gregory Mankiw in einer neuen Auflage seines eigenen einflussreichen Lehrbuchs gibt: »Was ›Ökonomie‹ bedeutet, ist kein Geheimnis. Eine Ökonomie oder Volkswirtschaft ist einfach eine Gruppe von Menschen, die miteinander interagieren, während sie ihr Leben leben.«

Nach dieser Erklärung befasst die Ökonomie sich nicht nur mit Produktion, Verteilung und Verbrauch materieller Güter, sondern auch mit der Interaktion der Menschen ganz allgemein und den Prinzipien, nach denen Menschen ihre Entscheidungen treffen. Eines der wichtigsten Prinzipien ist dabei, wie Mankiw anmerkt, dass »Menschen auf Anreize reagieren«.[60]

In der modernen Wirtschaftswissenschaft hat die Diskussion über Anreize dermaßen um sich gegriffen, dass sie mittlerweile einen guten Teil der Disziplin beherrscht. Auf den ersten Seiten von *Freakonomics* verkünden Steven D. Levitt, Ökonom an der University of Chicago, und Stephen J. Dubner, dass »Anreize der Eckpfeiler des modernen Lebens« seien und dass »Ökonomie im Kern eine Untersuchung über die Wirkung von Anreizen ist«.[61]

Wie neu diese Definition ist, kann einem leicht entgehen. Die Sprache der Anreize ist eine jüngere Entwicklung des ökonomischen Denkens. In den Schriften von Adam Smith oder anderen klassischen Ökonomen taucht das Wort »Incentive« im Sinne von Anreiz nicht auf.⁶² Tatsächlich ist der Begriff erst im 20. Jahrhundert in den ökonomischen Diskurs eingegangen; eine herausragende Stellung erreichte er in den 80ern und 90ern. Das *Oxford English Dictionary* findet seine erste Verwendung im Zusammenhang mit der Ökonomie im *Readers Digest* von 1943: »Charles E. Wilson ... fordert die Kriegsindustrie dringend auf, bei der Bezahlung ›Anreize zu setzen‹ – das heißt, den Arbeitern mehr zu bezahlen, wenn sie mehr *produzieren*.«

In der zweiten Hälfte des 20. Jahrhunderts, als Märkte und marktkonformes Denken sich stärker verankerten, nahm die Verwendung des Wortes »Incentive« drastisch zu. Wie eine Google-Suche zeigte, stieg das Vorkommen des Begriffs in eigenständigen Buchpublikationen von den 40ern bis in die 90er um mehr als 400 Prozent an.⁶³

Konzipiert man Wirtschaftswissenschaft als Untersuchung von Anreizen, folgt daraus mehr als nur die Ausweitung des ökonomischen Denkens auf das Alltagsleben – der Ökonom wird dadurch auch in eine aktive Rolle versetzt. Die von Gary Becker in den 70ern angeführten »Schattenpreise«, mit denen er das Verhalten der Menschen erklärte, waren noch implizit und nicht offen ausgewiesen. Es handelte sich um metaphorische Preise, die der Ökonom sich vorstellt, voraussetzt oder ableitet. Anreize dagegen werden von Ökonomen (oder Politikern) entworfen, bearbeitet und in die Welt getragen. Mit ihnen sollen Menschen zum Beispiel dazu gebracht werden, abzuspecken, härter zu arbeiten oder weniger Schadstoffe freizusetzen. »Ökonomen lieben Anreize«, schreiben Levitt und Dubner. »Sie lieben es, sich Anreize auszudenken, sie einzusetzen, sie zu studieren und daran herumzubasteln. Der typische Ökonom glaubt, dass die Welt noch kein einziges Problem erfunden hat, das er nicht lösen könnte, wenn er freie Hand hätte, das passende Schema von Anreizen zu konstruieren. Seine Lösung ist vielleicht nicht immer schön – sie kann Zwang oder außerordentlich hohe Strafen oder die Verletzung von Bürgerrechten einschließen –, aber das ursprüngliche Problem, seien Sie versichert, wird dadurch gelöst. Ein Anreiz ist eine Kugel, ein Druckmittel, ein Schlüssel: Manchmal ist es eine Kleinigkeit mit der erstaunlichen Macht, eine Situation zu ändern.«[64]

Das ist ein fernes Echo der Metapher von Adam Smith, der die Selbstregulierung des Marktes als das Wirken einer unsichtbaren Hand beschreibt. Sobald Anreize erst einmal zum »Eckstein des modernen Lebens« geworden sind, erscheint der Markt als eine harte Hand, die zudem noch manipulativ ist. (Denken wir an die finanziellen Anreize für Sterilisation und gute Noten.) »Die meisten Anreize ergeben sich nicht von selbst«, stellen Levitt und Dubner fest. »Irgendjemand – ein Ökonom oder Politiker, ein Vater oder eine Mutter – muss ihn erfinden.«[65]

Die zunehmende Anwendung von »Incentives« im heutigen Leben und die Notwendigkeit, dass sie von jemandem ausgedacht werden müssen, spiegelt sich in einem unbeholfenen neuen Verb, das in jüngster Zeit zunehmend in Umlauf kam: »incentivize«. Laut dem *Oxford English Dictionary* bedeutet es, »jemanden (insbesondere Angestellte oder Kunden) zu motivieren oder zu ermuntern, indem man ihm einen (gewöhnlich finanziellen) Anreiz bietet«. Das Verb stammt aus dem Jahr 1968, ist aber erst im letzten Jahrzehnt populär geworden – besonders unter Ökonomen, Führungskräften großer Unternehmen, politischen Analytikern, Politikern und Journalisten. In Büchern war das Wort bis etwa 1990 selten zu finden. Mittlerweile ist seine Verwendung um mehr als 1400 Prozent in die Höhe geschossen.⁶⁶ Eine Suche mittels LexisNexis bei großen Zeitungen zeigt einen ähnlichen Trend:

Häufigkeit von »incentivize« oder »incentivise« in großen Tageszeitungen:⁶⁷

1980er	48
1990er	449
2000er	6159
2010–2011	5885

Neuerdings ist »incentivize« in das Vokabular der US-Präsidenten eingegangen. George Bush war der Erste, der den Ausdruck in der Öffentlichkeit (zweimal) benutzte. Bill Clinton gebrauchte ihn in acht Jahren nur einmal, ebenso wie George W. Bush. Barack Obama hat das Verb »incentivize« in den ersten drei Jahren 29 Mal verwendet. Er hofft, Ärzte, Kliniken und Dienstleister auf dem Gesundheitssektor »zu incentivieren«, stärker auf Prävention zu achten, und möchte Banken dazu »incentivieren«, verantwortungsvollen Hausbesitzern und Kleingewerbetreibenden Kredite zu geben.⁶⁸

Auch der britische Premierminister David Cameron ist ein Fan dieses Wortes. In einer Rede vor Bankern und Führungskräften rief er dazu auf, eine »risikofreudige Investment-Kultur« zu »incentivieren«. Als er sich nach den Londoner Krawallen von 2011 an die englische Bevölkerung wandte, beklagte er, dass »einige der übelsten Aspekte der menschlichen Natur toleriert, geduldet und manchmal sogar incentiviert« worden seien, und das vom Staat und seinen Behörden.⁶⁹

Trotz ihrer neuen Neigung zur Incentivierung bestehen Ökonomen weiterhin auf der strikten Unterscheidung zwischen Wirtschaftswissenschaft und Ethik, zwischen ökonomischer und moralischer Vernunft. Die Ökonomie handele einfach nicht mit Moral, wie Levitt und Dubner erläutern: »Moral repräsentiert die Art und Weise, in der die Welt unserer Ansicht nach funktionieren sollte – während die Ökonomie uns zeigt, wie sie tatsächlich funktioniert.«[70]

Die Vorstellung, dass die Ökonomie eine von der Moralphilosophie und der politischen Philosophie unabhängige Wissenschaft sei, ist schon immer fragwürdig gewesen. Doch der stolz zur Schau gestellte Ehrgeiz der heutigen Wirtschaftswissenschaft macht es besonders schwer, diese Behauptung zu verteidigen. Je weiter die Märkte ihren Zugriff auf die nichtökonomischen Bereiche des Lebens ausdehnen, desto stärker verstricken sie sich in moralische Fragen.

Nehmen wir die wirtschaftliche Effizienz. Warum sollte man sich darum kümmern? Angeblich wegen der Mehrung des gesellschaftlichen Nutzens, verstanden als die möglichst umfassende Befriedigung aller menschlichen Bedürfnisse. Wie Mankiw erklärt, maximiert die effiziente Zuteilung von Ressourcen das ökonomische Wohlergehen aller Mitglieder der Gesellschaft.[71] Doch warum sollte der gesellschaftliche Nutzen überhaupt maximiert werden? Die meisten Ökonomen nehmen diese Frage gar nicht erst zur Kenntnis, oder sie fallen zurück auf eine Position der utilitaristischen Moralphilosophie.

Doch der Utilitarismus ist mit guten Gründen kritisiert worden. Der für die Marktlogik relevanteste Einwand fragt, warum wir die Befriedigung von Vorlieben maximieren sollten, ohne auf ihren moralischen Wert zu achten. Wenn manche die Oper lieben und andere Hundekämpfe oder Schlammringkämpfe sehen wollen: Müssen wir dann wirklich unparteiisch sein und diesen Vorlieben – wie das utilitaristische Kalkül suggeriert – jeweils das gleiche Gewicht einräumen?[72] Wenn das marktkonforme Denken sich mit materiellen Gütern befasst – mit Autos, Toastern und Flachbildschirmen –, spielt dieser Einwand keine große Rolle, denn es ist vernünftig, anzunehmen, dass der Wert der Güter einfach mit den Vorlieben der Verbraucher zu tun hat. Wendet man diese Marktlogik jedoch auf Fragen der Sexualität, Fortpflanzung, Kinderaufzucht, Bildung, Gesundheit, Einwanderungspolitik, des Strafrechts und Umweltschutzes an, ist es weniger plausibel, anzunehmen, dass die Vorlieben eines jeden gleichwertig sein sollen. Auf moralisch umkämpften Gebieten wie diesen können manche Arten der Bewertung von Gütern angemessener und wertvoller sein als andere. Und wenn dies zutrifft, ist nicht klar, warum wir Vorlieben unterschiedslos befriedigen sollten, ohne nach ihrem moralischen Wert zu fragen. (Sollte Ihr Wunsch, ein Kind das Lesen zu lehren, wirklich ebenso viel zählen wie der Wunsch Ihres Nachbarn, ein Walross aus kürzester Distanz abzuschießen?)

Wenn die Marktlogik das Reich der materiellen Güter verlässt, muss sie also wohl oder übel »mit der Moral handeln«, zumindest wenn sie nicht blindlings den gesellschaftlichen Nutzen maximieren will, ohne einen Blick für den moralischen Wert der von ihr befriedigten Vorlieben zu haben.

Es gibt noch einen weiteren Grund, weshalb die Ausweitung der Märkte die Unterscheidung zwischen moralischer und ökonomischer Vernunft oder zwischen einer Erklärung der Welt und ihrer Verbesserung erschwert. Einer der Grundpfeiler der Volkswirtschaft ist der Preiseffekt: Wenn die Preise steigen, kaufen die Menschen weniger von diesem Gut, und wenn sie sinken, kaufen sie mehr. Dieser Grundsatz ist in der Regel zuverlässig, wenn wir über den Markt für, sagen wir, Flachbildfernseher sprechen.

Doch wie wir gesehen haben, kann man ihm weniger vertrauen, wenn man ihn auf soziale Verhaltensweisen anwendet, wie etwa das rechtzeitige Abholen seines Kindes vom Kindergarten. Als der Preis für das Zuspätkommen anstieg, nahm auch das verspätete Abholen zu. Dieses Resultat widerspricht dem normalen Preiseffekt. Es wird erst verständlich, wenn man erkennt, dass ein Gut, das zu Markte getragen wird, eine andere Bedeutung erhalten kann. Als das verspätete Abholen einen Preis bekam, änderte sich eine Norm. Wo es zuvor als moralische Pflicht betrachtet wurde, rechtzeitig zu erscheinen – um den Erziehern eine Unannehmlichkeit zu ersparen –, sah man nun eine Marktbeziehung, in der zu spät kommende Eltern die Erzieher einfach für den Service bezahlten, länger im Kindergarten zu bleiben. Ergebnis: Der Anreiz bewirkte also das Gegenteil.

Wenn Märkte auf Lebensbereiche übergreifen, die bis dahin von marktfremden Normen geregelt wurden, kann es sein, dass der Standard-Preiseffekt – wie die Geschichte vom Kindergarten zeigt – nicht funktioniert. Als die (ökonomischen) Kosten für das Zuspätkommen angehoben wurden, führte das nicht zu weniger, sondern zu mehr Verspätungen. Um die Welt erklären zu können, müssen Ökonomen also herausfinden, ob mit der Auspreisung einer Aktivität nicht ältere Normen verdrängt werden. Zu diesem Zweck müssen sie die Abmachungen und Werte untersuchen, die einer vorhandenen Praxis zugrunde liegen, und feststellen, ob sie durch eine Ökonomisierung dieser Praxis (mittels finanzieller Anreize oder Gebühren) ersetzt werden.

An dieser Stelle dürfte der Wirtschaftswissenschaftler einräumen, dass er auf moralpsychologische oder anthropologische Erkenntnisse zurückgreifen muss, um herauszufinden, welche Normen vorherrschen und wie sie durch Märkte beeinflusst würden. Aber wieso soll deswegen die Moralphilosophie ins Spiel kommen? Aus folgendem Grund:

Wo Märkte Normen aushöhlen, die zuvor nicht vom Markt beherrscht waren, muss der Ökonom (oder wer auch immer) entscheiden, ob das auf einen Verlust hinausläuft, um den man sich Sorgen machen sollte. Sollte es uns etwas ausmachen, dass Eltern keine Schuldgefühle mehr haben, wenn sie ihre Kinder zu spät abholen und ihr Verhältnis zu den Lehrern zunehmend ein instrumentelles wird? Sollten wir besorgt sein, wenn Kinder, denen man für das Lesen von Büchern Geld gibt, im Lesen eher einen bezahlten Job sehen, während die Freude am Lesen um des Lesens willen nachlässt? Die Antwort wird je nach Fall anders ausfallen. Doch die Frage führt uns über die Vorhersage hinaus, ob ein finanzieller Anreiz funktionieren wird. Sie erfordert, dass wir eine moralische Bewertung anstellen: Worin liegt die moralische Bedeutung der Einstellungen und Normen, die durch Geld ausgehöhlt oder verdrängt werden? Würde der Verlust von Normen und Erwartungen außerhalb der Marktlogik den Charakter einer Aktivität auf eine Weise ändern, die wir bedauern würden (oder zumindest bedauern sollten)? Falls das so ist: Sollten wir davon absehen, diese Aktivität mit finanziellen Anreizen auszustatten, selbst wenn das einiges an Gutem bewirken könnte?

Die Antwort wird vom Zweck und von der Art der betreffenden Aktivität sowie von den sie definierenden Normen abhängen. In dieser Hinsicht gibt es sogar bei der Kleinkindbetreuung Unterschiede. In einem Kinderladen, in dem Eltern freiwillig einige Stunden pro Woche mithelfen, kann ein Bruch im System wechselseitiger Verpflichtungen mehr Schaden anrichten als in einem konventionellen Kindergarten, wo Eltern die Erzieher dafür bezahlen, sich um die Kinder zu kümmern, und ansonsten ihren täglichen Pflichten nachgehen. Auf alle Fälle ist aber klar, dass wir uns hier auf dem Gebiet der Moral befinden. Um entscheiden zu können, ob wir uns auf finanzielle Anreize verlassen wollen, müssen wir fragen, ob diese Anreize Einstellungen und Normen korrumpieren, die wir für schützenswert halten. Damit diese Frage beantwortet werden kann, muss das ökonomische Denken moralisch werden. Letztlich muss der Ökonom »mit Moral handeln«.

3

WIE MÄRKTE DIE MORAL VERDRÄNGEN

Gibt es Dinge, die für Geld nicht zu kaufen sein sollten? Und wenn ja, wie können wir entscheiden, welche Güter und Tätigkeiten gehandelt werden dürfen und welche nicht? Ich schlage vor, dass wir dieses Problem angehen, indem wir uns eine geringfügig abgewandelte Frage stellen: Gibt es Dinge, die für Geld partout nicht zu haben sind?

Was für Geld zu kaufen ist und was nicht

Die meisten Menschen sind der Ansicht, dass es solche Dinge sehr wohl gibt. Zum Beispiel Freundschaft. Nehmen wir an, Sie wollen mehr Freunde haben. Wären Sie nicht versucht, sich einige zu kaufen? Wahrscheinlich nicht. Nach kurzem Nachdenken wäre Ihnen klar, dass das nicht funktionieren würde. Ein angeheuerter Freund ist nicht dasselbe wie ein echter. Sie könnten Leute einstellen, die einiges von dem täten, was Freunde üblicherweise tun – die Post aus dem Briefkasten holen, wenn Sie verreist sind, im Notfall auf Ihre Kinder aufpassen oder in schlechten Zeiten Ihre Klagen anhören und einfühlsame Ratschläge erteilen. Bis vor Kurzem konnten Sie sogar Ihre Online-Identität aufpolieren, indem Sie für Ihre Facebook-

Seite ein paar gut aussehende Freunde rekrutierten, für monatlich 99 Cent pro Freund. (Die Webseite mit dem Angebot wurde geschlossen, als bekannt wurde, dass die verwendeten Fotos – meist waren es Models – ohne Zustimmung der Rechteinhaber im Netz gelandet waren.)[1] All diese Dienstleistungen sind gegen Bezahlung zu haben – doch einen Freund können Sie sich nicht wirklich kaufen. Irgendwie scheint das Geld, mit dem Freundschaft erkauft wird, diese aufzulösen oder sie in etwas anderes zu verwandeln.

Oder betrachten wir den Nobelpreis. Angenommen, Sie wollen dringend einen Nobelpreis, schaffen es aber nicht, ihn auf die übliche Weise zu erhalten. Sie könnten auf die Idee kommen, sich einen zu kaufen – würden jedoch rasch bemerken, dass das nicht funktioniert. Der Nobelpreis zählt nicht zu den Dingen, die man für Geld erstehen kann. Das gilt auch für den Most Valuable Player Award der American Baseball-League. Den Pokal könnten Sie unter Umständen von einem der vorherigen Preisträger kaufen und sich ins Wohnzimmer stellen, die Auszeichnung selbst nicht.

Das liegt nicht nur daran, dass das Nobelkomitee und die American League ihre Auszeichnungen nicht zum Kauf anbieten. Selbst wenn das Komitee, sagen wir, jährlich einen Nobelpreis versteigern würden, wäre die ersteigerte Auszeichnung nicht dasselbe wie die echte. Der Handel auf dem Markt würde der Auszeichnung ihren Wert nehmen – der Nobelpreis ist schließlich eine Ehrung. Ihn zu kaufen hieße, dass Sie das Gut entwerten, welches Sie eigentlich erwerben wollen. Sobald es sich herumspräche, dass der Preis gekauft wurde, würde die Auszeichnung nicht mehr die Ehre und Anerkennung einfordern, die Menschen zusteht, die einen Nobelpreis verliehen bekommen haben.

Das gilt auch für die Auszeichnung als wertvollster Baseball-Spieler des Jahres. Hier handelt es sich ebenfalls um ein ehrendes Gut, dessen Wert sich auflösen würde, wenn man es kaufen könnte, anstatt es sich durch eine Saison voller spielentscheidender Home Runs oder andere Heldentaten verdienen zu müssen. Denn selbstverständlich besteht ein Unterschied zwischen einer Trophäe, die eine Auszeichnung symbolisiert, und der Auszeichnung selbst. Einige Gewinner des Academy Award (oder ihre Erben) haben ihre Oscar-Statuetten verkauft. Manche dieser Oscars sind bei Sotheby's und anderen Auktionshäusern versteigert worden. 1999 bezahlte Michael Jackson 1,54 Millionen Dollar für den Oscar, den *Vom Winde verweht* als bester Film erhalten hatte. Die Akademie, die die Oscars verleiht, ist gegen solche Verkäufe und verlangt von den Preisträgern mittlerweile die schriftliche Zusicherung, sie nicht zu verkaufen. Sie möchte verhindern, dass die ikonengleichen Statuetten sich in kommerzielle Sammelobjekte verwandeln. Doch ob Sammler nun die Trophäen kaufen können oder nicht: Der Kauf eines Academy Award für die beste Schauspielerin ist nicht dasselbe wie dessen Verleihung durch die Akademie.[2]

Diese recht eindeutigen Beispiele verweisen uns auf die schwierigere Frage, um die es hier geht: Gibt es Dinge, die für Geld zu kaufen sind, aber nicht käuflich sein sollten?

Nehmen wir etwas, was man kaufen kann, beispielsweise eine menschliche Niere. Manche Menschen befürworten den Handel mit Transplantaten, andere finden solche Märkte moralisch verwerflich. Falls es unrecht ist, eine Niere zu kaufen, liegt das Problem (anders als beim Nobelpreis) nicht darin, dass Geld das Gut zum Verschwinden bringt, denn die Niere wird ihre Funktion erfüllen (falls sie gut zu den Blutwerten des Empfängers passt), ob sie nun gekauft wurde oder nicht. Um bestimmen zu können, ob

Nieren käuflich sein sollten oder nicht, müssen wir die Argumente für und gegen Organverkäufe prüfen und feststellen, welche davon überzeugender sind.

Oder nehmen wir den Verkauf von Babys. Vor einigen Jahren machte Richter Richard Posner, ein führender Vertreter der »Law and Economics«-Bewegung, den Vorschlag, zur Adoption freigegebene Babys zu versteigern. Er räumte zwar ein, dass attraktivere Babys dabei höhere Preise erzielen würden als weniger attraktive Kinder, meinte jedoch, der freie Markt sei im Großen und Ganzen besser in der Lage, Babys zu vermitteln, als das herkömmliche Adoptionsverfahren. Dabei ist es Adoptionsagenturen zwar erlaubt, bestimmte Gebühren zu verlangen, aber sie dürfen Babys nicht versteigern oder einen Marktpreis verlangen.[3]

Viele Menschen sind mit Posners Vorschlag nicht einverstanden und halten daran fest, dass Kinder nicht gehandelt werden dürfen – selbst wenn dies effizienter wäre. Es lohnt sich in jedem Fall festzuhalten, dass der Handel mit Babys (oder mit Nieren) das Gut, das die Käufer erwerben möchten, nicht zum Verschwinden bringt. In dieser Hinsicht unterscheidet sich ein gekauftes Baby von einem gekauften Freund oder Nobelpreis. Gäbe es einen Markt für Adoptivbabys, würden die Leute, die den gängigen Preis bezahlt haben, das Gewünschte auch bekommen: ein Kind. Ob ein solcher Markt moralisch einwandfrei ist, ist damit freilich längst nicht gesagt.

So scheint es auf den ersten Blick einen klaren Unterschied zwischen zwei Arten von Gütern zu geben: all das, was man für Geld nicht kaufen kann (wie Freunde und Nobelpreise), und das, was zwar käuflich ist (wie Nieren und Kinder), aber nicht käuflich sein sollte. Ich meine aber, dass diese Unterscheidung weniger klar ist, als es zunächst scheint. Sehen wir genauer hin, können wir einen Zusammenhang erkennen zwischen den Fällen, wo das geflossene Geld das gekaufte Gut ganz offensichtlich entwertet, und den Fällen, in denen das Gut den Kaufakt überlebt, dabei aber vielleicht entwürdigt, korrumpiert oder gemindert wird.

Gekaufte Entschuldigungen und Festreden

Erkunden wir diesen Zusammenhang, indem wir uns einige Grenzfälle ansehen. Wenn man Freundschaft selbst schon nicht kaufen kann, wie steht es dann mit Zeichen der Freundschaft oder Bekundungen von Vertrautheit, Zuneigung oder Reue?

2001 veröffentlichte die *New York Times* eine Geschichte über eine chinesische Firma, die eine ungewöhnliche Dienstleistung anbietet: Wenn man sich entschuldigen muss – etwa bei einem ehemaligen Liebhaber oder Geschäftspartner, mit dem man sich zerstritten hat – und sich nicht so recht aufraffen kann, das persönlich zu tun, kann man die Firma Tianjin beauftragen. Das Motto der Firma lautet: »We say sorry for you.« Glaubt man dem Artikel, sind die professionellen Entschuldigungsspezialisten »Männer und Frauen mittleren Alters in dunklen Anzügen und mit einem College-Abschluss – Anwälte, Sozialarbeiter und Lehrer mit ›exzellenten verbalen Fähigkeiten‹ und einschlägiger Lebenserfahrung, die eine spezielle Ausbildung erhalten haben«.[4]

Ich weiß nicht, ob die Firma Erfolg hat oder ob es sie überhaupt noch gibt. Doch als ich den Artikel über sie las, drängte sich mir die Frage auf: Funktioniert eine gekaufte Entschuldigung? Wenn Sie von jemandem, der Sie ungerecht behandelt oder beleidigt hat, einen angeheuerten

Entschuldigungsbeauftragten geschickt bekommen: Wären Sie damit zufrieden? Das könnte von den Umständen oder sogar von den Kosten abhängen. Würden Sie eine teure Entschuldigung für bedeutsamer halten als eine billige? Oder ist die Entschuldigung etwas, das nicht ausgelagert werden kann? Wenn gekaufte Entschuldigungen, und seien sie noch so extravagant, eine persönliche Entschuldigung nicht ersetzen können, so gehören sie wie Freunde zu den Dingen, die für Geld nicht zu kaufen sind.

Nehmen wir eine andere gesellschaftliche Praxis, die eng mit Freundschaft zusammenhängt: die kleine Ansprache, mit dem man auf ein Hochzeitspaar anstößt. Seit jeher sind diese Toasts ein warmherziger, heiterer und tief empfundener Ausdruck der guten Wünsche des Trauzeugen – meist der engste Freund des Bräutigams. Doch es ist nicht leicht, eine elegante Hochzeitsansprache zu formulieren, und viele Trauzeugen fühlen sich der Aufgabe nicht gewachsen. Also haben sich einige damit beholfen, Hochzeitsreden im Internet zu kaufen.[5]

Eine der führenden Webseiten für Hochzeitsreden ist ThePerfectToast.com. Die Firma ist seit 1997 im Geschäft. Der Kunde beantwortet online einen Fragebogen: Wie haben die Brautleute einander kennengelernt? Wie würden Sie die beiden beschreiben? Wollen Sie eine humorvolle oder eine sentimentale Rede halten? Innerhalb von drei Werktagen erhält er einen professionell verfassten, maßgeschneiderten Redetext von drei bis fünf Minuten. Das kostet 149 Dollar, zahlbar per Kreditkarte. Für alle, die sich keine maßgefertigte Rede leisten können, bieten andere Webseiten wie instantweddingtoasts.com vorformulierte Standardreden für 19,95 Dollar an – einschließlich einer Geld-zurück-Garantie.[6]

Nehmen wir an, bei Ihrer Hochzeit liefert Ihr Trauzeuge eine herzerwärmende Rede ab – so bewegend, dass es

Ihnen die Tränen in die Augen treibt. Später erfahren Sie, dass er sie nicht selbst verfasst, sondern im Netz gekauft hat. Würde Ihnen das etwas ausmachen? Würde Ihnen der Toast weniger bedeuten als vorher, als Sie noch nicht wussten, dass er von einem Profi gegen Geld geschrieben wurde? Die meisten von uns würden wahrscheinlich sagen, die gekaufte Hochzeitsrede sei weniger wert als eine selbst verfasste.

Man könnte nun vorbringen, dass Präsidenten und Premierminister gewohnheitsmäßig Redenschreiber beschäftigen, ohne dass ihnen das jemand übel nimmt. Aber eine Hochzeitsansprache ist nicht dasselbe wie eine Rede zur Lage der Nation. Sie ist ein Ausdruck der Freundschaft. Auch wenn eine gekaufte Rede die gewünschte Wirkung erzielt, würde diese Wirkung auf einer Täuschung beruhen. Hier ein Test: Sie müssen zur Hochzeit Ihres besten Freundes eine Rede halten, bekommen aber Angst und kaufen online ein bewegendes, gefühlvolles Meisterwerk. Würden Sie diese Tatsache verkünden oder versuchen, sie zu verbergen? Wenn der Effekt einer gekauften Rede davon abhängt, dass man ihre Herkunft verschleiern muss, darf man vermuten, dass es hier nicht mit rechten Dingen zugeht.

Entschuldigungen und Hochzeitsansprachen sind Güter, die gekauft werden können. Aber das verändert ihren Charakter und mindert ihren Wert.

Geschenke ...

Betrachten wir nun einen anderen Ausdruck von Freundschaft: Geschenke. Anders als Hochzeitsansprachen haben Geschenke unvermeidlich einen materiellen Aspekt. Bei manchen ist der finanzielle Aspekt relativ unbedeutend, bei anderen liegt er auf der Hand. In den letzten Jahrzehnten hat sich ein Trend zu Geldgeschenken verstärkt – ein weiteres Beispiel für die zunehmende Umwandlung des gesellschaftlichen Lebens in Geschäftsbeziehungen.

Wirtschaftswissenschaftler mögen keine Geschenke. Oder genauer gesagt: Es fällt ihnen schwer, in der Gabe von Geschenken einen Sinn zu erkennen. Aus Sicht des ökonomischen Denkens ist es fast immer besser, statt eines Sachgeschenks Bargeld zu übereignen. Wenn wir davon ausgehen, dass in der Regel jeder seine eigenen Vorlieben am besten kennt und dass der Sinn eines Geschenks darin liegt, einem Freund oder einem seiner Lieben eine Freude zu machen, bringt ein Geldgeschenk den größten Nutzen. Selbst wenn Sie über einen exquisiten Geschmack verfügen, könnten der Freund oder die Freundin die von Ihnen gewählte Krawatte oder das Halsband nicht mögen. Wenn es Ihnen also wirklich darauf ankommt, dass Ihr Geschenk maximales Wohlbefinden hervorruft, sollten Sie kein Geschenk kaufen; überreichen Sie einfach das Geld, das Sie dafür ausgegeben hätten. Ihr Freund oder Ihre Freundin kann das Geld entweder für den Gegenstand verwenden, den auch Sie gekauft hätten, oder (was wahrscheinlicher ist) für etwas, das ihm oder ihr noch mehr Freude bereitet.

Soweit die Logik des wirtschaftlichen Plädoyers gegen Geschenke. Es gibt natürlich ein paar Ausnahmen: Wenn Sie auf etwas stoßen, das dem Freund gefallen könnte, das er aber nicht kennt – etwa den neuesten Hightech-Schnickschnack –, ist es möglich, dass das Geschenk dem Freund mehr Freude bereitet als etwas, was er sich für den finanziellen Gegenwert selbst gekauft hätte. Doch dies ist ein Sonderfall, der mit der Grundannahme des Ökonomen vereinbar ist, dass der Zweck von Geschenken darin besteht, das Wohlbefinden oder den Nutzen für den Empfänger zu maximieren.

Joel Waldfogel, Ökonom an der University of Pennsylvania, nimmt den Kampf gegen die ökonomische Ineffizienz von Geschenken besonders ernst. Mit Ineffizienz meint er die Lücke zwischen dem Wert des Argyle-Pullovers für 120 Dollar, den einem die Tante zum Geburtstag geschenkt hat (kann sehr gering sein), und dem Wert dessen, was man für das gleiche Geld selbst gekauft hätte (vielleicht einen iPod). In einem Aufsatz lenkte Waldfogel bereits 1993 die Aufmerksamkeit auf die mit Weihnachtsgeschenken verbundene um sich greifende Vergeudung. In einem kürzlich erschienen Buch mit dem Titel *Why You Shouldn't Buy Presents for the Holidays* erweiterte er das Thema und brachte es auf den neuesten Stand. Unter dem Strich gilt: »Wenn andere unsere Einkäufe erledigen, ob das nun Kleidung oder Musik oder was auch immer betrifft, ist es ziemlich unwahrscheinlich, dass sie ebenso gut wählen, wie wir das selbst getan hätten. Zu erwarten ist vielmehr, dass sie mit ihrer Entscheidung, und sei sie noch so gut gemeint, danebenliegen. Gemessen an der Befriedigung, die wir uns selbst mit der gleichen Summe hätten kaufen können, wird durch ihre Auswahl Wert vernichtet.«[7]

Waldfogel kommt so zu dem Schluss, dass es in den meisten Fällen besser wäre, Bargeld zu überreichen: »Die ökonomische Theorie und der gesunde Menschenverstand lassen vermuten, dass wir selbst pro ausgegebenen Dollar einen größeren Nutzen kreieren, als andere das für uns tun könnten. Im Normalfall vernichtet der Kauf von Geschenken Werte und kann Geldgeschenken höchstens in Sonderfällen gleichwertig sein.«[8]

Waldfogel verlässt sich nicht ausschließlich auf die ökonomische Logik, sondern hat auch Umfragen durchgeführt, um zu messen, wie groß dieser durch die ineffiziente Praxis des Schenkens entstandene Verlust ist. Er bat Empfänger von Geschenken, den finanziellen Wert der erhaltenen Geschenke zu beziffern und anzugeben, wie viel sie selbst freiwillig dafür bezahlt hätten. Seine Folgerung: Wir bewerten Sachen, die man uns schenkt, um 20 Prozent geringer als das, was wir uns selbst kaufen. Diese Zahl ermöglicht es Waldfogel, die gesamte Wertvernichtung zu schätzen, die sich in den USA ergibt: »Angesichts der 65 Milliarden Dollar, die in den USA jährlich für Festtagsgeschenke ausgegeben werden, bekommen wir 13 Milliarden Dollar weniger an Zufriedenheit, als wir erhalten würden, wenn wir das Geld auf die übliche Art ausgäben – umsichtig und für uns selbst. Die Amerikaner feiern ihre Feste mit einer Orgie der Wertvernichtung.«[9]

Warum halten wir am Überreichen von Geschenken fest, wenn es sich dabei doch um einen äußerst verschwenderischen und ineffizienten Vorgang handelt? Diese Frage ist im Rahmen der üblichen ökonomischen Annahmen nicht leicht zu beantworten. In seinem Lehrbuch der Volkswirtschaft versucht Gregory Mankiw mit gewissem sportlichen Ehrgeiz, eine Antwort zu finden. Zunächst merkt er an, dass das »Überreichen von Geschenken ein merkwürdiger Brauch ist«, räumt aber ein, dass es in der Regel keine gute Idee sei, dem Freund oder der Freundin statt eines Geburtstagsgeschenks Geld zu schenken. Aber warum?

Mankiw erklärt das Überreichen von Geschenken als eine Art Signal – so nennen es Ökonomen, wenn Märkte dazu genutzt werden, Informationsasymmetrien zu überwinden. So kauft eine Firma beispielsweise teure Werbung nicht nur, um Kunden direkt zum Kauf anzuregen, sondern auch, um ihnen zu signalisieren, dass das Unternehmen großes Vertrauen in die Qualität seiner Produkte setzt und deshalb eine kostspielige Werbekampagne startet. In ähnlicher Weise, so Mankiws Vorschlag, hat das Überreichen von Geschenken eine Signalfunktion. Ein Mann, der in Erwägung zieht, seiner Freundin ein Geschenk zu machen, »verfügt über eine persönliche Information, die seine Freundin gerne kennen würde: Liebt er sie wirklich? Wählt er ein gutes Geschenk für sie, signalisiert er ihr seine Liebe. Da es Zeit und Mühe kostet, ein Geschenk für sie auszuwählen, gibt ihm die Wahl einer passenden Gabe die Möglichkeit, die persönliche Information zu übermitteln, dass er sie liebt.«[10]

Es wirkt merkwürdig hölzern, auf diese Art über Liebende und Geschenke nachzudenken. Liebe zu signalisieren ist etwas anderes, als sie auszusprechen. Der Begriff des Signalisierens geht fälschlicherweise davon aus, dass Liebe eine Form von persönlicher Information ist, die ein Teilnehmer an den anderen weitergibt. Wäre das der Fall, würde Geld ebenso gut funktionieren – je höher der Geldbetrag, desto stärker das Signal und entsprechend größer (vermutlich) die Liebe. Doch Liebe ist nicht nur (oder auch nur vorwiegend) eine Angelegenheit persönlicher Information. Sie ist eine Art des Zusammenseins und des Miteinanderumgehens. Geschenke – und insbesondere sorgsam gewählte Geschenke – können ein Ausdruck dieser Liebe sein. In diesem Sinne soll ein gutes Geschenk nicht nur die Konsumvorlieben des Empfängers zufriedenstellen, sondern es sollte eine Verbindung zu ihm herstellen, die eine gewisse Vertrautheit widerspiegelt. Deshalb spielt Achtsamkeit eine Rolle.

Natürlich können nicht alle Geschenke so ausdrucksstark sein. Wenn Sie zur Hochzeit eines fernen Cousins eingeladen sind oder zur Bar-Mizwa für das Kind eines Geschäftsfreundes, ist es wahrscheinlich besser, etwas von der Geschenkeliste oder Geld zu schenken. Überreicht man dagegen Geld an einen Freund, eine Geliebte oder die Ehefrau, vermittelt das eine gewisse gedankenlose Gleichgültigkeit. Es ist, als würde man sich von der Pflicht freikaufen, sich ernsthaft über das Geschenk Gedanken zu machen.

Selbst Ökonomen wissen das, obwohl die Lehrsätze ihrer Disziplin eine andere Sprache sprechen. »Der Ökonom in mir sagt, das beste Geschenk sei Bargeld«, schreibt der Blogger Alex Tabarrok. »Aber alles andere in mir lehnt sich dagegen auf.« Er liefert ein gutes Gegenbeispiel zu der utilitaristischen Feststellung, das beste Geschenk sei etwas, was wir auch für uns selbst gekauft hätten. Nehmen wir an, jemand gibt Ihnen 100 Dollar, und Sie kaufen einen Satz Reifen für Ihr Auto. Das maximiert Ihren Nutzen. Dennoch wären Sie vielleicht nicht gerade entzückt, wenn Ihre Liebste Ihnen zum Geburtstag Autoreifen schenken würde. In den meisten Fällen, so Tabarrok, wäre es uns lieber, der Schenkende würde uns etwas weniger Triviales kaufen, etwas, was wir uns nicht selbst kaufen würden. Zumindest von denen, die uns sehr nahe stehen, würden wir lieber ein Geschenk erhalten, das unser wildes, leidenschaftliches oder romantisches Selbst anspricht.[11]

Ich meine, das hat etwas für sich. Das Überreichen von Geschenken läuft deswegen keineswegs immer auf eine irrationale Abweichung von der effizienten Nutzenmaximierung hinaus, weil es bei Geschenken nicht allein um den Nutzen geht. Manche Geschenke sind Ausdruck von Beziehungen, die unsere Identität ausmachen, sie herausfordern und neu interpretieren. Denn Freundschaft bedeutet mehr, als für den anderen nützlich zu sein. Sie bedeutet auch, an anderen charakterlich zu wachsen und sich selbst besser zu erkennen. Wie Aristoteles lehrte, hat Freundschaft im besten Sinne einen bildenden, erzieherischen Zweck. Werden alle Formen des Gebens unter Freunden monetarisiert, kann das die Freundschaft utilitaristischen Normen unterordnen und sie so korrumpieren.

Selbst Ökonomen, die Geschenke in utilitaristischen Begriffen erfassen, müssen zugeben, dass Geldgeschenke nicht die Regel, sondern die Ausnahme sind, besonders unter Freunden, Ehepartnern und anderen wichtigen Bezugspersonen. Für Waldfogel ist das ein Grund für die von ihm beklagte Ineffizienz. Was also bringt die Leute seiner Ansicht nach dazu, an einer Gewohnheit festzuhalten, die zu einer massiven Wertvernichtung führt? Nun, die Stigmatisierung von Bargeld als geschmackloses Geschenk. Er fragt nicht, ob Geldgeschenke zu Recht als geschmacklos gelten. Vielmehr tut er so, als sei das Stigma ein rohes soziologisches Faktum ohne normative Bedeutung, das unglücklicherweise die Tendenz zeige, den gesellschaftlichen Nutzen zu mindern.[12]

»Das Stigma von Geldgeschenken ist der einzige Grund, weshalb Weihnachtsgeschenke eher in Form von Sachleistungen als von Bargeld überreicht werden«, schreibt Waldfogel. Gäbe es dieses Stigma nicht, würden die Schenkenden Geld geben, und die Empfänger würden Dinge kaufen, die sie sich wirklich wünschen, was in Hinblick auf die ausgegebenen Beträge die größtmögliche Zufriedenheit mit sich brächte.«[13] Stephen Dubner und Steven Levitt argumentieren ähnlich: Das Widerstreben, Geld zu schenken, sei ein gesellschaftliches Tabu, das den Traum des Ökonomen von einem wunderbar effizienten Austausch zerstöre.[14]

Die ökonomische Analyse des Schenkens von Gegenständen illustriert zwei verräterische Merkmale der Marktlogik. Erstens zeigt sie, wie das ökonomische Denken auf bestimmten Werturteilen beruht, obwohl es vorgibt, neutral zu sein. Waldfogel interessiert sich nicht für die Frage, ob die Stigmatisierung von Geldgeschenken sinnvoll oder gerechtfertigt ist. Er geht schlicht davon aus, dass es ein irrationales Hindernis für den allgemeinen Nutzen darstellt, eine dysfunktionale Einrichtung, die am besten überwunden werden sollte.[15] Die Überlegung, dass die Stigmatisierung von Geldgeschenken vielleicht Normen widerspiegelt, die es wert sind, erhalten zu werden – etwa die Norm der Achtsamkeit unter Freunden –, ist ihm fremd.

Wenn man darauf besteht, dass der Zweck aller Geschenke auf eine Maximierung des Nutzens hinauslaufe, dann unterstellt man auch, dass man sich Freundschaft als Institution zur Maximierung des Nutzens vorzustellen habe – weshalb man gut daran tue, die Vorlieben seiner Freunde zu befriedigen, ohne sie allzu sehr herauszufordern.

Das ökonomische Plädoyer gegen Sachgeschenke ist also moralisch nicht neutral. Es setzt eine bestimmte Vorstellung von Freundschaft voraus, die viele Menschen als defizitär empfinden. Doch ungeachtet ihrer moralischen Defizite setzt sich die ökonomische Ansicht zu Sachgeschenken allmählich durch. Damit kommen wir zum zweiten verräterischen Merkmal des Beispiels mit den Geschenken. So angreifbar ihre moralischen Annahmen auch sein mögen, allmählich wird die ökonomische Denkweise in Hinblick auf Sachgeschenke Wirklichkeit. In den letzten zwei Jahrzehnten ist der monetäre Aspekt des Schenkens immer weiter in den Vordergrund getreten.

... und Geldgeschenke

Nehmen wir das Aufkommen der Geschenkgutscheine. Bei ihren Einkäufen suchen die Leute inzwischen nicht mehr unbedingt nach dem passenden Geschenk, sondern verschenken zunehmend Gutscheine mit einem gewissen Geldwert, die im Einzelhandel gegen Waren eingetauscht werden können. Geschenkgutscheine stehen für ein Mittelding zwischen der Auswahl eines bestimmten Geschenks und einem Geldgeschenk. Sie erleichtern den Käufern das Leben und stellen den Beschenkten mehr Auswahlmöglichkeiten zur Verfügung. Ein Gutschein über 50 Dollar von irgendwelchen Geschäften vermeidet den Werte vernichtenden Verlust, den ein zwei Größen zu kleiner Sweater mit sich bringt – der Beschenkte kann etwas aussuchen, was er wirklich haben will.

Trotzdem besteht ein gewisser Unterschied zu einem reinen Geldgeschenk. Klar, der Beschenkte weiß genau, wie viel Sie ausgegeben haben – der Geldwert steht ja auf dem Gutschein. Doch trotz dieser Tatsache ist der Gutschein eines ganz bestimmten Ladens weniger stigmatisiert als das schlichte Geldgeschenk. Vermutlich weil die Wahl eines passenden Geschäfts so etwas wie Bedacht signalisiert – zumindest in gewissem Umfang.

Die Tendenz zur Monetarisierung von Festtagsgeschenken nahm in den 90er Jahren Fahrt auf: Immer mehr Käufer fingen an, Geschenkgutscheine zu überreichen. Gegen Ende des Jahrzehnts wurde der Trend durch Gutscheine im Kreditkartenformat mit Magnetstreifen weiter angeheizt. Von 1998 bis 2010 stieg der Verkauf von Geschenkgutscheinen in Amerika fast um das Achtfache auf mehr als 90 Milliarden Dollar. Laut Verbraucherumfragen werden diese Gutscheine für Festtagsgeschenke mittlerweile am häufigsten nachgefragt – noch vor Kleidung, Videospielen, Haushaltselektronik, Schmuck und anderen Dingen.[16]

Traditionalisten bedauern diesen Trend. Die Benimm-Kolumnistin Judith Martin beklagt, Geschenkgutscheine hätten den Festtagen Herz und Seele geraubt. Im Grunde bezahle man dafür, um sie sich vom Leib zu halten. Liz Pulliam Weston, eine Kolumnistin für private Finanzberatung, äußert die Sorge, dass »die Kunst des Schenkens rasch zu einem vollkommen kommerziellen Austausch verkomme. Wie lange noch«, fragt sie, »bis wir uns nur noch gegenseitig mit Dollarbündeln bewerfen?«[17]

Aus Sicht der ökonomischen Vernunft ist die Wende zu Geschenkgutscheinen ein Schritt in die richtige Richtung. Noch besser wäre es, den Weg zu den Dollarbündeln gleich ganz zurückzulegen. Warum? Obwohl Gutscheine den Reibungsverlust von Präsenten reduzieren, tilgen sie ihn nicht vollständig. Nehmen wir an, ein Verwandter schenkt Ihnen einen Geschenkgutschein im Wert von 100 Dollar für einen Baumarkt. Das wäre besser als ein Werkzeugsatz für denselben Preis, den Sie nicht haben wollen. Wenn Sie aber gerade keine Lust zum Heimwerken haben, werden Sie wohl das Geld vorziehen. Geld ist schließlich wie ein Gutschein, den man überall einlösen kann.

Da überrascht es nicht, dass schon eine Marktlösung für dieses Problem aufgetaucht ist. Einige Internetfirmen kaufen inzwischen Geschenkgutscheine gegen Bargeld (unter dem Nennwert) auf und verkaufen sie wieder. Eine Firma namens Plastic Jungle übernimmt beispielsweise Ihren Baumarktgutschein über 100 Dollar für 80 und verkauft ihn für 93 Dollar weiter. Der Preisabschlag variiert mit der Beliebtheit des Ladens.[18]

Aus Sicht der geschenkkritischen Ökonomen quantifiziert dieser Sekundärmarkt den Verlust an Nutzen, wenn man statt Geld nur Gutscheine überreicht: je höher der Abschlag, desto größer die Lücke zwischen dem Wert eines Geschenkgutscheins und dem Wert von Bargeld. Natürlich erfasst das in keiner Weise die Sorgfalt und die Achtsamkeit, die sich in traditionellen Sachgeschenken ausdrückt. Diese Tugenden werden durch die Verlagerung von Sachgeschenken auf Gutscheine und letztlich auf Bargeld geschwächt.

Ein Wirtschaftswissenschaftler, der sich mit Geschenkgutscheinen befasst, schlägt eine Möglichkeit vor, die ökonomische Effizienz von Bargeld mit der altmodischen Tugend der Achtsamkeit zu versöhnen: »Wer vorhabe, einen Gutschein zu verschenken, solle das Geldgeschenk doch einfach mit einer Notiz für den Beschenkten versehen, dass er das Geld bei [hier kann der Name des Ladens eingefügt werden] ausgeben könnte, womit er die Idee hinzufügt, auf die es ankommt.«[19]

Schenkt man das Geld zusammen mit einer fröhlichen Anmerkung, wo es auszugeben sei, ist man bei der ultimativen Dekonstruktion des Geschenks angekommen. Es ist, als würde man die utilitaristische und die expressive Norm in zwei verschiedene Kästchen packen und sie mit einem Schleifchen zusammenbinden.

Mein Lieblingsbeispiel für die Umwandlung des Schenkens in eine Geschäftsbeziehung ist ein System zum elektronischen Weiterverschenken, das kürzlich patentiert wurde. Ein Artikel in der *New York Times* beschreibt es so: Nehmen wir an, eine Tante schenkt Ihnen zu Weihnachten ein Früchtebrot. Der Händler informiert Sie per E-Mail von dem wohlüberlegten Geschenk und gibt Ihnen die Möglichkeit, die Lieferung anzunehmen, sie gegen etwas anderes einzutauschen oder das Früchtebrot an einen nichtsahnenden Bekannten weiterzuleiten. Da die Transaktion online abläuft, müssen Sie das Ding nicht einmal neu verpacken und zur Post tragen. Falls Sie es weiterschenken wollen, hat der neue Empfänger die gleichen Wahlmöglichkeiten. So könnte es dazu kommen, dass das Früchtebrot bis in alle Ewigkeit durch den Cyberspace reist.[20]

Ein äußerst peinlicher Super-GAU wäre es freilich, wenn aufgrund eines Datenlecks beim Händler jeder mögliche Empfänger auf der Reise des Früchtebrots erfahren könnte, welchen Weg es genommen hat. Wenn Sie lesen, dass das Früchtebrot von mehreren Vorgängern verschmäht wurde und nun Sie damit abgespeist werden, dürfte sich Ihre Dankbarkeit für das Geschenk in Grenzen halten. Es wäre ungefähr so, als hätten Sie entdeckt, dass Ihr bester Freund die herzerwärmende Hochzeitsansprache im Internet erstanden hat.

Gekaufte Ehren

Auch wenn man mit Geld keine Freundschaft erkaufen kann, so doch Zeichen und Bekundungen von Freundschaft – bis zu einem gewissen Grad. Wie wir gesehen haben, werden Entschuldigungen, Hochzeitsansprachen und Geschenke nicht vollkommen zerstört, wenn man sie in eine Ware verwandelt. Aber sie werden im Wert herabgesetzt.

Der Grund für diese Minderung ist mit dem Grund verwandt, aus dem man sich keine Freunde kaufen kann: Freundschaft beruht auf bestimmten Normen, Einstellungen und Tugenden. Macht man die mit ihr verbundenen Verhaltensweisen zur Ware, werden diese Normen – Sympathie, Großzügigkeit, Achtsamkeit und Aufmerksamkeit – durch Marktwerte ersetzt. Ein gekaufter Freund ist nicht dasselbe wie ein echter; fast jeder kennt den Unterschied. Als einzige Ausnahme fällt mir die von Jim Carrey verkörperte Figur in dem Film *Die Truman Show* ein. Truman Burbank verbringt sein ganzes Leben in einem scheinbar glücklichen Städtchen, das in Wirklichkeit der Set einer TV-Reality-Show ist. Nur weiß der Protagonist nichts davon, und es dauert einige Zeit, bis er herausfindet, dass seine Frau und sein bester Freund vom Produzenten angeheuerte Schauspieler sind.

Die Analogie mit der Freundschaft soll eines zeigen: Der Grund, weshalb wir uns (normalerweise) keine Freunde kaufen können – mit dem Kauf würde die Beziehung zerstört –, beleuchtet die Art und Weise, in der Märkte die Äußerungen von Freundschaft korrumpieren. Gekaufte Entschuldigungen oder Hochzeitsansprachen ähneln zwar erkennbar den authentischen, sind aber dennoch von geringerem Wert. Solche Dinge sind für Geld zu haben, aber eben nur als Schwundform.

Ehrbezeugungen sind in ähnlicher Weise anfällig für Korruption. Einen Nobelpreis kann man nicht kaufen. Aber wie verhält es sich mit anderen Formen der Anerkennung – akademischen Ehrentiteln beispielsweise? Hochschulen und Universitäten verleihen herausragenden Gelehrten, Wissenschaftlern, Künstlern und Persönlichkeiten der Öffentlichkeit akademische Grade ehrenhalber. Manche Empfänger sind jedoch Philanthropen, die der den Titel vergebenden Institution große Summen gespendet haben.

Sind solche Titel nun faktisch gekauft oder eine authentische Ehrung?

Die Grenzen können verschwimmen. Eine übertriebene Offenheit seitens der Hochschule würde die Ehrung schmälern. Nehmen wir an, die Rede zum Festakt würde folgendermaßen beginnen: »Ehrentitel vergeben wir in der Regel an Wissenschaftler und Künstler für ihre herausragenden Leistungen. Diesen Ehrentitel verleihen wir Ihnen jedoch als Dank für die zehn Millionen Dollar, die Sie uns für den Bau einer neuen Bibliothek gespendet haben.« Das wäre eine eher zweifelhafte Auszeichnung – und natürlich würde sich die Universität hüten, es so zu formulieren. Viel eher würde sie vom Dienst an der Öffentlichkeit sprechen, vom philanthropischen Engagement und vom Einsatz für die Sache der Universität – ehrendes Vokabular, das den Unterschied zwischen einem Ehrentitel und einem gekauften Titel verwischt.

Ähnliche Fragen ergeben sich in Hinblick auf den Handel mit Zulassungen an Eliteuniversitäten. Die Hochschulen halten keine Versteigerungen ab, zumindest nicht offen. Viele Colleges und Universitäten mit Zugangsbeschränkungen könnten ihre Einkünfte steigern, wenn sie die Studienplätze für Erstsemester an die Meistbietenden versteigern würden. Doch selbst wenn sie das Geld dringend bräuchten, würden die Universitäten nicht alle Studienplätze versteigern. Denn damit würden sie selbst die Nachfrage untergraben – nicht nur wegen der reduzierten akademischen Qualität, sondern auch, weil so der ehrende Aspekt einer Zulassung wegfiele. Es wäre schwer, auf die Zulassung für Stanford oder Princeton stolz zu sein, wenn die Aufnahme routinemäßig gekauft werden könnte. Es wäre allenfalls die Art von Stolz, die man empfindet, wenn man es sich leisten kann, eine Jacht zu kaufen.

Nehmen wir nun an, dass die meisten Studienplätze nach Leistung vergeben werden. Und gehen wir weiter davon aus, dass in die Entscheidungen zur Zulassung viele Faktoren eingehen – etwa Noten, Testergebnisse, freiwillige Dienste, rassische, ethnische und regionale Vielfalt, sportliche Leistungen, Erbstatus (als Kind früherer Absolventen) –, so dass im Einzelfall sehr schwer anzugeben wäre, welche Kriterien entscheidend waren. Unter solchen Umständen könnten Universitäten einige Studienplätze an reiche Spender verkaufen, ohne ihren guten Ruf zu gefährden.

Kritiker der Hochschulausbildung behaupten, dieses Szenario beschreibe annähernd die Realität. So werden Kinder von Ehemaligen bei der Zulassung bevorzugt, was eine Art positiver Diskriminierung für Begüterte bedeutet. Und sie verweisen auf Fälle, in denen Universitäten ihre

Zulassungskriterien für jene Bewerber gelockert haben, deren Eltern zwar keine Ehemaligen, aber doch reich sind und wahrscheinlich einen erheblichen Beitrag für die Hochschule leisten können.[21] Befürworter dieser Praxis erklären, private Universitäten seien stark von finanziellen Zuwendungen von Ehemaligen und reichen Spendern abhängig und würden durch solche Beiträge in die Lage versetzt, Stipendien und finanzielle Unterstützung für weniger begüterte Studenten zu vergeben.[22]

Hochschulzulassungen sind also im Gegensatz zum Nobelpreis ein Gut, das gehandelt werden kann, vorausgesetzt, Kauf und Verkauf werden diskret abgewickelt. Ob Universitäten sich darauf einlassen sollten, ist eine andere Frage. Die Vorstellung, Zulassungen könnten verkauft werden, zieht zwei Einwände auf sich. Der erste betrifft die Fairness, der zweite die Korruption.

Zum einen ist die Aufnahme von Kindern reicher Spender gegen eine hübsche Summe unfair; sie benachteiligt Bewerber, die nicht das Glück haben, Kinder reicher Eltern zu sein. Dieser Einwand betrachtet eine Hochschulausbildung als Chance und Türöffner und ist von der Sorge bestimmt, dass sich die soziale und wirtschaftliche Ungleichheit vertieft, wenn man den Kindern der Reichen Vorteile einräumt.

Der Einwand der Korruption betrifft die Integrität der Institutionen. Es geht darum, dass die Universität nicht nur der Ausbildung dient, sondern auch gewisse Ideale verkörpert – das Streben nach Wahrheit, die Förderung gelehrter und wissenschaftlicher Exzellenz, den Fortschritt humanen Lehrens und Lernens und die Pflege staatsbürgerlicher Tugenden. Alle Universitäten brauchen Geld, um ihre Ziele verfolgen zu können. Zeigt sich die Universität allerdings als käuflich, besteht die Gefahr, dass diese Ziele korrumpiert und jene Normen beschädigt werden, die ihre Daseinsberechtigung ausmachen. Dass der auf Korruption zielende Einwand etwas mit Integrität – der Treue einer Institution zu ihren Gründungsidealen – zu tun hat, legt der bekannte Vorwurf des Ausverkaufs nahe.

Zwei Einwände gegen Märkte

Beide Argumente finden sich in fast allen Debatten darüber, was für Geld zu haben sein sollte und was nicht. Wo es um Fairness geht, stellt sich die Frage, welche Ungleichheit Marktentscheidungen widerspiegeln, wohingegen der Einwand der Korruption auf die durch den Markt beschädigten Einstellungen und Normen aufmerksam macht.[23]

Denken Sie an die Nieren. Es trifft zu, dass eine Niere gekauft werden kann, ohne dass ihr Wert dadurch verschwindet. Aber sollten Nieren überhaupt gehandelt werden dürfen? Wer das verneint, verwirft es in der Regel mit einer von zwei Begründungen. Er meint, solche Märkte würden die Armen ausbeuten, deren Entscheidung, eine Niere zu verkaufen, nicht wirklich freiwillig erfolgte (das Argument der Fairness). Oder er bringt vor, solche Märkte würden eine herabsetzende, objektivierende Sicht des Menschen als Ersatzteillager fördern (das Argument der Korruption).

Oder denken Sie an die Kinder. Man könnte einen Markt schaffen, auf dem Babys für Adoptionen gehandelt werden. Aber sollten wir das tun? Diejenigen, die etwas dagegen haben, führen dafür zwei Argumente an: Das eine lautet, ein Handel mit Kindern würde weniger begüterte Eltern über den Preis vom Markt ausschließen oder ihnen nur die billigsten, am wenigsten erwünschten Kinder übrig lassen (das Fairness-Argument). Dem anderen zufolge würde ein Preisschild für Kinder die Norm der bedingungslosen Elternliebe korrumpieren; die unvermeidlichen Preisunterschiede würden die Vorstellung bestärken, dass der Wert eines Kindes von Rasse, Geschlecht, zu erwartenden Geistesgaben, körperlichen Fähigkeiten, Behinderungen und anderen Merkmalen abhänge (das Argument der Korrumpierung).

Es lohnt sich, einen Moment innezuhalten und diese beiden Argumente für die Begrenzung von Märkten zu verdeutlichen. Der Fairness-Einwand verweist auf die Ungerechtigkeit, die sich ergeben kann, wenn etwas unter ungleichen Voraussetzungen oder aus nackter wirtschaftlicher Notwendigkeit gehandelt wird. Diesem Einwand zufolge kommen Tauschakte auf Märkten nicht immer so freiwillig zustande, wie die Enthusiasten des Marktes vorgeben. Wenn ein Bauer einwilligt, eine Niere oder Hornhaut zu verkaufen, um seine hungernde Familie ernähren zu können, kommt diese Vereinbarung unter Umständen nicht wirklich freiwillig zustande. Er könnte durch seine Notlage auf unfaire Weise dazu gezwungen sein.

Mit dem Korrumpierungseinwand verhält es sich anders. Er verweist auf die abwertenden Effekte, die sich ergeben, wenn bestimmte Güter und Verhaltensweisen durch den Markt bewertet und dort gehandelt werden. Diesem Einwand zufolge werden gewisse moralische und staatsbürgerliche Werte gemindert oder korrumpiert, wenn man mit ihnen Handel treibt. Dem ist auch nicht abzuhelfen, indem man faire Verhandlungsbedingungen schafft. Diese Korrumpierung gilt sowohl unter gleichen als auch unter ungleichen Voraussetzungen.

Die fortwährende Debatte über Prostitution verdeutlicht den Unterschied. Manche Leute sind deshalb gegen Prostitution, weil sie selten oder vielleicht nie wirklich freiwillig ausgeübt wird. Sie meinen, diejenigen, die ihren Körper verkaufen, seien üblicherweise dazu gezwungen, und zwar aufgrund von Armut, Drogenabhängigkeit oder Gewaltandrohung. Dies wäre eine Version des Fairness-Einwands. Andere wiederum sind gegen Prostitution, weil sie für Frauen entwürdigend sei, ob sie nun dazu gezwungen würden oder nicht. Diesem Argument zufolge ist Prostitution eine Form der Korrumpierung, die Frauen erniedrigt und eine problematische Einstellung gegenüber der Sexualität fördert. Für den Vorwurf der Erniedrigung ist nicht entscheidend, ob die Einwilligung unter Zwang oder freiwillig erfolgt; man würde die Prostitution damit auch dann verurteilen, wenn sie in einer Gesellschaft ohne Armut ausgeübt würde, und sogar bei Edelprostituierten, die ihre Arbeit lieben und sich frei dafür entschieden haben.

Jeder Einwand bezieht sich auf ein anderes moralisches Ideal. Das Fairness-Argument beruft sich auf das Ideal einer freien Übereinkunft unter fairen Ausgangsbedingungen. Eines der zentralen Argumente, für die Zuweisung von Gütern Märkte zu nutzen, läuft darauf hinaus, dass Märkte die Entscheidungsfreiheit achten. Sie ermöglichen es den Menschen, selbst zu entscheiden, ob sie dieses oder jenes Gut zu einem bestimmten Preis verkaufen wollen.

Doch das Fairness-Argument weist auch darauf hin, dass manche dieser Entscheidungen nicht wirklich freiwillig erfolgen. Marktentscheidungen sind dann keine freien Entscheidungen, wenn manche Menschen elend arm oder nicht in der Lage sind, auf einer fairen Grundlage zu verhandeln. Wenn wir also wissen wollen, ob eine Marktentscheidung frei erfolgt, müssen wir fragen, welche Ungleichheiten in den Ausgangsbedingungen der Gesellschaft eine faire Abmachung untergraben. Von welchem Punkt an unterminieren Ungleichheiten in der Verhandlungsmacht die Fairness der abgeschlossenen Geschäfte?

Das Argument der Korruption verweist auf eine andere Gruppe moralischer Ideale. Es bezieht sich nicht auf die

Übereinkunft, sondern auf die moralische Bedeutung der Güter, die auf dem Spiel stehen und die durch die Bewertung und den Austausch auf Märkten herabgewürdigt werden. Wollen wir also entscheiden, ob eine Hochschulzulassung käuflich bzw. verkäuflich sein sollte, dann müssen wir über die moralischen und bürgerlichen Werte diskutieren, denen die Hochschulen dienen sollten, und fragen, ob diese Werte beschädigt würden, wenn man den Verkauf zuließe. Und um entscheiden zu können, ob ein Markt für Adoptivbabys eingerichtet werden darf, müssen wir fragen, welchen Normen die Eltern-Kind-Beziehung gehorchen sollte und ob der Handel mit Kindern diese Normen untergraben würde.

Der Einwand der Fairness und der Einwand der Korrumpierung betrachten Märkte jeweils unterschiedlich: Ersterer wendet sich nicht gegen die Vermarktung gewisser Güter, weil diese kostbar, heilig oder mit Geld nicht aufzuwiegen sind, sondern nimmt an den unfairen Verhandlungsbedingungen Anstoß, unter denen der Handel stattfindet. Er liefert keine Grundlage dafür, die Verwandlung von Gütern in Handelswaren (ob Sex oder Nieren oder Studienplätze) abzulehnen, sofern die Ausgangsbedingungen einer Gesellschaft fair sind.

Der Einwand der Korruption konzentriert sich dagegen auf die Art der Güter und auf die mit ihnen zusammenhängenden Normen. Deshalb kann er auch nicht durch Einführung fairer Verhandlungsbedingungen aus der Welt geschafft werden. Selbst in einer gerechten Gesellschaft gäbe es immer noch Dinge, die für Geld nicht zu haben sein sollten. Und zwar deswegen, weil Märkte keine bloßen Verfahren sind – sie verkörpern gewisse Werte. Und manchmal verdrängen Marktwerte Normen, die wir lieber erhalten sollten.

Die Verdrängung
marktfremder Normen

Doch wie vollzieht sich diese Verdrängung genau? Wie gelingt es dem Markt, die nicht von ihm gesteuerten Normen zu korrumpieren, zu verwässern oder zu ersetzen?

Die übliche Logik der Wirtschaftswissenschaftler geht davon aus, dass die Umwandlung eines Gutes in eine Handelsware (dadurch, dass man es zum Verkauf stellt) seinen Charakter nicht verändert. Der Markt steigert die ökonomische Effizienz, ohne die Güter selbst zu verändern. Deshalb sind Ökonomen grundsätzlich geneigt, wünschenswertes Verhalten durch finanzielle Anreize zu stimulieren; sie haben nichts gegen den Schwarzhandel mit Tickets für stark nachgefragte Konzerte, Sportveranstaltungen und sogar Papstmessen; sie sind für handelbare Quoten bei Verschmutzungsrechten, Flüchtlingen und Fortpflanzung; sie befürworten Geld- anstelle von Sachgeschenken und die Nutzung von Märkten zum Ausgleich von Angebot und Nachfrage bei allen möglichen Arten von Gütern, selbst wenn es sich um Nieren handelt. Denn Marktbeziehungen sorgen in ihren Augen dafür, dass alle Beteiligten besser gestellt sind – nur unter der Voraussetzung, dass Marktbeziehungen und die von ihnen gehegten Einstellungen den Wert der gehandelten Güter nicht verringern.

Doch diese Annahme kann bezweifelt werden. Wenn Märkte auf Lebensbereiche übergreifen, die traditionell von Normen ohne Marktbezug beherrscht werden, verliert die Vorstellung, dass Märkte die auf ihnen getauschten Güter nicht berühren oder beeinträchtigen, an Plausibilität. Ein wachsender Bestand an Forschungsergebnissen bestätigt, was der gesunde Menschenverstand nahelegt: Finanzielle Anreize und andere Marktmechanismen können fehlschlagen, indem sie die Normen ohne Marktbezug verdrängen. Bietet man für ein bestimmtes Verhalten eine Bezahlung an, bekommt man manchmal weniger statt mehr.

Endlager für atomare Abfälle

Jahrelang hat die Schweiz sich bemüht, einen Ort für die Endlagerung radioaktiver Abfälle zu finden. Obwohl das Land stark von Kernenergie abhängig ist, wollten nur wenige Gemeinden, dass solche Abfälle in ihrer Nähe gelagert würden. Eine potenzielle Endlagerstätte war das Bergdorf Wolfenschiessen (2100 Einwohner) in der Zentralschweiz. Kurz vor der entscheidenden Volksabstimmung im Jahr 1993 befragten einige Ökonomen die Einwohner des Dorfes: Sie wollten wissen, ob sie für ein atomares Endlager in ihrer Gemeinde stimmen würden, falls das Schweizer Parlament beschlösse, es dort einzurichten. Obwohl das Endlager weithin unerwünscht war, erklärte die knappe Mehrheit (51 Prozent) der Einwohner, die Einrichtung akzeptieren zu wollen. Offenkundig überwog ihr Gefühl für Bürgerpflicht ihre Bedenken wegen der Risiken. Anschließend versüßten die Ökonomen die Zumutung: Angenommen, das Parlament schlüge vor, das atomare Endlager in Ihrer Gemeinde zu errichten, und böte an, alle Einwohner mit einer jährlichen Ausgleichszahlung zu entschädigen – würden Sie dann zustimmen?[24]

Ergebnis: Die Unterstützung wurde schwächer, nicht stärker. Der finanzielle Ansporn halbierte die Zustimmungsquote von 51 auf 25 Prozent. Das angebotene Geld minderte die Bereitschaft der Bürger, das Endlager anzunehmen. Mehr noch: Als die Ökonomen den Betrag erhöhten, blieb die Quote unverändert. Die Einwohner blieben sogar standhaft, als ihnen jährlich umgerechnet 8700 Dollar geboten wurden – mehr als das durchschnittliche Monatseinkommen. Ähnliche, wenngleich weniger dramatische Reaktionen auf finanzielle Angebote haben sich auch an anderen Orten ergeben, wo die ansässige Bevölkerung sich atomaren Endlagern widersetzte.[25]

Aber was lief in diesem Dorf eigentlich ab? Warum wollten mehr Menschen die radioaktiven Abfälle kostenlos statt gegen Bezahlung akzeptieren?

Man sollte annehmen, dass die Bereitschaft der Menschen, eine Last zu tragen, durch Geldangebote verstärkt und nicht geschwächt wird. Doch Bruno S. Frey und Felix Oberholzer-Gee, die die Studie durchgeführt haben, verweisen darauf, dass der Preiseffekt manchmal durch moralische Erwägungen beeinträchtigt wird – und dazu zählt auch ein Engagement für das Gemeinwohl. Für viele der Dorfbewohner bedeutete die Bereitschaft, das Endlager zu akzeptieren, ein Opfer für die Gemeinschaft – sie erkannten an, dass das Land als Ganzes von Kernenergie abhängt und der radioaktive Müll irgendwo gelagert werden muss. Falls sich herausstellte, dass ihre Gemeinde das sicherste Lager bot, waren sie gewillt, diese Last zu tragen. Vor dem Hintergrund dieses staatsbürgerlichen Engagements fühlte es sich für die Dorfbewohner wie Bestechung an, wenn man ihnen Geld bot – als Versuch, ihre Stimme zu kaufen. Tatsächlich erklärten 83 Prozent derer, die die vorgeschlagene Bezahlung ablehnten, ihre Gegnerschaft damit, dass sie nicht bestechlich seien.[26]

So mancher dürfte glauben, der bereits bestehende Gemeinschaftsgeist würde einfach bestärkt, wenn ein finanzieller Anreiz dazukäme. Die Unterstützung für ein atomares Endlager sollte also steigen. Denn sind nicht zwei Anreize – ein finanzieller und ein staatsbürgerlicher – mächtiger als einer? Nicht zwangsläufig. Denn es wäre falsch, davon auszugehen, dass Anreize kumulativ wirken. Im Gegenteil: Für die guten Bürger der Schweiz wurde eine staatsbürgerliche Frage zu einer finanziellen. Das Eindringen des Marktes verdrängte ihren Sinn für Bürgerpflichten.

Die Autoren der Studie kommen zu folgendem Schluss: »Finanzielle Anreize, mit denen die Unterstützung für eine gesellschaftlich wünschenswerte, aber lokal unerwünschte Einrichtung eingeworben werden soll, kosten dort, wo der Gemeinsinn überwiegt, mehr Geld, als theoretisch zu erwarten ist, weil diese Anreize die staatsbürgerlichen Verpflichtungen tendenziell verdrängen.«[27]

Das heißt nicht, dass die Behörden den betroffenen Gemeinden Standortentscheidungen einfach aufzwingen sollten. Autokratische Regelungen können den Gemeinsinn sogar noch stärker zersetzen als finanzielle Anreize. Wenn man die betroffenen Einwohner jedoch in die Lage versetzt, die Risiken selbst einzuschätzen, die Bürger mitreden lässt und den Gemeinden das Recht einräumt, gefährliche Einrichtungen nötigenfalls zu schließen, erhält man die Unterstützung der Öffentlichkeit mit größerer Gewissheit, als wenn man versucht, sie einfach zu kaufen.[28]

Auch wenn Geldangebote in der Regel nicht gut ankommen, wird ein Ausgleich durch bestimmte Maßnahmen oft begrüßt. Gemeinden akzeptieren häufig eine Kompensation für die Errichtung eines unerwünschten öffentlichen Projekts im Hinterhof, sei es ein Flughafen, eine Mülldeponie oder eine Wiederaufbereitungsanlage. Studien haben jedoch gezeigt, dass die Leute einen solchen Ausgleich eher akzeptieren, wenn es sich dabei nicht um Geld, sondern um öffentliche Güter handelt. Parkanlagen, Bibliotheken, bessere Schulen, Gemeindezentren und sogar Rad- und Joggingstrecken werden bereitwilliger angenommen als finanzielle Zuwendungen.[29]

Aus ökonomischer Perspektive erscheint das rätselhaft oder gar irrational. Geld, so wird unterstellt, sei immer besser als Sachgüter – aus Gründen, die wir im Zusammenhang mit dem Schenken erkundet haben. Geld ist grenzenlos vielseitig, quasi ein universeller Geschenkgutschein: Werden Einwohner mit Geld entschädigt, können sie stets entscheiden, diesen unverhofften Geldsegen in öffentliche Parkanlagen, Bibliotheken und Spielplätze zu investieren. Oder sie können beschließen, das Geld in den privaten Konsum zu stecken.

Aber diese Logik verfehlt die Bedeutung des bürgerlichen Engagements und des gemeinsamen Opfers. Als Ausgleich für Nachteile und Belästigungen, die die Gemeinschaft im Ganzen betreffen, sind öffentliche Güter besser angebracht als private Zahlungen, weil sie die staatsbürgerlichen Lasten und die gemeinsamen Opfer anerkennen, die der Gemeinde durch die Standortentscheidung auferlegt werden. Bezahlt man Anliegern Geld, wenn sie eine neue Startbahn oder eine Mülldeponie in ihrem Ort akzeptieren, kann das als Bestechungsversuch verstanden werden, mit dem die Bürgerschaft besänftigt werden soll. Eine neue Bibliothek oder Schule oder ein neuer Spielplatz entschädigen dagegen sozusagen in gleicher Münze – die Gemeinschaft wird gestärkt, ihr Gemeinsinn gewürdigt.

Spendentage

Auch in Situationen, die weniger schicksalhaft sind als atomare Endlager, hat sich gezeigt, dass finanzielle Anreize den Gemeinsinn verdrängen können. Israelische Oberschüler gehen jedes Jahr an einem festgelegten Spendentag von Tür zu Tür und bitten um Gaben für ehrenwerte Anliegen – Krebsforschung, Hilfen für behinderte Kinder und so weiter. Zwei Ökonomen führten ein Experiment durch, um festzustellen, wie sich finanzielle Anreize auf die Motivation der Schüler auswirken.

Sie unterteilten die Schüler in drei Gruppen. Einer wurde eine kurze motivierende Ansprache über die gesellschaftliche Bedeutung des Anliegens gehalten, dann schickte man sie los. Die zweite und dritte Gruppe bekamen jeweils die gleiche Rede zu hören, ergänzend dazu wurde ihnen aber auch eine finanzielle Belohnung auf Grundlage der gesammelten Beträge in Aussicht gestellt: ein Prozent für die eine, zehn Prozent für die andere Gruppe. Die Beteiligungen sollten nicht aus den gesammelten Beträgen abgezweigt werden, sondern aus einer separaten Quelle stammen.[30]

Welche Gruppe sammelte Ihrer Meinung nach das meiste Geld? Falls Sie auf die unbezahlte Gruppe getippt haben, liegen Sie richtig. Die unbezahlten Schüler brachten um 55 Prozent mehr Spenden nach Hause als diejenigen, denen eine Provision von einem Prozent zugesagt worden war. Die Schüler, die mit zehn Prozent rechnen konnten, schlugen sich erheblich besser als die Gruppe mit einem Prozent, aber um einiges schlechter als die unbezahlten Schüler (Letztere sammelten neun Prozent mehr als die mit der hohen Beteiligung).[31]

Was lernen wir daraus? Die Autoren der Studie kommen zu folgendem Schluss: Wenn man Menschen motivieren will und dabei auch an finanzielle Anreize denkt, sollte man entweder genug oder gar nichts bezahlen.[32]

Auch wenn das zutreffen mag, erfahren wir durch diese Geschichte noch mehr: Sie enthält auch eine Lektion darüber, wie Geld Normen verdrängt.

In gewissem Maß bestätigt das Experiment die weit verbreitete Annahme, dass finanzielle Anreize funktionieren. Schließlich sammelte die Gruppe mit zehn Prozent Beteiligung mehr Spenden ein als die, der man nur ein Prozent geboten hatte. Interessanter ist jedoch die Frage, warum die beiden bezahlten Gruppen hinter den Schülern herhinkten, die ohne Provision gesammelt hatten. Am wahrscheinlichsten lag es daran, dass die ganze Angelegenheit einen anderen Charakter annahm, als man die Schüler für gute Taten bezahlte. Von Tür zu Tür zu gehen und Geld für gute Zwecke zu sammeln war nun weniger eine staatsbürgerliche Pflicht als eine Gelegenheit, das Taschengeld aufzubessern. Der finanzielle Anreiz verwandelte eine von Gemeinsinn getragene Tätigkeit in einen bezahlten Job. Wie bei den Schweizer Dorfbewohnern, so auch bei den den israelischen Schülern: Die Einführung von Marktnormen ersetzte ihr moralisches und staatsbürgerliches Engagement oder dämpfte es zumindest.

Eine ähnliche Lektion ergibt sich auch aus einem anderen bemerkenswerten Experiment, das von denselben Forschern durchgeführt wurde: das mit den israelischen Kinderhorten. Wie wir bereits gesehen haben, wurde die Zahl der zu spät kommenden Eltern nicht kleiner, als man eine Geldbuße für verspätetes Abholen einführte, sondern sie stieg sogar fast auf das Doppelte an. Die Eltern sahen das Bußgeld als Gebühr an, die sie bereitwillig bezahlten. Und damit nicht genug: Als die Kinderhorte die Geldbuße nach etwa zwölf Wochen wieder abschafften, blieb die Rate der Verspätungen hoch. Nachdem die Bezahlung die moralische Verpflichtung zur Pünktlichkeit erst einmal unterhöhlt hatte, erwies es sich als schwierig, das frühere Verantwortungsbewusstsein wiederherzustellen.[33]

Diese drei Fälle – der Standort eines atomaren Endlagers, das Sammeln für einen guten Zweck und die verspätete Abholung vom Kinderhort – illustrieren, auf welche Weise die Einführung von finanziellen Anreizen die Einstellungen der Menschen verändern und moralisches wie staatsbürgerliches Engagement verdrängen kann. Der zersetzende Effekt von Marktbeziehungen ist manchmal stark genug, den Preiseffekt außer Kraft zu setzen: Die Bereitschaft, eine gefährliche Einrichtung zu akzeptieren, Spenden für wohltätige Zwecke zu sammeln oder pünktlich zu sein, wurde durch einen finanziellen Anreiz eher geschwächt als gestärkt.

Warum sollten wir besorgt sein, wenn Märkte tendenziell andere Normen verdrängen? Aus zwei Gründen: Einer ist finanzieller, der andere ethischer Natur.

Aus ökonomischer Sicht sind gesellschaftliche Normen wie etwa staatsbürgerliche Tugenden und Gemeinsinn ein beachtliches Schnäppchen. Sie motivieren zu sozial nützlichem Verhalten, das andernfalls nur für eine Menge Geld zu kaufen wäre. Würde man Gemeinden durch finanzielle Anreize dazu bringen wollen, Nuklearabfälle zu akzeptieren, müsste man sehr viel mehr bezahlen, als wenn man sich auf die staatsbürgerliche Tugend verlassen kann. Müsste man Schulkinder anheuern, damit sie Spenden für wohltätige Zwecke sammeln, hätte man eine Provision von über zehn Prozent anzubieten, um das gleiche Ergebnis zu erzielen, das der Gemeinsinn kostenlos erbringt.

Doch wenn man moralische und staatsbürgerliche Normen lediglich als kosteneffektive Möglichkeiten betrachtet, die Menschen zu motivieren, so verkennt man den inneren Wert dieser Normen. (Es ist etwa so, als würde man die Stigmatisierung von Geldgeschenken als ein moralisch belangloses soziales Faktum ansehen, das lediglich der ökonomischen Effizienz im Weg steht.) Setzt man nur auf finanzielle Anreize, um Einwohner dazu zu bringen, eine Einrichtung für Nuklearabfälle zu akzeptieren, ist das nicht nur teuer, es wirkt auch korrumpierend. Man drückt sich darum, die Menschen zu überzeugen und jene Art von politischem Konsens zu erreichen, der auf einer umfassenden Erörterung der Risiken und Notwendigkeiten beruht. Ähnlich verhält es sich, wenn man Schüler dafür bezahlt, an einem offiziellen Spendentag Geld zu sammeln – finanzielle Anreize erhöhen die Kosten der Spendensammlung, entwerten den Gemeinsinn der Schüler und beeinflussen ihre moralische und staatsbürgerliche Erziehung nachteilig.

Der Kommerzialisierungseffekt

Viele Ökonomen erkennen mittlerweile an, dass Märkte die Natur der von ihnen beherrschten Güter und sozialen Verhaltensweisen verändern. Einer der Ersten, der auf die zersetzende Wirkung von Märkten aufmerksam gemacht hat, war der britische Volkswirt und Berater des Internationalen Währungsfonds Fred Hirsch. In einem 1976 erschienenen Buch – im gleichen Jahr kam auch Gary Beckers einflussreiches Werk *Der ökonomische Ansatz zur Erklärung menschlichen Verhaltens* heraus, und Margaret Thatcher wurde drei Jahre später Premierministerin – attackierte Hirsch die Annahme, der Wert eines Gutes sei immer gleich, unabhängig davon, ob er nun durch den Markt oder auf andere Weise zustande komme.

Hirsch war der Ansicht, die vorherrschende Ökonomie habe etwas übersehen, was er als Kommerzialisierungseffekt bezeichnet. Damit meint er »die Wirkung auf die Natur eines Produkts oder seiner Bereitstellung, wenn dazu ausschließlich oder vorwiegend kommerzielle Begriffe herangezogen werden und keine andere Basis vorhanden ist – etwa informeller Austausch, wechselseitige Verpflichtung, Altruismus oder Liebe oder ein Gefühl für Dienen oder Pflichterfüllung«. Die »übliche, fast immer verborgene Annahme lautet, dass der Vorgang der Kommerzialisierung sich nicht auf das Produkt auswirkt«. Hirsch stellt fest, dass diese falsche Annahme im aufkommenden »ökonomischen Imperialismus« der Zeit eine große Rolle gespielt habe – einschließlich der Bemühungen Beckers und anderer, die ökonomische Analyse auf benachbarte Gebiete des sozialen und politischen Lebens auszudehnen.[34]

Hirsch starb zwei Jahre später im Alter von 47 Jahren und hatte so keine Chance, seine Kritik der gängigen Ökonomie weiter auszuarbeiten. In den folgenden Jahrzehnten wurde sein Buch zu einem kleinen Klassiker im Umkreis derer, die die zunehmende Ökonomisierung des gesellschaftlichen Lebens und die sie antreibende ökonomische Logik ablehnten.

Die drei empirischen Fälle, die wir bereits betrachtet haben, stützen Hirschs Einsicht, dass die Einführung von Marktanreizen und Marktmethoden die Einstellungen der Menschen verändern und andere Werte verdrängen kann. In jüngster Zeit haben andere empirisch ausgerichtete Wirtschaftswissenschaftler weitere Belege für den Kommerzialisierungseffekt gefunden.

So hat Dan Ariely – er gehört zur wachsenden Gruppe der Verhaltensökonomen – eine Reihe von Experimenten durchgeführt, die gezeigt haben, dass Menschen, die man auffordert, gegen Bezahlung eine Tätigkeit zu verrichten, sich möglicherweise weniger anstrengen, als wenn man sie bittet, dieselbe Tätigkeit kostenlos zu verrichten – besonders dann, wenn es um einen guten Zweck geht. Er schildert eine Anekdote aus dem richtigen Leben, die seine Befunde illustriert. Der amerikanische Pensionistenverband fragte eine Gruppe von Anwälten, ob sie bereit seien, bedürftigen Rentnern für einen verbilligten Gebührensatz von 30 Dollar pro Stunde juristischen Beistand zu leisten. Die Anwälte lehnten ab. Dann fragte der Verband, ob sie den bedürftigen Rentnern gratis Rechtsbeistand leisten würden. Nun willigten die Anwälte ein. Sobald klar war, dass man sie bat, auf ihren Verdienst zugunsten einer wohltätigen Sache zu verzichten (und es nicht darum ging, einen Sonderpreis auszuhandeln), reagierten die Anwälte großzügig.[35]

Eine wachsende Zahl von Arbeiten der Sozialpsychologie bietet eine mögliche Erklärung für diesen Kommerzialisierungseffekt an. Die Studien beleuchten den Unterschied zwischen intrinsischer Motivation (wie moralische Überzeugungen oder ein genuines Interesse) und extrinsischer Motivation (wie Geld oder andere materielle Belohnungen). Wenn Menschen etwas tun, was sie von sich aus als befriedigend empfinden, könnte es ihre Motivation beeinträchtigen, wenn man ihnen Geld dafür bietet. Es könnte ihr Interesse oder Engagement verdrängen.[36] Die ökonomische Theorie neigt dazu, alle Motivationen ungeachtet ihrer Art oder ihres Ursprungs gleich zu behandeln und zu unterstellen, dass sie sich addieren. Doch damit entgeht ihr der zersetzende Effekt des Geldes.

Dabei ist dieses Phänomen der Verdrängung für die Wirtschaftswissenschaft von fundamentaler Bedeutung. Es stellt nämlich die Anwendung von Marktmechanismen und Marktlogik in vielen Aspekten des gesellschaftlichen Lebens in Frage – dazu gehören motivierende finanzielle Anreize in Erziehung, Gesundheitswesen, Arbeitswelt, Freiwilligenorganisationen, staatsbürgerlichen Aktivitäten und anderen Bereichen, in denen innere Motivation oder moralisches Engagement zählen. Bruno Frey (einer der Autoren der Schweizer Studie zu atomaren Endlagern) und der Ökonom Reto Jegen fassen zusammen: »Der ›Verdrängungseffekt‹ gehört wohl zu den bedeutsamsten Anomalien der Wirtschaftswissenschaft, weil er das grundlegende ökonomische ›Gesetz‹ infrage stellt, wonach eine Erhöhung finanzieller Anreize das Angebot wachsen lässt. Wenn sich der Verdrängungseffekt bestätigt, wird das Angebot durch erhöhte finanzielle Anreize nicht gesteigert, sondern reduziert.«[37]

Handel mit Blut

Wie Märkte Normen verdrängen, die zuvor nicht von ihnen dominiert waren, zeigt sich vielleicht am deutlichsten in einer klassischen Studie zu Blutspenden, vorgelegt vom britischen Soziologen Richard Titmuss. In seinem Buch *The Gift Relationship* von 1970 verglich er das System der Blutspenden in England, wo alles Blut für Transfusionen von unbezahlten freiwilligen Spendern stammt, mit dem System der USA, wo der größte Teil des Blutes von kommerziellen Blutbanken stammt, die (üblicherweise arme) Leute dafür bezahlen. Titmuss sprach sich für das britische System aus; er war dagegen, menschliches Blut als handelbare Ware zu betrachten.

Anhand einer Fülle von Daten zeigte er, dass das britische System sowohl in ökonomischer wie auch praktischer Hinsicht besser funktioniert als das amerikanische. Trotz der unterstellten Effizienz der Märkte führte das amerikanische System laut Titmuss zu chronischer Knappheit, Verschwendung, höheren Kosten und einem höheren Risiko kontaminierter Blutkonserven.[38]

Aber Titmuss argumentierte auch ethisch gegen den Handel mit Blut. Seine Argumentation bediente sich dabei der beiden weiter oben konstatierten Einwände gegen Märkte: Fairness und Korruption. Demnach würde ein Blutmarkt zum einen die Armen ausbeuten (das Fairness-Argument). Titmuss stellte nämlich fest, dass die gewerblichen Blutbanken in den USA einen erheblichen Teil ihrer Vorräte von Bewohnern städtischer Problemviertel beziehen – von Leuten also, die dringend schnelles Geld benötigen. Die Kommerzialisierung von Blut führe dazu, dass mehr Blut »von Armen, Ungelernten, Arbeitslosen, Negern und anderen Gruppen mit geringem Einkommen bereitgestellt wird – von einer neuen Klasse von Ausgebeuteten, die große Mengen Blut liefert«. Einer der vorherrschenden Effekte des amerikanischen Blutbankensystems scheint daher die Umverteilung von Blut »von den Armen zu den Reichen zu sein«.[39]

Doch Titmuss hatte noch mehr einzuwenden: Wird Blut zur Handelsware, schwinde bei den Menschen das Gefühl, Blutspenden seien eine Verpflichtung; altruistisches Denken nehme ab, und das »Verhältnis zum Geben« verändere sich negativ (der Einwand der Korruption). Mit Blick auf die USA beklagte er »den Rückgang freiwilliger Blutspenden in den letzten Jahren« und führte das auf die wachsende Zahl gewerblicher Blutbanken zurück: »Kommerzialisierung und Profite durch Blut haben den freiwilligen Spender marginalisiert.« Sobald Menschen anfingen, Blut als routinemäßig gehandelte Ware zu betrachten, meint Titmuss, würden sie sich nicht mehr moralisch dazu verpflichtet sehen, Blut zu spenden. Er verwies darauf, dass die Marktbeziehungen die zunächst nicht von ihnen dominierten Normen verdrängten (ohne jedoch diesen Begriff zu verwenden). Der weit verbreitete Handel mit Blut entwerte die Praxis, Blut kostenlos zu spenden.[40]

Titmuss war nicht nur besorgt, weil die Bereitschaft zum Blutspenden nachließ, sondern auch wegen der weiter gefassten moralischen Implikationen. Neben den schädlichen Folgen für Quantität und Qualität des Blutes führe der schwindende Geist des Gebens zu einer Verarmung des moralischen und gesellschaftlichen Lebens. »Es ist wahrscheinlich, dass ein Nachlassen des altruistischen Denkens in einem Bereich mit entsprechenden Änderungen der Einstellungen, Motive und Beziehungen in anderen Bereichen einhergeht.«[41]

Zwar hindert ein auf dem Markt fußendes System niemanden daran, nach Lust und Laune Blut zu spenden, aber die Marktwerte, die das System durchdringen, zersetzen die

Norm des Gebens. »Die Art, in der die Gesellschaft ihre sozialen Institutionen – insbesondere das Gesundheitswesen und die Wohlfahrtseinrichtungen – organisiert, kann den altruistischen Wesenszug des Menschen fördern oder hemmen; solche Systeme können Integration oder Entfremdung voranbringen; sie können dafür sorgen, dass sich das ›Thema des Gebens‹ – die Großzügigkeit gegenüber Fremden – gesellschaftsweit und über Generationen festsetzt.« Ab einem gewissen Punkt, so die Sorge von Titmuss, könnten vom Markt getriebene Gesellschaften dem Altruismus so ablehnend gegenüberstehen, dass dies sozusagen die Freiheit des Gebens beeinträchtige. Die »Kommerzialisierung von Blut und Blutspenden verhindert altruistisches Handeln und zersetzt den Gemeinsinn«.[42]

Titmuss' Buch löste eine heftige Diskussion aus. Unter seinen Kritikern befand sich Kenneth Arrow, einer der herausragenden amerikanischen Ökonomen seiner Zeit. Arrow war kein Befürworter ungeregelter Märkte wie etwa Milton Friedman. In seinen früheren Arbeiten hatte er Unzulänglichkeiten in Märkten des Gesundheitswesens analysiert. Doch an Titmuss' Kritik der Ökonomie und des marktkonformen Denkens nahm er massiv Anstoß.[43] Dabei führte Arrow zwei zentrale Lehrsätze an, die im Zentrum des Glaubens an die Märkte stehen: zwei Annahmen über die Natur und das moralische Leben des Menschen, die von Ökonomen zwar häufig geltend gemacht, aber selten verteidigt werden.

Zwei Lehrsätze

Der erste Lehrsatz besagt, dass eine Tätigkeit nicht verändert wird, wenn man sie kommerzialisiert. Dieser Behauptung zufolge wirkt Geld nie korrumpierend und verdrängen Marktbeziehungen niemals Normen, die nicht vom Markt beherrscht werden. Wenn das zutrifft, kann man dem Plädoyer zugunsten einer Ausweitung der Märkte auf alle Aspekte des Lebens kaum etwas entgegensetzen. Wird ein vorher nicht gehandeltes Gut handelbar gemacht, entsteht demnach kein Schaden. Diejenigen, die es kaufen und verkaufen möchten, können es tun und dabei ihren Nutzen mehren, während alle anderen einfach nicht damit zu handeln brauchen. Dieser Logik zufolge geht es einigen Menschen besser, wenn man Markttransaktionen zulässt, ohne dass dadurch andere schlechter gestellt werden – selbst wenn es um menschliches Blut geht. Arrow erklärt es so: »Ökonomen halten es normalerweise für gegeben, dass die Einrichtung eines Marktes, weil sie die Auswahl des Einzelnen vergrößert, automatisch mehr Vorteile bietet. Wenn wir also ein freiwilliges System der Blutspenden um die Möglichkeit erweitern, Blut zu verkaufen, haben wir lediglich die Alternativen des Einzelnen vergrößert. Wenn es ihn befriedigt, Blut zu spenden, so heißt es, kann er weiterhin spenden, denn dieses Recht ist in keiner Weise beeinträchtigt worden.«[44]

Diese Argumentation stützt sich stark auf die Vorstellung, dass die Einrichtung eines Marktes für Blut keinen Einfluss auf dessen Wert oder Bedeutung hat. Blut ist Blut, und seinen lebenserhaltenden Zweck wird es gespendet wie gekauft erfüllen.

Aber das Gut, um das es hier geht, ist natürlich nicht nur das Blut, sondern auch die Blutspende aus altruistischen Motiven. Titmuss misst der Großzügigkeit, aus der sich die Gabe ableitet, einen eigenen moralischen Wert bei. Arrow dagegen bezweifelt, dass diese Praxis durch die Einführung eines Marktes überhaupt geschädigt werden könnte: »Warum sollte die Schaffung eines Marktes für Blut den in der Blutspende verkörperten Altruismus mindern?«⁴⁵ Die Antwort: Kommerzialisiert man das Blut, verändert man die Bedeutung, die das Spenden hat. Ist denn die Spende eines halben Liters Blut beim Roten Kreuz um die Ecke überhaupt noch ein großzügiger Akt, wenn Blut routinemäßig gehandelt wird? Vielleicht bringt man jetzt einen Bedürftigen um die Möglichkeit, sein Blut zu einem guten Preis zu verkaufen. Wäre es besser, das Blut selbst zu spenden, oder sollte man lieber 50 Dollar geben, damit ein zusätzlicher halber Liter von einem Obdachlosen gekauft werden kann? Für den angehenden Altruisten sind das schwierige Fragen.

Der zweite Lehrsatz in Arrows Kritik lautet, dass ethisches Verhalten eine Ware ist, mit der wir sparsam umgehen sollten. Dahinter steht die Vorstellung, dass wir uns auf Altruismus, Großmut, Solidarität oder staatsbürgerliche Pflichten nicht allzu sehr verlassen sollten, weil diese moralischen Empfindungen rare Ressourcen sind, die durch ihren Gebrauch erschöpft werden. Märkte verlassen sich dagegen auf Eigeninteressen, was den Vorteil hat, dass wir den begrenzten Vorrat an Tugend nicht anzutasten brauchen. Wenn wir uns beispielsweise bei der Versorgung mit Blutkonserven auf die Großzügigkeit aller verlassen, wird am Ende weniger Großzügigkeit für andere soziale oder wohltätige Zwecke übrig bleiben. Nutzen wir dagegen das Preissystem, um den Blutnachschub zu sichern, können sich die altruistischen Impulse der Menschen anderswo entfalten. So schreibt Arrow: »Wie viele Ökonomen möchte ich nicht allzu sehr davon abhängig sein, dass Eigeninteresse durch Ethik ersetzt wird. Ich halte es insgesamt gesehen für das Beste, den Bedarf an ethischem Verhalten auf die Umstände zu beschränken, in denen das Preissystem zusammenbricht ... Wir möchten die raren Vorräte an altruistischen Motiven nicht rücksichtslos verbrauchen.«⁴⁶

Es ist leicht zu erkennen, wie diese ökonomische Vorstellung von Tugend, wenn sie denn zutrifft, noch mehr Gründe liefert, die Märkte auf alle Lebensbereiche auszudehnen. Wenn der Vorrat an Altruismus, Großzügigkeit und staatsbürgerlicher Tugend – so wie der Vorrat an fossilen Brennstoffen – von Natur aus begrenzt ist, sollten wir sparsam mit ihm umgehen. Je mehr wir verbrauchen, desto weniger steht uns zur Verfügung. Indem wir uns so gesehen mehr auf Märkte und weniger auf Moral verlassen, schonen wir in dieser Perspektive eine knappe Ressource.

Sparsamkeit in der Liebe

Die klassische Formulierung dieses Gedankens lieferte Sir Dennis H. Robertson, ein Wirtschaftswissenschaftler aus Cambridge und ehemaliger Student von John Maynard Keynes, in einer Rede zum 200. Gründungstag der Columbia University im Jahr 1954. Der Titel von Robertsons Vorlesung war eine Frage: »What does the economist economize?« Er wollte zeigen, dass Wirtschaftswissenschaftler, obwohl sie den »aggressiven und auf Erwerb gerichteten Instinkten« der Menschen huldigten, dennoch einer moralischen Mission dienten.[47]

Eingangs räumt Robertson ein, dass die Wirtschaftswissenschaft, nachdem ihr Gegenstand nun einmal der Erwerbstrieb sei, sich nicht gerade mit den edelsten menschlichen Motiven befasse. »Es ist Aufgabe des Predigers, ob Laie oder Kleriker«, den Menschen die höheren Tugenden – Altruismus, Mildtätigkeit, Großmut, Solidarität und staatsbürgerliche Verpflichtungen – einzuimpfen. »Die bescheidenere und oft undankbare Rolle des Ökonomen besteht darin, soweit wie möglich dazu beizutragen, dass die Aufgabe des Predigers bewältigbar ist.«[48]

Wie trägt der Ökonom dazu bei? Indem er Regelungen fördert, die sich nach Möglichkeit auf Eigeninteresse stützen und nicht auf Altruismus oder moralische Erwägungen, erspart es der Ökonom der Gesellschaft, ihren knappen Tugendvorrat zu verschleudern. Robertson kommt zu folgendem Schluss: »Wenn wir Ökonomen unsere Aufgabe gut erfüllen, können wir, wie ich glaube, ganz erheblich dazu beitragen, die knappe Ressource Liebe – das kostbarste Gut der Welt – sparsam zu verwenden.«[49]

Allen Nichtwirtschaftswissenschaftlern wird diese Art des Denkens über die großmütigen Tugenden seltsam oder gar verquer vorkommen. Es übersieht die Möglichkeit, dass unsere Kapazität für Liebe und Mildtätigkeit durch deren Anwendung vielleicht nicht verbraucht, sondern durch Übung sogar vergrößert werden könnte. Nehmen wir ein verliebtes Paar. Wenn die beiden ein Leben lang nichts voneinander verlangten, weil sie hoffen, ihre Liebe horten zu können – wie gut würden sie damit fahren? Würde ihre Liebe nicht intensiver statt schwächer, je mehr sie sich darauf beriefen? Wäre es denn besser, wenn sie einander eher berechnend behandelten, um ihre Liebe für Zeiten aufzusparen, in denen sie sie wirklich benötigten?

Ähnliches lässt sich auch im Zusammenhang mit sozialer Solidarität und staatsbürgerlicher Tugend fragen. Sollten wir die Bürgertugend aufsparen und die Leute auffordern, Shoppen zu gehen, bis das Land sie dazu aufruft, für das Gemeinwohl Opfer zu bringen? Oder schwinden staatsbürgerliche Tugend und Gemeinsinn dahin, wenn sie nicht angewandt werden? Viele Moralphilosophen haben sich für die zweite Ansicht entschieden. Aristoteles lehrte, dass Tugend durch die Praxis kultiviert werde: »So werden wir auch gerecht, indem wir gerecht handeln, und tapfer, indem wir tapfer handeln.«[50]

Rousseau vertrat eine ähnliche Ansicht. Je mehr ein

Land von seinen Bürgern verlange, desto größer sei deren Verehrung für das Land. »In einem gut geführten Gemeinwesen eilt jedermann zu den Versammlungen.« Unter einer schlechten Regierung nehme keiner am öffentlichen Leben teil, denn »keiner nimmt Anteil an dem, was dort geschieht ... und schließlich verdrängen die häuslichen Sorgen alles übrige«. Bürgertugend werde durch anstrengende Partizipation am öffentlichen Leben auf- und nicht abgebaut. Was rastet, das rostet, sagt Rousseau sinngemäß. »Sobald der öffentliche Dienst aufhört, die wichtigste Angelegenheit der Bürger zu sein, und sie lieber mit ihrer Geldbörse als mit ihrer Person dienen wollen, ist der Staat schon seinem Verfall nahe.«[51]

Robertson präsentiert seine Bemerkungen auf unbeschwerte und spekulative Weise. Doch die Vorstellung, dass Liebe und Großmut knappe Ressourcen seien und durch Gebrauch abnähmen, übt weiterhin großen Einfluss auf die moralische Einbildungskraft der Wirtschaftswissenschaftler aus, auch wenn sie selten explizit in diesem Sinn argumentieren. Sie ist kein offizieller Lehrsatz wie das Gesetz von Angebot und Nachfrage. Niemand hat es empirisch nachgewiesen. Sie gleicht eher einem Sprichwort, einer Volksweisheit, die sich viele Ökonomen immer noch zu Herzen nehmen.

Fast ein halbes Jahrhundert nach Robertsons Vorlesung bat man den Ökonomen Lawrence Summers, damals Präsident der Harvard University, die Morgenpredigt in der Memorial Church zu halten. Als Thema wählte er: »Was die Wirtschaftswissenschaft zum Nachdenken über moralische Fragen beitragen kann.« Die Ökonomie, stellte er fest, werde »zu selten wegen ihrer sowohl moralischen als auch praktischen Bedeutung geschätzt«.[52]

Wie Summers anmerkte, legten Ökonomen »großen Wert auf den Respekt gegenüber dem Einzelnen – und gegenüber den Bedürfnissen und Vorlieben, den Entscheidungen und Urteilen, die sie für sich treffen«. Dann präsentierte er eine der üblichen utilitaristischen Erklärungen für das Gemeinwohl als Summe der subjektiven Vorlieben der Leute: »Als Grundlage vieler ökonomischer Analysen gilt, dass das Gute eine Anhäufung vieler individueller Bewertungen des eigenen Wohlbefindens ist« und nichts, was nach Maßgabe einer davon unabhängigen Moraltheorie eingeschätzt werden könne.

Er illustrierte diesen Ansatz, indem er Studenten kritisierte, die sich für einen Boykott von Waren aus ausbeuterischen Betrieben eingesetzt hatten: »Wir alle beklagen die Bedingungen, unter denen so viele Menschen auf diesem Planeten arbeiten, und die armselige Entlohnung, die sie dafür erhalten. Und dennoch ist die Tatsache von Bedeutung, dass sich die Arbeiter freiwillig für die Arbeit entschieden haben, weil sie sie als ihre beste Alternative ansehen. Ist die Einschränkung der Wahlmöglichkeiten für den Einzelnen nun ein Akt des Respekts, des Mitleids oder gar der Fürsorge?«

Zum Schluss antwortete er noch denen, die Märkte kritisieren, weil sie auf die Selbstsucht und Gier der Menschen bauen: »Wir alle verfügen nur über ein gewisses Maß an Altruismus. Ökonomen wie ich halten Altruismus für ein wertvolles und knappes Gut, das geschont werden muss. Es ist bei Weitem besser, es durch ein System zu schonen, in dem die Wünsche der Menschen von selbstsüchtigen Individuen befriedigt werden, während wir diesen Altruismus für unsere Familien, unsere Freunde und die vielen sozialen Probleme der Welt aufsparen, die die Märkte nicht lösen können.«

Damit wurde Robertsons Volksweisheit bestätigt. Man beachte, dass Summers Version sogar noch stärker ist als die von Arrow: Rücksichtslose Verschwendung von Altruismus im gesellschaftlichen und wirtschaftlichen Leben erschöpft nicht nur den für andere öffentliche Zwecke verfügbaren Vorrat, sondern sie reduziert sogar den Betrag, den wir für unsere Familien und Freunde übrig haben.

Diese ökonomische Sichtweise der Tugend befeuert den Glauben an Märkte und trägt dazu bei, dass sie Orte erobern, an denen sie nichts zu suchen haben. Doch sie ist falsch: Altruismus, Großmut, Solidarität und Gemeinsinn sind nicht wie Handelsgüter, die verbraucht werden, wenn man sie nutzt. Sie ähneln eher Muskeln, die durch Übung wachsen und stärker werden. Einer der Fehler einer marktgläubigen Gesellschaft ist, dass sie diese Tugenden verkümmern lässt. Wenn wir unser öffentliches Leben erneuern wollen, müssen wir sie jedoch stärker trainieren.

4

Das Geschäft mit
dem Tod

Als Michael Rice, 48, Assistance Manager einer Filiale von Wal-Mart, einer Kundin half, ein Fernsehgerät zu ihrem Wagen zu tragen, erlitt er einen Herzanfall und brach zusammen. Er starb eine Woche später. Eine Lebensversicherung zahlte ungefähr 300 000 Dollar. Das Geld erhielt jedoch nicht seine Frau mit den beiden Kindern. Es ging an Wal-Mart – das Unternehmen hatte die Police auf ihn abgeschlossen und sich selbst als Begünstigten eingesetzt.[1]

Als die Witwe davon erfuhr, war sie außer sich. Warum sollte das Unternehmen vom Tod ihres Mannes profitieren? Er hatte lange Stunden für die Firma gearbeitet, manchmal bis zu 80 pro Woche. »Sie haben Mike schrecklich ausgenutzt«, erklärte sie, »und dann gehen sie hin und kassieren 300 000 Dollar für seinen Tod. Ist das nicht unmoralisch?«[2]

Laut Mrs Rice hatten weder sie noch ihr Mann die geringste Ahnung davon gehabt, dass Wal-Mart eine Lebensversicherung auf ihn abgeschlossen hatte. Als sie von der Police erfuhr, verklagte sie Wal-Mart vor einem Bundesgericht und forderte, das Geld solle der Familie und nicht dem Unternehmen zukommen. Ihr Anwalt argumentierte, Unternehmen dürfe nicht erlaubt werden, vom Tod ihrer Mitarbeiter zu profitieren: »Für einen Giganten wie

Wal-Mart ist es absolut verwerflich, auf das Leben seiner Angestellten zu wetten.«[3]

Ein Sprecher von Wal-Mart räumte ein, dass die Firma Lebensversicherungen für Hunderttausende ihrer Angestellten abgeschlossen habe – nicht nur für Assistenten der Geschäftsleitung, sondern sogar für Wartungspersonal. Er bestritt jedoch, dass das Unternehmen mit dem Tod Gewinne mache. »Wir bestehen darauf, dass wir vom Tod unserer Beschäftigten nicht profitieren. Wir investieren beträchtliche Summen in diese Angestellten«, erklärte er triumphierend, »solange sie am Leben sind.« Im Fall von Michael Rice, meinte der Sprecher, sei die Versicherungssumme kein willkommener Geldsegen gewesen, sondern ein Ausgleich für die Kosten seiner Ausbildung und die Beschaffung eines Ersatzmannes. »Seine Ausbildung und Erfahrungen lassen sich schließlich nicht kostenlos wieder herstellen.«[4]

Tote Bauern

Bei großen Unternehmen ist es seit Langem üblich, Versicherungen auf das Leben ihrer CEOs und Spitzenkräfte abzuschließen, um im Todesfall die erheblichen Kosten für einen Ersatz aufzufangen. Im Jargon der Versicherungsbranche haben Unternehmen ein »versicherbares Interesse« an ihren CEOs, das gesetzlich anerkannt ist. Relativ neu ist jedoch, dass auch Lebensversicherungen für das Fußvolk abgeschlossen werden. Diese Versicherungen heißen in der Branche »janitor's insurance« (Putzfrauenversicherung) oder auch »dead peasants insurance« (Tote-Bauern-Versicherung). Bis vor Kurzem waren sie in den meisten Staaten illegal; man ging davon aus, dass Unternehmen kein versicherbares Interesse am Leben ihrer gewöhnlichen Arbeitskräfte hätten. Während der 80er Jahre leistete die Versicherungsbranche jedoch erfolgreiche Lobbyarbeit – die meisten Bundesstaaten lockerten die Versicherungsgesetze und erlaubten es Unternehmen, Lebensversicherungen für all ihre Angestellten abzuschließen, vom CEO bis zum Hausboten.[5]

Im Verlauf der 90er Jahre investierten große Unternehmen Unsummen in Policen für firmeneigene Lebensversicherungen (COLIs – Corporate-owned life insurances); es entstand eine Multimillionendollarbranche für »Death-Futures«. Unter anderem kauften AT&T, Dow Chemical, Nestlé USA, Pitney Bowes, Procter & Gamble, Wal-Mart, Walt Disney und die Supermarktkette Winn-Dixie solche Policen. Vor allem die damit verbundenen steuerlichen Vergünstigungen verlockten die Firmen zu dieser morbiden Form der Geldanlage. Wie bei herkömmlichen Lebensversicherungen waren die Leistungen im Todesfall steuerfrei und ebenso die jährlichen Überschussbeteiligungen, die sich aus der Investition ergaben.[6]

Nur wenigen Arbeitern war bewusst, dass ihre Firmen einen Preis auf ihren Kopf ausgesetzt hatten. Die meisten Staaten verlangten von den Firmen nicht, die Angestellten darüber zu informieren, wenn sie Versicherungen auf deren Leben abschlossen, oder dafür gar ihre Zustimmung einzuholen. Und die meisten dieser Policen blieben tatsächlich auch dann bestehen, wenn ein Arbeiter kündigte, in Rente ging oder gefeuert wurde. Dadurch waren Firmen in der Lage, Profit aus dem Tod von Angestellten zu ziehen, die erst Jahre nach ihrem Ausscheiden aus der Firma starben. Mithilfe der Sozialversicherungsbehörde verfolgten die Unternehmen die Sterblichkeit ihrer ehemaligen Angestellten. In manchen Bundesstaaten konnten die Firmen sogar Lebensversicherungen auf die Kinder und Ehegatten ihrer Angestellten abschließen.[7]

Bei großen Banken war die Putzfrauenversicherung besonders beliebt – auch bei der Bank of America und JPMorgan Chase. Ende der 90er erkundeten einige Banken sogar die Möglichkeit, Lebensversicherungen auf ihre Depot-Inhaber und Kreditkartenkunden abzuschließen.[8]

Eine Artikelserie im *Wall Street Journal* machte die Öffentlichkeit 2002 auf das boomende Geschäft mit der »dead peasants insurance« aufmerksam. Die Zeitschrift berichtete von einem 29-jährigen Mann, der 1992 an Aids gestorben war, was der Eigentümerfirma des Musikladens, in dem er kurzzeitig gearbeitet hatte, eine Summe von 339 000 Dollar einbrachte. Seine Familie ging leer aus. Ein anderer Artikel berichtete von einem 20-jährigen Ladenangestellten in Texas, der bei einem Raubüberfall auf das Geschäft angeschossen worden war und starb. Die Firma, der der Laden gehörte, bot der Witwe und dem Kind des jungen Mannes 60 000 Dollar, um alle potenziellen gerichtlichen Klagen auszuschließen, verschwieg aber, dass sie von der Lebensversicherung 250 000 Dollar erhalten hatte. Außerdem berichtete die Serie von der finsteren, aber wenig beachteten Tatsache, dass »nach den Terroranschlägen des 11. September einige der ersten Auszahlungen von Lebensversicherungen nicht an die Familien der Opfer gingen, sondern an ihre Arbeitgeber«.[9]

Von 2000 an sicherten COLIs das Leben von Millionen Arbeitnehmern ab – sie machten 25 bis 30 Prozent aller verkauften Lebensversicherungen aus. 2006 versuchte der Kongress, die »dead peasants insurance« mit einem Gesetz einzudämmen, das die Zustimmung der Angestellten erforderlich machte und Lebensversicherungen im Besitz der Unternehmen auf das am höchsten bezahlte Drittel ihrer Beschäftigten beschränkte. Doch die Praxis hörte nicht auf. 2008 hielten allein Banken in den USA Lebensversicherungen auf ihre Angestellten im Nennwert von 122 Milliarden Dollar. Die Ausbreitung der COLIs auf die gesamte Unternehmenslandschaft der USA hatte angefangen, Bedeutung und Zweck der Lebensversicherung zu verwandeln. Das *Wall Street Journal* kam zu dem Schluss: »All das summiert sich zu einer wenig bekannten Story darüber, wie die Lebensversicherung von einem Sicherheitsnetz für Hinterbliebene zu einer Finanzstrategie der Unternehmen umgeformt wurde.«[10]

Sollte es Unternehmen erlaubt sein, vom Tod ihrer Angestellten zu profitieren? Selbst einige Insider der Versicherungsbranche finden diese Vorgehensweise anrüchig. John H. Biggs, ehemaliger Vorstandsvorsitzender und CEO einer führenden Firma für Pensions- und Finanzdienstleistungen, bezeichnet sie als »eine Form der Versicherung, die mir immer ekelhaft vorkam«.[11] Aber was genau ist daran überhaupt falsch?

Ein praktischer Einwand liegt auf der Hand: Gestattet man Firmen, finanziell auf das Ableben ihrer Beschäftigten zu setzen, ist das gewiss nicht förderlich für die Sicherheit am Arbeitsplatz. Im Gegenteil, ein finanziell angeschlagenes Unternehmen, dem beim Tod seiner Arbeiter Millionen Dollar zustehen, hat einen perversen Anreiz, bei Maßnahmen zugunsten der Gesundheit und Sicherheit zu knausern. Natürlich würde keine verantwortungsbewusste Firma offen diesem Anreiz nachgeben, denn es ist ein Verbrechen, vorsätzlich dafür zu sorgen, dass die Beschäftigten schneller zu Tode kommen. Ermöglicht man Firmen, Lebensversicherungen für ihre Angestellten zu kaufen, gibt man ihnen noch lange keine Lizenz, sie zu töten.

Vermutlich aber wollen diejenigen, die Putzfrauenversicherungen »ekelhaft« finden, auf einen moralischen Einwand hinaus, der weiter reicht als die Gefahr, dass skrupellose Firmen ihre Augen vor den Risiken am Arbeitsplatz verschließen. Wie lautet dieser Einwand? Und ist er überzeugend?

Er könnte mit der fehlenden Zustimmung zusammenhängen. Wie würden Sie sich fühlen, wenn Sie erführen, dass Ihr Arbeitgeber ohne Ihr Wissen oder Ihre Einwilligung eine Lebensversicherung auf Sie abgeschlossen hat? Sie dürften sich ausgenutzt vorkommen. Aber hätten Sie einen Grund, sich zu beschweren? Warum sollte Ihr Arbeitgeber moralisch verpflichtet sein, Sie zu informieren oder Ihre Einwilligung einzuholen, wenn Ihnen diese Police nicht schadet?

Schließlich ist eine Versicherung eine freiwillige Transaktion zwischen zwei Parteien: der Firma, die die Police kauft (und zum Begünstigten wird), und der Versicherungsgesellschaft, die sie verkauft. Der Arbeiter ist an diesem Deal nicht als Partei beteiligt. Ein Sprecher von KeyCorp, einer Firma für Finanzdienstleistungen, drückte es ganz unverblümt aus: »Die Beschäftigten bezahlen nicht die Prämien, deshalb gibt es keinen Grund, ihnen die Details der Police mitzuteilen.«[12]

Einige Bundesstaaten sehen das anders und verlangen von Unternehmen, die Zustimmung ihrer Angestellten einzuholen, ehe sie eine Versicherung auf sie abschließen. Wenn Unternehmen um die Erlaubnis bitten, bieten sie den Beschäftigten als Anreiz üblicherweise einen bescheidenen Anteil aus dem Ertrag der Lebensversicherung an. Wal-Mart, das in den 90er Jahren Versicherungen auf etwa 350 000 seiner Arbeitnehmer abgeschlossen hatte, bot allen, die sich versichern ließen, eine kostenlose Gewinnbeteiligung von 5000 Dollar an. Die meisten nahmen das Angebot an – sie waren sich der gewaltigen Diskrepanz zwischen den 5000 Dollar Gewinnanteil für ihre Familien und den Hunderttausenden von Dollar nicht bewusst, die das Unternehmen nach ihrem Tod einsacken würde.[13]

Fehlende Zustimmung ist jedoch nicht der einzige moralische Einwand, den man gegen COLIs erheben kann. Selbst wenn die Mitarbeiter solchen Plänen zustimmen, bleibt ein schaler Beigeschmack. Zum Teil wegen der in solchen Policen manifestierten Einstellung der Firmen gegenüber ihren Beschäftigten: Wenn man Bedingungen schafft, unter denen tote Arbeiter wertvoller sind als lebendige, macht man sie zu Objekten; man behandelt sie eher als Warenterminkontrakte denn als Angestellte, deren Wert für die Firma in der von ihnen geleisteten Arbeit liegt. Außerdem lässt sich einwenden, dass solche Policen den Zweck von Lebensversicherungen pervertieren. Was einst als Absicherung für Familien gedacht war, wird nun zu einem Steuersparmodell für Unternehmen.[14] Es ist kaum einzusehen, warum das Steuersystem Firmen dazu ermuntern sollte, Milliarden auf die Sterblichkeit ihrer Arbeiter zu wetten, anstatt in die Produktion von Gütern und Dienstleistungen zu investieren.

Der Zweitmarkt für Lebensversicherungen

Diese Einwände können wir untersuchen, wenn wir uns eine andere, moralisch komplexe Verwendung von Lebensversicherungen ansehen, die in den 80ern und 90ern infolge der Aidsepidemie aufkam. Es entwickelte sich ein Markt für Lebensversicherungspolicen von Menschen mit Aids und anderen unheilbaren Kranken. Das funktionierte folgendermaßen: Sagen wir, jemand hat eine Lebensversicherung über 100 000 Dollar abgeschlossen und erfährt von seinem Arzt, dass er nur noch ein Jahr zu leben hat. Und nehmen wir weiter an, er benötigt Geld für die medizinische Betreuung oder möchte in der verbleibenden Zeit einfach nur gut leben. Ein Investor bietet an, dem Kranken die Police mit einem Abschlag von 50 000 Dollar abzukaufen und außerdem die Bezahlung der Prämien zu übernehmen. Wenn der ursprüngliche Inhaber der Police stirbt, kassiert der Investor die gesamten 100 000 Dollar.[15]

Das scheint ein rundum gelungenes Geschäft zu sein. Der Inhaber der Sterbepolice bekommt das benötigte Geld, der Investor streicht einen hübschen Profit ein – vorausgesetzt, der Betreffende stirbt planmäßig. Die Investition ist also nicht ganz risikofrei: Auch wenn die Investition im Todesfall eine bestimmte Auszahlung garantiert (in unserem Fall 100 000 Dollar), hängt die Profitrate für den Investor davon ab, wie lange der Versicherte lebt. Stirbt er, wie vorausgesagt, innerhalb eines Jahres, landet der Investor sozusagen einen Volltreffer: Er hat 50 000 Dollar eingesetzt und erhält 100 000 Dollar – das sind 100 Prozent Rendite in nur einem Jahr (abzüglich der bezahlten Prämien und der Gebühren für den Makler, der den Handel eingefädelt hat). Lebt der Versicherte noch zwei Jahre, muss der Anleger doppelt so lange auf sein Geld warten – die jährliche Rendite sinkt auf die Hälfte (dabei sind die zusätzlichen Prämien nicht eingerechnet, die den Ertrag weiter reduzieren). Wenn dem Patienten eine wundersame Heilung widerfährt, kann es sein, dass der Investor sein Geld vorerst abschreiben muss.

Selbstverständlich sind alle Geldanlagen mit Risiken verbunden. Doch bei den hier angesprochenen Versicherungen erwächst aus dem finanziellen Risiko eine moralische Komplikation, die es bei anderen Anlageformen nicht gibt: Der Investor muss hoffen, dass die Person, deren Lebensversicherung er kauft, besser früher als später stirbt. Je länger der Versicherte durchhält, desto niedriger die Rendite.

Es versteht sich von selbst, dass die Versicherungsbranche bemüht war, diesen grässlichen Aspekt ihres Geschäfts herunterzuspielen. Makler einschlägiger Angebote erklärten, sie würden unheilbar kranken Menschen die Mittel verschaffen, ihre letzten Tage in Würde und relativem Komfort zu verbringen. Dennoch lässt sich nicht leugnen, dass der Anleger ein finanzielles Interesse am schnellen Tod des Versicherten hat. »Es gab einige phänomenale Renditen, und wir kennen manche Horrorgeschichten von Leuten, die einfach nicht gestorben sind«, erzählt William Scott Page, der Vorsitzende einer auf solche Policen spezialisierten Versicherungsgesellschaft. »Das macht den Zweitmarkt für Lebensversicherungen so spannend. Es gibt kein wissenschaftlich exaktes Verfahren, den Tod eines Menschen vorherzusagen.«[16] Einige dieser »Horrorgeschichten« führten zu Gerichtsverfahren: Verärgerte Investoren verklagten Makler, weil sie ihnen Lebensversicherungspolicen verkauft hatten, die nicht so schnell wie erwartet »fällig« geworden waren. Nachdem man in den 90er Jahren Medikamente entwickelt hatte, die das Leben von Aidskranken verlängerten, gerieten die Kalkulationen der einschlägigen Versicherer durcheinander. Der Sprecher eines Versicherungsunternehmens drückte es so aus: »Wenn aus einer kalkulierten Laufzeit von 12 Monaten plötzlich 24 Monate werden, geht die Rendite den Bach runter.« Der Durchbruch bei Aidsmedikamenten im Jahr 1996 führte dazu, dass der Börsenkurs des in San Francisco ansässigen Versicherers Dignity Partners Inc. von 14,50 Dollar auf 1,38 abstürzte. Kurz darauf verschwand die Firma vom Markt.[17]

1998 veröffentlichte die *New York Times* eine Geschichte über einen wütenden Investor aus Michigan, der fünf Jahre zuvor die Lebensversicherungspolice des New Yorker Bürgers Kendall Morrison gekauft hatte. Morrison litt an Aids und war hoffnungslos krank gewesen. Dank der neuen Medikamente hatte er jedoch einen stabilen Gesundheitszustand erreicht, was den Investor sehr irritierte. »Ich hatte zum ersten Mal das Gefühl, dass jemand meinen Tod wünschte«, berichtete Morrison. »Dauernd bekam ich diese Einschreiben und Anrufe. So in der Art ›Leben Sie immer noch?‹.«[18]

Als die Diagnose Aids kein Todesurteil mehr war, bemühten sich die Versicherer darum, ihr Geschäft zu diversifizieren und auf Krebs und andere tödlich verlaufende Krankheiten auszuweiten. Unbeeindruckt vom Niedergang des Marktes mit Aidskranken lieferte William Kelley, Leiter des Verbandes amerikanischer Versicherer auf diesem Sektor, eine optimistische Einschätzung der Geschäftslage: »Verglichen mit der Zahl der Aidskranken ist die Zahl der Menschen mit Krebs, schweren Erkrankungen des Herz-Kreislauf-Systems und anderen tödlich verlaufenden Leiden ungeheuer groß.«[19]

Im Gegensatz zur Putzfrauenversicherung hat das Geschäft mit den Lebensversicherungen für Kranke eindeutig einen Vorteil: Es finanziert die letzten Tage von Menschen mit tödlichen Erkrankungen. Zudem ist die Einwilligung des Versicherten garantiert (auch wenn hoffnungslos kranke Menschen nicht immer über die Verhandlungsmacht verfügen, einen fairen Preis für ihre Versicherungspolice auszuhandeln). Das moralische Problem liegt hier nicht darin, dass das Einverständnis fehlt. Vielmehr geht es darum, dass es sich um eine Wette auf den Todesfall handelt, aus der sich für Investoren ein grundlegendes Interesse am raschen Hinscheiden der Versicherten ergibt.

Darauf ließe sich erwidern, solche Versicherungen seien nicht die einzige Geldanlage, die auf eine Wette auf den Tod hinausliefe. Schon ganz normale Lebensversicherungen verwandeln unsere Sterblichkeit in eine Handelsware. Doch es gibt einen kleinen Unterschied: Bei einer normalen Risiko-Lebensversicherung wettet der Versicherer auf mich, nicht gegen mich. Je länger ich lebe, desto mehr Geld verdient er. Auf dem Zweitmarkt für Lebensversicherungen kehrt sich das finanzielle Interesse um: Je früher ich sterbe, desto besser ist das aus Sicht des Investors.[20]

Doch warum sollte es mir etwas ausmachen, wenn irgendwo ein Geldanleger hofft, dass ich sterbe? Möglicherweise sollte mich das nicht stören, vorausgesetzt, er verzichtet darauf, mein Ableben aktiv herbeizuführen, oder ruft nicht zu häufig an, um sich nach meinem Befinden zu erkundigen. Vielleicht ist das ja nur gruselig, jedoch nicht moralisch verwerflich. Oder das moralische Problem hat nichts mit irgendwelchen greifbaren Schäden für mich zu tun, sondern mit der zersetzenden Wirkung auf den Charakter des Geldanlegers. Würden Sie Ihren Lebensunterhalt damit verdienen wollen, auf den möglichst schnellen Tod anderer Menschen zu wetten?

Ich vermute, selbst bedingungslose Anhänger des freien Marktes dürften darin nicht einfach ein ganz normales Geschäftsmodell erblicken. Wenn das Geschäft mit Lebensversicherungen für Todkranke moralisch mit normalen Risiko-Lebensversicherungen vergleichbar ist – sollte die Branche dann nicht auch das Recht haben, sich politisch für die eigenen Interessen einzusetzen? Wenn die Lobbyarbeit der Versicherungsbranche ihrem Interesse an lebensverlängernden Maßnahmen Ausdruck verleiht (durch gesetzlichen Gurtzwang oder Nichtraucherschutzgesetze) – sollten dann nicht die Lebensversicherer für Todkranke das Recht erhalten, sich politisch für ihr Interesse an schnellerem Sterben einzusetzen (etwa indem die öffentlichen Mittel für Aidsforschung oder Krebsbekämpfung gestrichen werden)? Soweit ich weiß, hat diese Branche nichts in dieser Richtung unternommen. Doch wenn es moralisch zulässig ist, in die Wahrscheinlichkeit zu investieren, warum ist es dann moralisch unzulässig, eine Politik zu fördern, die diesem Ziel dient?

Einer der Anleger in Lebensversicherungen für Todkranke war Warren Chisum, ein konservativer Politiker in Texas und »notorischer Kreuzritter gegen die Homosexualität«. Er bemühte sich erfolgreich darum, den Geschlechtsverkehr zwischen Männern wieder unter Strafe zu stellen, widersetzte sich einem aufgeklärten Sexualkundeunterricht und stimmte gegen Hilfsprogramme für Aidsopfer. 1994 verkündete Chisum voller Stolz, er habe 200 000 Dollar investiert, um Lebensversicherungspolicen von sechs Aidsopfern zu kaufen. »Ich wette darauf, dass ich nicht weniger als 17 Prozent und in manchen Fälle beträchtlich mehr machen werde«, erzählte er der *Houston Post*. »Wenn sie innerhalb eines Monats sterben, ist das eine richtig gute Geldanlage.«[21]

Manche warfen dem Gesetzgeber aus Texas vor, für eine Politik zu stimmen, von der er persönlich profitiere. Dieser Vorwurf ging jedoch in die falsche Richtung: Sein Geld folgte seinen Überzeugungen, nicht umgekehrt. Es war kein klassischer Interessenkonflikt. Eigentlich war es noch schlimmer: die moralisch auf den Kopf gestellte Version einer sozial verantwortlichen Geldanlage.

Chisums unverfrorene Freude an der gruseligen Seite der Lebensversicherungen für Todkranke war die Ausnahme. Wenige Menschen, die hier investierten, waren von Feindseligkeit motiviert. Die meisten wünschten Aidskranken gute Gesundheit und ein langes Leben – abgesehen von denen, deren Policen sie in ihrem Portfolio hielten.

Investoren dieser Art sind nicht die Einzigen, deren Lebensunterhalt vom Tod anderer abhängt. Auch Gerichtsmediziner, Bestatter und Totengräber verdienen mit dem Tod ihrer Mitmenschen ihren Lebensunterhalt, und doch fällt es niemandem ein, sie moralisch zu verurteilen. Vor einigen Jahren stellte die New York Times Mike Thomas vor, einen 34-jährigen Mann aus Detroit, der im Leichenschauhaus des Bezirks mit der »Leichenbergung« beauftragt ist. Er sammelt die Leichen Verstorbener ein und transportiert sie ins Leichenschauhaus. Bezahlt wird er pro Kopf – 14 Dollar für jeden abgeholten Leichnam. Dank der hohen Mordrate in Detroit kann er mit seiner makabren Arbeit etwa 14 000 Dollar jährlich verdienen. Wenn aber die Gewalt nachlässt, erlebt Thomas harte Zeiten. »Ich weiß, das hört sich irgendwie seltsam an«, erklärte er. »Ich meine, herumzusitzen und darauf zu warten, dass jemand stirbt. Sogar zu wünschen, dass jemand stirbt. Aber genau so ist es. So ernähre ich meine Kinder.«[22]

Es mag ja ökonomisch sein, den Leichensammler pro Kopf zu bezahlen, aber es ist moralisch nicht einwandfrei. Wenn man jemandem eine finanzielle Beteiligung am Tod seiner Mitmenschen bietet, geht das zu Lasten seiner ethischen Empfindsamkeit. Er stumpft ab – und wir mit ihm. In dieser Hinsicht ähnelt es dem Geschäft mit Lebensversicherungen für Todkranke, wenn auch mit einem moralisch relevanten Unterschied: Der Lebensunterhalt des Leichensammlers hängt zwar vom Tod anderer ab, aber er muss nicht darauf hoffen, dass ein bestimmter Mensch möglichst früh stirbt. Jeder Tote zählt gleich viel.

Wetten auf den Tod

Eine zutreffende Analogie zum Geschäft mit Lebensversicherungen für Todkranke sind Wetten auf Todesfälle. Dieses makabre Gewinnspiel wurde in den 90er Jahren im Internet populär – etwa zu der Zeit, als auch die einschlägige Versicherungsbranche in Schwung kam. Es ist die Cyberspace-Version herkömmlicher Wetten auf den Ausgang aller möglichen Spiele, nur dass die Mitspieler nicht auf Sportergebnisse setzen, sondern vorhersagen, welcher Prominente innerhalb eines Jahres sterben wird.[23]

Viele Webseiten bieten Varianten dieses morbiden Spiels an. Sie heißen etwa Ghoul Pool, Dead Pool oder Celebrity Death Pool. Zu den beliebtesten gehört Stiffs.com, eine Seite, die bereits 1996 online ging. Für eine Startgebühr von 15 Dollar stellt jeder Teilnehmer eine Liste mit Prominenten ein, von denen er glaubt, dass sie bis zum Jahresende sterben werden. Derjenige mit den meisten korrekten Nennungen gewinnt den Jackpot mit 3000 Dollar, der zweite Platz bringt 500 Dollar. Stiffs.com lockt jährlich mehr als 1000 Teilnehmer an.[24]

Ernsthafte Spieler treffen ihre Wahl nicht unüberlegt; sie durchkämmen die Regenbogenpresse nach Neuigkeiten über kranke Stars. Die in letzter Zeit laufenden Wetten favorisieren Zsa Zsa Gabor (91), Billy Graham (93) und Fidel Castro (85). Andere beliebte Namen sind Kirk Douglas, Margaret Thatcher, Nancy Reagan, Muhammad Ali, Ruth Bader Ginsburg, Stephen Hawking, Aretha Franklin und Ariel Sharon. Da die Listen von betagten und kränkelnden Gestalten dominiert werden, werden in manchen Spielen Extrapunkte für erfolgreiche gewagte Prognosen vergeben, etwa für Prinzessin Diana, John Denver oder andere, deren Tod unerwartet eintrat.[25]

Wetten auf Todesfälle gab es schon vor dem Internet. Man erzählt sich, das Spiel sei unter Händlern der Wall Street über Jahrzehnte hinweg sehr beliebt gewesen. Auch Clint Eastwoods letzter Dirty-Harry-Film, *Das Todesspiel* (1988), handelt von einer Wette auf Todesfälle, die mysteriöse Morde an Prominenten nach sich zieht. Doch zusammen mit der Marktmanie der 90er war es das Internet, das dem gruseligen Spiel zu neuer Bekanntheit verhalf.[26]

Wetten auf den Todeszeitpunkt von Prominenten ist

eine Freizeitbeschäftigung. Niemand bestreitet damit seinen Lebensunterhalt. Dennoch werfen solche Wetten einige der gleichen moralischen Fragen auf, die sich bei Lebensversicherungen für Todkranke und Putzfrauenversicherungen stellen. Lassen wir die Dirty-Harry-Variante beiseite, wo Teilnehmer betrügen und versuchen, die von ihnen genannten Promis zu töten – was ist eigentlich falsch daran, auf das Leben eines Menschen zu wetten und von dessen Tod zu profitieren? Etwas daran ist beunruhigend. Aber wenn wir davon ausgehen, dass der Spieler den Tod eines Menschen nicht herbeiführt, wer sollte sich darüber beschweren? Geht es Zsa Zsa Gabor und Muhammad Ali schlechter, wenn Menschen, die sie nie getroffen haben, darauf wetten, wann sie sterben werden? Es mag ja in gewisser Weise demütigend sein, an die Spitze der Todescharts aufzusteigen. Aber die moralische Geschmacklosigkeit liegt meiner Ansicht nach vor allem in der Einstellung gegenüber dem Tod, die hier vorgeführt und gefördert wird.

Diese Einstellung ist durch eine ungesunde Mischung aus Frivolität und Zwanghaftigkeit gekennzeichnet: Man kaspert mit dem Tod herum, während man gleichzeitig auf ihn fixiert ist. Teilnehmer an Todeswetten platzieren nicht einfach nur ihre Einsätze; nein, sie partizipieren an einer Kultur. Sie verwenden Zeit und Energie darauf, die Lebenserwartung der Leute auszuforschen, auf die sie wetten. Sie sorgen sich in ungebührlicher Weise um den Tod Prominenter. Webseiten für Todeswetten – voller Nachrichten und Informationen über die Krankheiten bekannter Persönlichkeiten – fördern diese gruselige Faszination. Man kann sogar einen Dienst namens Celebrity Death Beeper abonnieren, der per E-Mail oder SMS Alarm schlägt, wenn ein Prominenter stirbt. Mit der Teilnahme an solchen Wetten »ändert sich die Art und Weise, mit der man fernsieht und die Nachrichten verfolgt«, sagt Kelly Bakst, die Stiffs.com leitet.[27]

Wie Lebensversicherungen für Todkranke erscheinen Todeswetten als moralisch beunruhigend, weil sie aus unserer Sterblichkeit ein Geschäft machen. Doch im Gegensatz zu den Versicherungen dienen sie keinem gesellschaftlich nützlichen Zweck. Sie sind nichts als eine Form des Glücksspiels, eine Quelle für Profite und Unterhaltung. Doch so geschmacklos Todeswetten auch sein mögen, sie stellen kaum das schmerzlichste moralische Problem unserer Zeit dar. In der Hierarchie der Sünden sind es lässliche Luxuslaster. Interessant sind sie, weil sie als Grenzfall zeigen, was aus Versicherungen in einem vom Markt getriebenen Zeitalter in moralischer Hinsicht werden kann.

Lebensversicherungen haben immer zwei Aspekte in sich vereinigt: die Vergesellschaftung von Risiken zur wechselseitigen Absicherung und eine makabre Wette auf den Tod. Beide Aspekte sind in einer unbehaglichen Kombination vereint. Wo moralische Normen und gesetzliche Beschränkungen fehlen, droht der Wettcharakter den sozialen Zweck auszulöschen, der Lebensversicherungen überhaupt erst rechtfertigt. Wenn der soziale Zweck verloren geht oder in den Hintergrund tritt, verwandelt sich die Lebensversicherung von einer Einrichtung, die den überlebenden Angehörigen Sicherheit bietet, einfach zu einem weiteren Finanzprodukt und schließlich zu einer Wette auf den Tod, die lediglich dem Spaß und Profit der Teilnehmer dient. So frivol und nebensächlich die Todeswette auch erscheinen mag: Im Grunde ist sie der finstere Zwilling der Lebensversicherung – die reine Wette ohne das ausgleichende soziale Gut.

Das Aufkommen von COLIs, Lebensversicherungen für Todkranke und Todeswetten in den 80er und 90er Jahren markiert einen weiteren Schritt in dem Prozess, der gegen

Ende des 20. Jahrhunderts aus Leben und Tod eine Handelsware machte. Im ersten Jahrzehnt des neuen Jahrhunderts hat sich diese Tendenz fortgesetzt. Doch bevor wir die Geschichte in der Gegenwart weiterführen, lohnt sich ein Blick zurück; er soll uns an das moralische Unbehagen erinnern, das die Lebensversicherung von Anfang an ausgelöst hat.

Eine kurze Moralgeschichte der Lebensversicherung

Üblicherweise betrachten wir Versicherungen und Wetten als unterschiedliche Umgangsweise mit Risiken. Versicherungen sind eine Möglichkeit, Risiken zu mindern, während Wetten eine Möglichkeit darstellen, ihnen zu huldigen. Versicherungen haben mit Vorsicht zu tun, Wetten mit Spekulation. Doch die Trennlinie zwischen diesen Aktivitäten ist schon immer unscharf gewesen.[28]

Die enge Verbindung zwischen der Versicherung von Menschenleben und Wetten auf den Tod sorgte dafür, dass viele Menschen Lebensversicherungen als moralisch abstoßend empfanden. Denn Lebensversicherungen stellten nicht nur einen Anreiz zum Mord dar, sie legten auch einen Marktpreis für ein Menschenleben fest. Jahrhundertelang war die Lebensversicherung in den meisten Ländern Europas verboten. »Ein Menschenleben kann kein Geschäftsobjekt sein«, schrieb ein französischer Jurist im 18. Jahrhundert. »Und es ist schändlich, dass der Tod eine Quelle geschäftlicher Spekulation werden sollte.« Vor Mitte des 19. Jahrhunderts gab es in vielen europäischen Ländern keine Lebensversicherungsunternehmen. In Japan wurde die erste Firma erst 1881 gegründet. Da es ihr an moralischer Legitimität fehlte, »entwickelte sich die Lebensversicherung in den meisten Ländern erst gegen Mitte oder Ende des 19. Jahrhunderts«.[29]

England bildete eine Ausnahme. Bereits gegen Ende des 17. Jahrhunderts begannen Schiffseigner, Broker und Versicherer, sich in Lloyd's Kaffeehaus in London zu treffen – dort befand sich das Zentrum für Seeversicherungen. Einige kamen, um ihre eigenen Schiffe und Ladungen zu versichern. Andere wollten bloß auf Ereignisse wetten, bei denen es für sie – abgesehen vom Wetteinsatz – um nichts ging. Viele Leute schlossen Versicherungen ab auf Schiffe, die ihnen nicht gehörten; sie hofften auf einen Profit, wenn das Schiff auf See verloren ging. Das Versicherungsgeschäft wurde zum Glücksspiel, wobei die Versicherer als Buchmacher auftraten.[30]

Das englische Recht erlegte Versicherungen oder Wetten – die mehr oder weniger ununterscheidbar waren – keine Beschränkungen auf. Im 18. Jahrhundert wetteten Inhaber von »Versicherungspolicen« auf Wahlergebnisse, Parlamentsauflösungen, den Tod von Adligen, den Tod oder die Gefangennahme Napoleons und das Leben der Queen in den Monaten vor dem Thronjubiläum.[31] Andere beliebte Themen spekulativer Wetten waren Ausgänge von Belagerungen und Feldzügen (der sogenannte sportliche Aspekt des Versicherungsgeschäfts), das »vielversicherte Leben« von Robert Walpole und die Frage, ob König George II. lebend aus der Schlacht zurückkehren würde. Als der französische König Ludwig XIV. im August 1715 krank wurde, wettete der englische Botschafter in Frankreich, dass der Sonnenkönig den September nicht überleben werde (und gewann). »Häufig waren Männer und Frauen des öffentlichen Lebens Gegenstand dieser Wettpolicen«, einer frühen Version der heutigen Todeswetten im Internet.[32]

Eine besonders grausige Wette betraf 800 deutsche Flüchtlinge, die 1765 nach England gebracht und dann ohne Nahrung und Unterkunft in einem Außenbezirk Londons zurückgelassen wurden. Spekulanten und Versicherer bei Lloyd's setzten darauf, wie viele der Flüchtlinge innerhalb einer Woche sterben würden.[33]

Die meisten Menschen würden eine solche Wette als moralisch widerwärtig betrachten. Aus Sicht der Marktlogik aber ist nicht klar, was daran verwerflich sein soll. Vorausgesetzt, die Zocker waren für die Notlage nicht verantwortlich – was ist dann falsch daran, Wetten darauf abzuschließen, wie schnell die Flüchtlinge sterben werden? Beide Parteien versprechen sich von der Wette einen Vorteil, denn sonst, so versichert uns die ökonomische Vernunft, hätten sie die Wette nicht abgeschlossen. Die Flüchtlinge, die vermutlich nichts von der Wette wussten, sind im Ergebnis nicht schlechter gestellt. So sieht es zumindest die ökonomische Logik.

Falls Todeswetten unzulässig sind, so aus Gründen, die außerhalb der Marktlogik liegen – etwa in den menschenverachtenden Einstellungen, die sich in solchen Wetten ausdrücken. Was die Zocker selbst angeht, so ist eine leichtfertige Gleichgültigkeit gegenüber Tod und Leiden ein Zeichen schlechten Charakters. Für die Gesellschaft im Ganzen wirken solche Einstellungen und die sie fördernden Institutionen verrohend und korrumpierend. Das ist freilich auch in anderen Fällen der Kommodifizierung der Fall und kein hinreichender Grund, Märkte an sich zu verwerfen. Da aber Wetten auf den Tod Unbekannter keinem anderen gesellschaftlichen Zweck dienen als dem Profit und der Belustigung, ist hier der Wunsch nach einem regulierenden Eingriff tatsächlich nachvollziehbar.

Die in England um sich greifenden Wetten auf den Tod lösten jedenfalls eine wachsende öffentliche Abscheu gegenüber dieser abstoßenden Praxis aus. Und es gab noch einen weiteren Grund, sie einzuschränken. Lebensversicherungen wurden nämlich zunehmend als umsichtige und respektable Möglichkeit betrachtet, mit der Familienväter die Ihrigen vor Armut bewahren konnten. Damit die Lebensversicherung zu einem moralisch legitimen Wirtschaftszweig werden konnte, musste sie von der reinen Finanzspekulationen abgelöst werden.

Mit der Inkraftsetzung des Assurance Act von 1774 (auch »Gambling Act« genannt) wurde dies umfassend erreicht. Das Gesetz verbot Wetten auf das Leben Unbekannter und beschränkte Lebensversicherungen auf diejenigen, die ein »versicherbares Interesse« an der Person hatten, deren Leben sie versicherten. Da ein ungeregelter Versicherungsmarkt zu einer »verderblichen Art des Wettens« geführt hatte, verbot das Parlament nun alle Versicherungen auf Leben und Tod »mit Ausnahme der Fälle, in denen die versichernden Personen ein Interesse an Leben oder Tod der versicherten Person haben«. »Einfach ausgedrückt«, schreibt der Historiker Geoffrey Clark, »begrenzte das Wettgesetz das Ausmaß, in dem Menschenleben in eine Ware verwandelt werden konnten.«[34]

In den USA ließ die moralische Legitimität der Lebensversicherung länger auf sich warten; sie etablierte sich erst gegen Ende des 19. Jahrhunderts. Im 18. Jahrhundert wurden zwar einige Versicherungsunternehmen gegründet, doch sie verkauften vorwiegend Feuer- und Seeversicherungen. Die Lebensversicherung sah sich einem »mächtigen kulturellen Widerstand« gegenüber. Viviana Zelizer schreibt dazu: »Die Vermarktung des Todes war ein Angriff auf ein Wertesystem, das von der Heiligkeit des Lebens und seiner Unvergleichlichkeit überzeugt war.«[35]

Um 1850 begann die Branche für Lebensversicherungen zu wachsen, allerdings nur, indem sie den kommerziellen Aspekt zugunsten des Vorsorgegedankens herunterspielte: »Bis zum Ende des 19. Jahrhunderts scheute die Lebensversicherung die ökonomische Terminologie – sie umgab sich mit religiösem Symbolismus und warb eher mit ihrem moralischen Wert als mit ihren finanziellen Vorteilen. Lebensversicherungen wurden als altruistisches, selbstloses Geschenk und nicht als profitable Geldanlage vermarktet.«[36]

Mit der Zeit begannen die Lebensversicherer aber, ihr Angebot auch als Anlagemöglichkeit anzupreisen. Als die Branche wuchs, veränderten sich Bedeutung und Zweck der Versicherung. Einst zurückhaltend als wohltätige Einrichtung zum Schutz von Witwen und Waisen vermarktet, wurde die Lebensversicherung nun zu einer Möglichkeit, Geld zu sparen und anzulegen – also zu einem routinemäßigen Geschäft. Die Definition des »versicherbaren Interesses« weitete sich von Familienmitgliedern auf Geschäftspartner und wichtige Angestellte aus. Firmen konnten ihre Führungskräfte (nicht aber Putzfrauen und andere Beschäftigte aus dem Fußvolk) versichern. Gegen Ende des 19. Jahrhunderts begünstigte die kommerzielle Sicht der Dinge »die Versicherung von Leben aus rein ökonomischen Erwägungen« und dehnte das versicherbare Interesse auf »Unbekannte aus, zu denen lediglich eine geschäftliche Beziehung bestand«.[37]

Die moralischen Widerstände gegen die Verwandlung des Todes in eine Handelsware waren damit aber nicht aus der Welt geschafft. Ein vielsagender Indikator für das latente Widerstreben war laut Zelizer die Tatsache, dass Versicherungsagenten benötigt wurden. Versicherer fanden früh heraus, dass die Leute Lebensversicherungen nicht aus eigenem Antrieb kauften. Selbst als die Lebensversicherung an Akzeptanz gewann, »konnte der Tod nicht in eine routinemäßige geschäftliche Transaktion umgewandelt werden«. Jemand musste die Klienten aufspüren, ihre instinktive Zurückhaltung überwinden und sie von den Vorteilen des Produkts überzeugen.[38]

Dass der Gedanke an das Geschäft mit dem Tod vielen eher unangenehm war, erklärt auch die geringe Wertschätzung, mit denen man Versicherungsverkäufern traditionell begegnet. Es liegt nicht einfach nur daran, dass sie in enger Nachbarschaft mit dem Tod arbeiten – das machen Ärzte und Geistliche ebenfalls. Der Lebensversicherungsagent ist vielmehr deswegen stigmatisiert, weil er »ein ›Händler‹ des Todes ist, der sich mit der schlimmsten Tragödie, die Menschen widerfährt, seinen Lebensunterhalt sichert«. Dieses Stigma blieb im 20. Jahrhundert erhalten. Obwohl man sich bemühte, die Tätigkeit zu professionalisieren, galt es weiterhin als widerwärtig, den »Tod als Geschäft« zu behandeln.[39]

Weil ein versicherbares Interesse erforderlich war, blieb die Lebensversicherung auf diejenigen beschränkt, für die von dem zu versichernden Leben viel abhing (ob nun in familiärer oder finanzieller Hinsicht). Das trug dazu bei, die Lebensversicherung vom Wetten abzugrenzen – es fanden keine Wetten mehr auf das Leben Fremder statt, nur um Geld zu machen. Doch diese Unterscheidung war weniger klar, als es schien. Denn die Gerichte entschieden: Wenn jemand erst einmal eine (durch ein versicherbares Interesse gestützte) Versicherungspolice besitze, könne er damit nach Belieben verfahren; er durfte sie also auch an Dritte verkaufen. Diese Option der »Abtretung« lief darauf hinaus, dass eine Lebensversicherung als ganz normales Eigentum galt.[40]

1911 bestätigte der U. S. Supreme Court das Recht, eine Lebensversicherungspolice zu verkaufen oder »abzutreten«. Richter Oliver Wendell Holmes jr. räumte allerdings als Schriftführer folgendes Problem ein: Gab man den Menschen das Recht, ihre Lebensversicherungspolice an Dritte zu verkaufen, unterhöhlte man das Erfordernis eines versicherbaren Interesses. Das hieß, dass Spekulanten wieder in den Markt einsteigen konnten: »Ein Versicherungsvertrag auf ein Leben, an dem der Inhaber der Police kein Interesse hat, ist eine reine Wette, die beim Investor ein makabres Interesse am Ableben dieser Person erzeugt.«[41]

Dies war genau die Art von Problem, die sich ergab, als Jahrzehnte später die Lebensversicherungen für Todkranke aufkamen. Erinnern wir uns an die Versicherungspolice, die der aidskranke New Yorker Kendall Morrison an einen Dritten verkaufte. Für den Investor, der sie erwarb, war die Police eine reine Wette darauf, wie lange Morrison noch leben würde. Als Morrison sich weigerte, auf der Stelle zu sterben, entwickelte sich beim Investor das »makabere Interesse am Ableben dieser Person«. – dem er mit seinen Anrufen und Einschreiben Ausdruck gab. Holmes räumte ein, bei der Forderung nach einem versicherbaren Interesse sei es gerade darauf angekommen, zu verhindern, dass die Lebensversicherung zu einer Todeswette, zu »einer bösartigen Form des Glücksspiels« wurde. Doch sei dies kein ausreichender Grund, einen Zweitmarkt für Lebensversicherungen zu verhindern, denn: »Lebensversicherungen sind heutzutage zu einer der anerkanntesten Formen der Geldanlage und des selbst gewählten Sparens geworden. Soweit vernünftige Sicherheitserwägungen das zulassen, ist es daher wünschenswert, Lebensversicherungspolicen mit allen Eigenschaften von Eigentum auszustatten.«[42]

Ein Jahrhundert später hat sich das Dilemma, mit dem Holmes konfrontiert war, zugespitzt. Die Trennlinien zwischen Versicherung, Investment und Glücksspiel sind kollabiert. COLIs, Lebensversicherungen auf Todkranke und die Todeswetten der 90er Jahre waren nur der Anfang. Inzwischen haben Märkte für Leben und Tod die sozialen Zwecke und moralischen Normen transzendiert, von denen sie einst eingeschränkt wurden.

Terminkontrakte auf Terrorakte

Nehmen wir an, es gäbe eine Todeswette, die nicht nur zur Unterhaltung da ist. Stellen wir uns eine Webseite vor, die uns in die Lage versetzen würde, nicht auf den Tod von Filmstars zu wetten, sondern darauf, welche ausländischen Politiker ermordet oder gestürzt werden, oder darauf, wo der nächste terroristische Anschlag verübt wird. Und nehmen wir weiter an, die Ergebnisse dieser Wetten würden der Regierung wertvolle Informationen zum Schutz der nationalen Sicherheit liefern. 2003 schlug eine Behörde des US-Verteidigungsministeriums eine solche Webseite vor. Im Pentagon nannte man sie »Markt für politische Analysen«; die Medien sprachen von einem Markt für »Terminkontrakte auf Terrorakte«.[43]

Diese Webseite war auf dem Mist der DARPA (Defense Advanced Research Projects Agency) gewachsen, einer Behörde mit dem Auftrag, innovative Technologien der Kriegsführung und des Sammelns von Geheimdienstinformationen zu entwickeln. Hinter dem Projekt stand die Idee, Investoren mit Terminkontrakten handeln zu lassen, die sich ursprünglich auf Szenarien im Nahen Osten bezogen. Musterszenarien spielten mit folgenden Möglichkeiten: Wird der Palästinenserführer Jassir Arafat ermordet? Wird König Abdullah II. von Jordanien gestürzt? Wird Israel zum Ziel eines Anschlags von Bioterroristen? Eine andere Musterfrage hatte mit dem Nahen Osten nichts zu tun: Wird Nordkorea einen nuklearen Angriff wagen?[44]

Weil die Händler ihre Vorhersagen mit eigenem Geld hätten absichern müssen, war anzunehmen, dass diejenigen, die bereitwillig eine Menge Geld wetteten, auch über die besten Informationen verfügten. Wenn Märkte für Terminkontrakte geeignet waren, den zukünftigen Preis von

Öl, Aktien und Sojabohnen zu bestimmen – warum sollte man dann nicht ihre prognostische Kraft dazu nutzen, die nächste Terrorattacke vorherzusagen?

Als der Plan dem Kongress vorgestellt wurde, löste er Empörung aus. Sowohl Demokraten als auch Republikaner verurteilten diesen Markt für Futures, und das Verteidigungsministerium stoppte die Sache umgehend. Der oppositionelle Feuersturm nährte sich zum Teil von Zweifeln, ob der Plan funktionieren würde, vorwiegend aber von moralischer Abscheu angesichts der Möglichkeit eines vom Staat finanzierten Wettpools auf unheilvolle Ereignisse. Wie konnte die US-Regierung Menschen dazu einladen, auf Terrorismus und Tod zu wetten und damit Geld zu machen?[45]

»Können Sie sich vorstellen, dass ein anderes Land ein Wettbüro einrichten würde, in dem die Leute ... auf die Ermordung eines amerikanischen Politikers wetten könnten?«, fragte der demokratische Senator Byron Dorgan aus North Dakota. Der demokratische Senator Ron Wyden aus Oregon schloss sich Dorgan an und verlangte, dass man den »abstoßenden« Plan beerdige. »Die Vorstellung von einem staatlichen Wettbüro für Gräueltaten und Terrorismus ist lächerlich und grotesk«, erklärte Wyden. Der demokratische Mehrheitsführer im Senat, Tom Daschle aus South Dakota, nannte das Programm »unverantwortlich und empörend« und fügte hinzu: »Ich kann es nicht glauben, dass irgendjemand ernsthaft vorschlagen sollte, dass wir mit dem Tod Handel treiben.« Die demokratische Senatorin Barabara Boxer aus Kalifornien meinte: »Das hat etwas wahrhaft Krankes an sich.«[46]

Auf das moralische Argument ging man im Pentagon nicht ein. Stattdessen gab man eine Erklärung ab, die das hinter dem Projekt stehende Prinzip erläuterte. Man brachte vor, der Handel mit Futures habe nicht nur die Preise von Handelsgütern, sondern sogar Wahlen und Einspielergebnisse von Hollywood-Filmen effizient vorhersagen können: »Forschungsergebnisse weisen darauf hin, dass Märkte verstreute und sogar verborgene Informationen extrem effizient, effektiv und frühzeitig zusammentragen können. Märkte für Futures haben bewiesen, dass sie beispielsweise Wahlergebnisse gut vorhersagen können; sie sind oft besser als Expertenmeinungen.«[47]

Zahlreiche Wissenschaftler, vor allem Ökonomen, stimmten dem zu. Einer schrieb, es sei »traurig, zu sehen, wie mit einer armseligen PR ein für geheimdienstliche Analysen potenziell wichtiges Werkzeug demontiert wird«. Der Proteststurm habe verhindert, dass das Programm angemessen eingeschätzt wurde. »Finanzmärkte sind unglaublich gut darin, Informationen zusammenzutragen«, schrieben zwei Stanford-Ökonomen in der *Washington Post*, »und liefern oft bessere Vorhersagen als herkömmliche Verfahren.« Sie führten den Iowa Electronic Market an, einen online arbeitenden Markt für Futures, der die Ergebnisse mancher Präsidentschaftswahlen besser vorausgesagt habe als alle Umfragen. Und noch ein Beispiel: Terminkontrakte auf Orangensaft. »Der Markt für Futures auf Orangensaftkonzentrat sagt das Wetter in Florida zuverlässiger voraus als der staatliche Wetterdienst.«[48]

Märkte für Futures haben gegenüber dem herkömmlichen Sammeln von Geheimdienstinformationen den Vorzug, dass sie nicht den Verzerrungen von Informationen unterworfen sind, die durch bürokratischen und politischen Druck verursacht werden. Experten aus der zweiten Reihe können direkt auf den Markt gehen und ihr Wissen zu Geld machen. Das könnte Informationen liefern, die von höheren Rängen vielleicht unterdrückt würden und sonst nie ans Licht kämen. Erinnern wir uns an den Druck, der auf die CIA im Vorfeld des Irak-Krieges 2003 ausgeübt wurde: Der Dienst sollte zu dem Schluss kommen, dass Saddam Hussein Massenvernichtungswaffen besitze. Eine unabhängige Wettseite im Netz hätte in dieser Frage mehr Skepsis walten lassen als George Tenet, Direktor der CIA, der die Existenz solcher Waffen als »todsichere Sache« bezeichnete.[49]

Doch die Plausibilität einer solchen Webseite für Terminkontrakte auf Terrorattacken beruht auf einem umfassenderen Anspruch. Die Verfechter des Projekts artikulierten ein Credo, das im Zeitalter des unbedingten Glaubens an die Märkte entstanden war: Märkte stellen demnach nicht nur die effizientesten Verfahren für die Produktion und Zuteilung von Gütern bereit, sondern eignen sich auch bestens dazu, Informationen zu sammeln und die Zukunft vorherzusagen. Der Future-Markt von DARPA hatte den Vorzug, dass er die »träge Gemeinschaft der Nachrichtendienste mit der Nase auf die prognostische Kraft der freien Märkte stoßen würde«. Er würde unsere Augen für eine Erkenntnis öffnen, »die Entscheidungstheoretikern schon seit Jahrzehnten bekannt ist: Die Wahrscheinlichkeit von Ereignissen kann mithilfe von Wetten gemessen werden, die Menschen darauf abschließen.«[50]

Die Behauptung, dass freie Märkte nicht nur effizient seien, sondern auch hellsehen könnten, ist bemerkenswert. Nicht alle Ökonomen teilen diese Ansicht. Manche meinen, Märkte für Futures seien zwar dazu geeignet, den Weizenpreis vorherzusagen, würden aber Schwierigkeiten haben, seltene Ereignisse wie Terrorakte vorauszusagen. Andere behaupten, beim Sammeln von Geheimdienstinformationen würden Expertenmärkte besser funktionieren als Märkte, die allen offenstehen. Der Plan von DARPA wurde auch noch aus spezielleren Gründen in Frage gestellt: Könnte der Markt von Terroristen manipuliert werden, die ihn vielleicht für »Insiderhandel« missbrauchen, um von einem Anschlag zu profitieren oder um ihre Pläne durch Leerverkäufe von Terminkontrakten auf Terrorakte zu verschleiern? Und würden die Leute wirklich darauf wetten, dass etwa der König von Jordanien ermordet wird, wenn sie wüssten, dass die US-Regierung die Information nutzen würde, um diese Ermordung zu verhindern (was wiederum ihre Wette durchkreuzen würde)?[51]

Abgesehen von den praktischen Aspekten: Wie steht es mit dem moralischen Einwand, dass ein von der Regierung geförderter Wettpool auf Tod und Verderben widerwärtig ist? Nehmen wir an, die praktischen Probleme könnten überwunden werden und es wäre möglich, einen Markt für Terrorismus-Futures einzurichten, der Mordanschläge und terroristische Anschläge besser vorhersagen könnte als herkömmliche Geheimdienste. Wäre die moralische Widerwärtigkeit von Wetten auf den Tod anderer denn ein hinreichender Grund, ihn zu verwerfen?

Würde die Regierung eine Webseite fördern, auf der auf den Tod von Prominenten gewettet würde, wäre die Antwort klar: Da der gesellschaftliche Nutzen fraglich und die kaltschnäuzige Gleichgültigkeit – oder noch schlimmer: eine makabre Faszination für den Tod und das Unglück anderer – nur allzu offensichtlich ist, würde sie davon Abstand nehmen. Wettveranstaltungen dieser Art sind schon schlimm genug, wenn sie privat betrieben werden. Mutwillige Wetten auf den Tod zersetzen menschliches Mitgefühl und Anstand und sollten vom Staat nicht gefördert, sondern entmutigt werden.

Komplizierter wird der Markt für Terrorismus-Futures dadurch, dass er anders als die Todeswetten vorgibt, Gutes zu tun. Falls er funktioniert, liefert er wertvolle Geheimdienstinformationen. Daraus ergibt sich eine Analogie zu den Lebensversicherungen für Todkranke. In beiden Fällen ist das moralische Dilemma ähnlich: Sollten wir ein lohnendes Ziel – die Finanzierung medizinischer Bedürfnisse für einen Sterbenden, die Vereitelung eines Terroranschlags – fördern und dafür den moralischen Preis zahlen, dass wir Investoren vom Tod und Unglück anderer profitieren lassen?

So mancher wäre dem gar nicht abgeneigt. Ein Ökonom, der an der Planung des DARPA-Projekts beteiligt war, äußerte etwa: »Im Namen geheimdienstlicher Aufklärung lügen, betrügen, stehlen und töten die Leute. Im Vergleich dazu war unser Vorschlag geradezu harmlos. Wir hatten einfach nur vor, einigen Leuten Geld abzunehmen und es anderen zukommen zu lassen – je nachdem, wer Recht hat.«[52]

Doch diese Antwort ist zu einfach. Sie übersieht die Art und Weise, in der Märkte Normen verdrängen. Als Senatoren und Leitartikler den Markt für Terrorismus-Futures als »empörend«, »widerwärtig« und »grotesk« verurteilten, verwiesen sie darauf, wie moralisch abstoßend es ist, einen finanziellen Anspruch auf den Tod eines anderen zu gründen und zu hoffen, dass derjenige bald stirbt, damit man seinen Gewinn einstreichen kann. Obwohl es in unserer Gesellschaft Bereiche gibt, in denen das bereits geschieht, wirkt es moralisch korrumpierend, wenn der Staat eine Institution fördert, die das zur Routine werden lässt.

Unter besonderen Umständen wäre es möglicherweise den Preis wert. Dass etwas korrumpiert wird, ist nicht immer das entscheidende Argument. Aber es richtet unser Augenmerk auf eine moralische Überlegung, die den Marktenthusiasten oft entgeht: Wenn wir davon überzeugt wären, dass ein Markt für Terrorismus-Futures der einzige oder beste Weg wäre, das Land vor einem Terroranschlag zu bewahren, könnten wir beschließen, mit der verminderten moralischen Empfindsamkeit zu leben, für die ein solcher Markt sorgen würde. Doch dies wäre ein

Pakt mit dem Teufel, und es wäre wichtig, sich dessen bewusst zu bleiben.

Wenn das Geschäft mit dem Tod zur Routine wird, lässt sich eine moralische Kritik daran nur schwer aufrechterhalten. Das muss man im Kopf behalten in einer Zeit, in der Lebensversicherungen – wie im 18. Jahrhundert in England – zu einem Werkzeug der Spekulation werden. Heutzutage sind Wetten auf das Leben Fremder kein Zeitvertreib mehr, sondern ein wichtiger Wirtschaftszweig.

Das Leben der Anderen

Lebensverlängernde Aidsmedikamente waren ein Segen für die Menschheit, aber ein Fluch für die Firmen, die Todkranke versichern. Anleger blieben auf der Verpflichtung sitzen, Prämien für Lebensversicherungspolicen zu bezahlen, die einfach nicht so schnell »reif« wurden wie erwartet. Wollte die Branche überleben, musste sie verlässlichere Sterbefälle finden. Nachdem sie Krebspatienten und andere mit tödlich verlaufenden Krankheiten ins Visier genommen hatte, kam sie auf eine kühne Idee: Warum sollte sich das Geschäft auf Leute mit Krankheiten beschränken? Könnte man nicht alten Menschen ihre Lebensversicherungen abkaufen, die bereit waren, sie zu Bargeld zu machen?

Alan Buerger war ein Pionier dieses neuen Wirtschaftszweigs. Anfang der 90er hatte er COLIs an Unternehmen verkauft. Als der Kongress die Steuervorteile für diese Versicherungen kürzte, erwog Buerger, auf Lebensversicherungen für Todkranke umzusatteln. Dann aber hatte er die Eingebung, dass gesunde, wohlhabende Senioren einen größeren, verheißungsvolleren Markt boten. »Ich fühlte mich wie vom Blitz getroffen«, erklärte Buerger gegenüber dem *Wall Street Journal*.[53]

Im Jahr 2000 begann er, Lebensversicherungspolicen von Senioren von 65 Jahren an aufwärts zu kaufen und an Anleger weiterzuverkaufen. Das Geschäft funktioniert wie das mit den Lebensversicherungen für Todkranke, nur dass die Lebenserwartung höher ist und die Policen im Regelfall wertvoller sind – gewöhnlich eine Million Dollar oder mehr. Investoren kaufen die Policen von Leuten, die sie nicht behalten wollen, bezahlen anschließend die Prämien und kassieren die Versicherungssumme, wenn die Versicherten sterben. Um dem Makel zu entgehen, der aus der Nähe zur Lebensversicherung für Todkranke kam, nannte sich der neue Geschäftszweig »life settlements«. Buergers Firma Coventry First gehört zu den erfolgreichsten Unternehmen der Branche.[54]

Das Geschäftsfeld präsentiert sich als »freier Markt für Lebensversicherungen«. Zuvor war denjenigen, die ihre Lebensversicherungspolice nicht mehr behalten wollten, nichts anderes übrig geblieben, als sie verfallen oder vom Versicherer für einen kleinen Betrag auszahlen zu lassen. Jetzt können sie für ihre nicht mehr gewünschten Policen mehr Geld erzielen, indem sie sie an Anleger abtreten.[55]

Das hört sich nach einem guten Geschäft für alle Beteiligten an. Senioren erhalten für ihre Policen einen anständigen Preis, und Investoren ernten den Profit, wenn die Policen fällig werden. Doch der Zweitmarkt für Lebensversicherungen hat für einige Kontroversen und eine Welle von Gerichtsverfahren gesorgt.

Ein strittiger Punkt ergibt sich aus den Kalkulationen der Versicherungsbranche. Die Versicherer mögen die Abtretung von Lebensversicherungen nicht. Bei der Festsetzung ihrer Prämien waren sie davon ausgegangen, dass eine gewisse Zahl von Versicherten ihre Verträge verfallen lassen, ehe sie sterben. Sobald die Kinder erwachsen sind und für die Gattin gesorgt ist, stellen die Inhaber der Police oft die Prämienzahlung ein und lassen ihre Policen verfallen. Tatsächlich kommt es bei fast 40 Prozent aller Verträge nicht zur Auszahlung. Doch wenn immer mehr Versicherte ihre Policen an Investoren verkaufen, verfallen immer weniger Verträge, und die Versicherer müssen häufiger die fälligen Versicherungssummen auszahlen (nämlich an die Anleger, die weiterhin die Prämien bezahlen).[56]

Eine weitere Kontroverse bezieht sich auf die moralische Problematik, gegen ein Leben zu wetten. Wie bei Versicherungen für Todkranke hängt die Rendite der Geldanlage davon ab, wann der Versicherte stirbt. 2010 berichtete das *Wall Street Journal*, dass Life Partners Holdings (die Firma handelt mit abgetretenen Versicherungen) die Lebenserwartung der Leute, deren Verträge sie an Investoren verkaufte, dramatisch unterschätzt hatte. So hatte die Firma Anlegern eine Police über zwei Millionen Dollar verkauft, die das Leben eines 79 Jahre alten Ranchers in Idaho versicherte. Die Firma behauptete, der Mann habe nur noch zwei bis vier Jahre zu leben. Mehr als fünf Jahre später ging es dem mittlerweile 84 Jahre alten Mann immer noch blendend; er lief auf dem Laufband, stemmte Gewichte und hackte Holz. »Ich bin gesund wie ein Pferd«, ließ er wissen. »Es wird eine Menge enttäuschte Investoren geben.«[57]

Das *Wall Street Journal* fand heraus, dass der fitte Rancher nicht die einzige enttäuschende Geldanlage war. Bei 95 Prozent der von Life Partners vermittelten Policen lebte der Versicherte länger als vorausgesagt. Die übertrieben optimistischen Vorhersagen wurden von einem Arzt in Reno, Nevada, erstellt, einem Angestellten der Firma. Kurz nach Erscheinen des Artikels leiteten Behörden des Staates Texas wegen der dubiosen Schätzungen Ermittlungen gegen das Unternehmen ein.[58]

Eine weitere Firma für »life settlement« wurde 2010 vom Staat geschlossen, weil sie Investoren hinsichtlich der

Lebenserwartung getäuscht hatte. Sharon Brady, einer ehemaligen Gesetzeshüterin in Fort Worth, hatte man erzählt, sie könne mit einer Geldanlage auf die Lebenserwartung älterer Unbekannter eine jährliche Rendite von 16 Prozent erzielen. »Sie nahmen ein Buch und zeigten mir Fotos von Leuten, während ein Arzt erklärte, was ihnen fehlte und wie lange sie noch zu leben hätten«, erzählte Brady. »Man soll nicht den Tod von jemandem wünschen, aber Fakt ist, dass du Geld machst, wenn er stirbt. Du wettest wirklich darauf, wann sie sterben.«

Brady sagte, sie habe das »als ein wenig seltsam empfunden, aber man kriegt so viel Zinsen für das Geld, das man anlegt«. Der Vorschlag war beunruhigend, aber finanziell attraktiv. Sie und ihr Mann legten also 50 000 Dollar an – nur um später zu erfahren, dass die Schätzungen zur Sterblichkeit zu schön gewesen waren, um wahr zu sein. »Wie es aussah, würden die Leute doppelt so lange leben, wie der Arzt uns weisgemacht hatte.«[59]

Umstritten waren auch die erfinderischen Wege der Branche, an verkäufliche Policen zu kommen. Mitte der Nullerjahre war der Zweitmarkt für Lebensversicherungen zum Big Business geworden. Hedgefonds und Finanzinstitute wie die Credit Suisse und die Deutsche Bank gaben Milliarden aus, um die Lebensversicherungspolicen reicher Senioren aufzukaufen. Als die Nachfrage nach solchen Policen zunahm, fingen einige Makler an, ältere Menschen ohne jeden Versicherungsvertrag dazu zu überreden, hohe Policen auf ihr Leben abzuschließen und sie dann Spekulanten zum Weiterverkauf zu überlassen.[60]

2006 schätzte die *New York Times*, dass der Markt für solche von Spekulanten initiierten Policen fast 13 Milliarden Dollar jährlich ausmachte. Sie schilderte den frenetischen Wettlauf, neue Geschäfte an Land zu ziehen: »Die Abschlüsse sind so lukrativ, dass ältere Menschen in jeder erdenklichen Weise umworben werden. In Florida haben Investoren kostenlose Kreuzfahrten für Senioren finanziert, die bereit sind, sich ärztlichen Untersuchungen zu unterziehen und an Bord Anträge für eine Lebensversicherung zu stellen.«[61]

In Minnesota kaufte ein 82-Jähriger bei sieben verschiedenen Unternehmen Lebensversicherungen im Wert von 120 Millionen Dollar und verkaufte die Policen dann mit einem hübschen Gewinn an Spekulanten. Die Versicherer beklagten lautstark, ein rein spekulativer Einsatz von Lebensversicherungen laufe ihrem eigentlichen Zweck zuwider, Familien vor dem finanziellen Ruin zu bewahren; spekulative Policen würden die Kosten von Lebensversicherungen für legitime Kunden in die Höhe treiben.[62]

Einige der Fälle landeten schließlich vor Gericht. Gelegentlich verweigerten die Versicherer die Auszahlung der Versicherungssumme; sie behaupteten, den Spekulanten fehle ein versicherbares Interesse. Die auf Abtretung von Policen spezialisierten Firmen wiederum brachten vor, viele Versicherer, darunter auch der Branchenriese AIG (American International Group), hätten die spekulativen Versicherungsmodelle und deren hohe Prämien begrüßt und sich erst beschwert, als es an die Auszahlung ging. Außerdem verklagten ältere Klienten die Spekulanten, weil diese sie dazu gedrängt hätten, Lebensversicherungen für den Wiederverkauf zu erwerben.[63]

Einer der unzufriedenen Kunden im Geschäft mit spekulativen Policen war der Talkshow-Moderator Larry King, der zwei Policen mit einem Nennwert von insgesamt 15 Millionen Dollar auf sein Leben abgeschlossen und sofort weiterverkauft hatte. Für seinen Aufwand hatte King 1,4 Millionen erhalten, klagte aber vor Gericht, der Makler habe ihn bezüglich Provisionen, Gebühren und steuerlichen Folgen getäuscht. King beschwerte sich auch darüber, dass er nicht herausfinden könne, wer inzwischen ein finanzielles Interesse an seinem Tod habe. »Wir wissen nicht, ob der Eigentümer ein Hedgefonds von der Wall Street oder ein Pate der Mafia ist«, erklärte sein Anwalt.[64]

Die Schlacht zwischen Versicherern und Spekulanten wurde überall im Land ausgefochten. 2007 gründeten Goldman Sachs, Credit Suisse, UBS, Bear Stearns und andere Banken die Institutional Life Markets Association; sie sollte die Abtretungsbranche fördern und sie politisch gegen alle Anfechtungen verteidigen. Die Hauptaufgabe des Verbandes war die Schaffung »innovativer Kapitalmarktlösungen« für den »auf Lebenserwartung und Sterblichkeit bezogenen Markt«.[65] Das war ein Euphemismus für Todeswetten.

2009 hatten die meisten Bundesstaaten Gesetze verabschiedet, die von Spekulanten initiierte Lebensversicherungen verboten. Allerdings war es den Maklern weiterhin erlaubt, mit Lebensversicherungspolicen kranker oder alter Menschen zu handeln, die diese aus eigenem Antrieb erworben hatten. Um weitere Regulierungen abzuwehren, versuchte die Abtretungsbranche, einen prinzipiellen Unterschied zwischen »Lebensversicherungen im Besitz Außenstehender« (was sie befürwortete) und »durch Außenstehende initiierte Lebensversicherungen« (was sie nun ablehnte) herbeizureden.[66]

Moralisch gesehen gibt es da keinen großen Unterschied. Es wirkt zwar besonders schäbig, wenn Spekulanten ältere Bürger dazu bringen, Lebensversicherungen um eines schnellen Profits willen zu kaufen und weiterzureichen. Dies widerspricht ganz sicher dem ursprünglichen Zweck der Lebensversicherungen, nämlich Familien und Betriebe davor zu bewahren, durch den Tod eines Ernährers oder einer Führungskraft finanziell abzustürzen. Doch schäbig sind die Abtretungen von Lebensversicherungen eigentlich immer. Es ist moralisch fragwürdig, auf den Tod Dritter zu spekulieren, egal, wer die Police abschließt.

Bei seiner Aussage anlässlich einer Anhörung in Florida brachte Doug Head als Sprecher der Abtretungsbranche vor, dass es »Eigentumsrechte sichert und für den Sieg von Wettbewerb und freier Marktwirtschaft steht«, wenn man es den Menschen erlaube, ihre Lebensversicherungen an Spekulanten zu verkaufen. Sobald jemand mit einem legitimen versicherbaren Interesse eine Police erwerbe, sollte es ihm oder ihr freistehen, sie an den Meistbietenden zu verkaufen. »Eine ›Lebensversicherung im Besitz Dritter‹ ist die natürliche Folge des grundlegenden Eigentumsrechts eines Policenbesitzers, die Police auf dem Markt zu veräußern.« Head bestand darauf, dass Policen, die von Dritten abgeschlossen oder angestoßen würden, etwas anderes seien. Sie seien nicht legitim, weil der Spekulant, der die Police initiiere, kein versicherbares Interesse habe.[67]

Dieses Argument kann nicht überzeugen. In beiden Fällen hat der Spekulant, der die Police am Ende besitzt, kein versicherbares Interesse an dem älteren Menschen, dessen Tod die Auszahlung auslöst. In beiden Fällen ergibt sich eine finanzielle Beteiligung am frühen Tod eines Fremden. Denn wenn ich, wie Head behauptete, grundsätzlich das Recht habe, Versicherungen auf mein eigenes Leben zu kaufen und zu verkaufen – warum sollte es dann eine Rolle spielen, ob ich dieses Recht aus eigenem Antrieb ausübe oder auf Anregung eines anderen? Wenn Abtretungen den Vorzug haben, dass sie »den Geldwert einer Versicherungspolice freisetzen«, die mir bereits gehört, so haben von Spekulanten initiierte Lebensversicherungspolicen den Vorzug, dass sie den Geldwert meiner schwindenden Jahre freisetzen. In beiden Fällen erwirbt ein Dritter ein Interesse an meinem Tod, und ich erhalte Geld dafür, dass ich mich in diese Lage begebe.

Todesanleihen

Damit der aufstrebende Markt für Todeswetten erwachsen wurde, fehlte nur noch ein Schritt: dass die Wall Street daraus Wertpapiere machte. Wie die *New York Times* 2009 berichtete, planten die Investmentbanken, abgetretene Lebensversicherungen zu kaufen, in Anleihen zu packen und diese Papiere an Pensionsfonds und andere Großanleger zu verkaufen. Die Bonds würden ein laufendes Einkommen durch Auszahlungen erzielen, die beim Tod der ursprünglichen Inhaber fällig würden. Wall Street würde mit den Lebensversicherungen ähnlich verfahren wie während der letzten Jahrzehnte mit den Hypotheken.[68]

Laut der *New York Times* entwickelte »Goldman Sachs einen handelbaren Index für abgetretene Lebensversicherungen, mit dem Investoren darauf wetten können, ob Menschen länger als erwartet leben oder früher als geplant sterben«. Und Credit Suisse schuf »eine finanzielle Montagelinie, mit der Lebensversicherungspolicen in großer Zahl gekauft, gebündelt und wieder verkauft werden – in gleicher Weise, wie die Wall Street es mit den Subprime-Papieren gehalten hat«. Mit einem Volumen von 26 Billionen Dollar allein in den USA und einem wachsenden Handel mit abgetretenen Lebensversicherungspolicen erhoffen sich die Banken eine Möglichkeit, die nach dem Zusammenbruch des Hypothekenmarkts verlorenen Einnahmen ausgleichen zu können.[69]

Obwohl noch einige Rating-Agenturen zu überzeugen sind, erscheint es möglich, eine halbwegs sichere Anleihe auf Basis abgetretener Lebensversicherungen zu schaffen. So, wie Hypotheken-Wertpapiere Kredite aus verschiedenen Teilen des Landes bündeln, könnte auch eine durch abgetretene Lebensversicherungen gesicherte Anleihe Policen von Menschen mit »einer breiten Spanne von Krankheiten bündeln – etwa Leukämie, Lungenkrebs, Herzleiden, Brustkrebs, Diabetes oder Alzheimer«. Ein solcherart diversifiziertes Portfolio würde Investoren ruhig schlafen lassen, weil die Entdeckung eines Heilmittels für eine der Krankheiten nicht dazu führen würde, dass der Preis des Papiers abstürzt.[70]

Der Versicherungsriese AIG, dessen komplexe Finanzgeschäfte ihren Teil zur Finanzkrise von 2008 beitrugen, hat bereits Interesse bekundet. Als Versicherungsgesellschaft hat sich AIG zwar gegen die Branche für Versicherungsabtretungen gestellt und sie vor Gericht bekämpft. Doch insgeheim hat die Firma von den aktuell umlaufenden abgetretenen Policen im Wert von 45 Milliarden Dollar Papiere im Wert von 18 Milliarden aufgekauft und hofft nun, sie in Wertpapiere verpacken und als Obligationen verkaufen zu können.[71]

Aber welchen moralischen Status haben die Todesanleihen eigentlich? In mancher Hinsicht sind sie mit den Todeswetten vergleichbar, die ihnen zugrunde liegen. Wenn es moralisch verwerflich ist, auf das Leben von Menschen zu wetten und von ihrem Tod zu profitieren, dann teilen Todesanleihen diesen Makel mit den verschiedenen anderen Praktiken, die wir uns angesehen haben – COLIs, Lebensversicherungen für Todkranke, Todeswetten und den rein spekulativen Handel mit Lebensversicherungen. Man könnte argumentieren, dass die Anonymität und die Abstraktheit von Todesanleihen die abstumpfende Wirkung auf unser moralisches Empfinden in gewissem Maß verringern. Sobald Lebensversicherungspolicen erst in riesigen Paketen gebündelt sind und dann scheibchenweise an Pensionsfonds und Hochschulstiftungen verkauft werden, ist niemand mehr am Tod eines speziellen Menschen interessiert. Andererseits: Wenn Gesundheitspolitik, Umweltnormen, verbesserte Ernährungsgewohnheiten oder sportliche Aktivitäten für mehr Gesundheit und höhere Lebenserwartung sorgten, würden die Kurse der Anleihen fallen. Doch irgendwie scheint es weniger verstörend zu sein, wenn jemand gegen die Volksgesundheit wettet, als wenn er die Tage zählt, die einem New Yorker mit Aids oder dem Rancher aus Idaho noch bleiben, bis er stirbt.

Oder vielleicht doch nicht?

Manchmal entscheiden wir uns dafür, mit einem moralisch zersetzenden Marktverhalten zu leben – wegen des damit verbundenen gesellschaftlichen Nutzens. Die Lebensversicherungen begannen als ein solcher Kompromiss. Um Familien und Betriebe gegen die Risiken eines unerwarteten Todesfalls abzusichern, kam unsere Gesellschaft im Lauf der letzten zwei Jahrhunderte widerstrebend zu dem Schluss, dass es Leuten mit einem versicherbaren Interesse erlaubt sein sollte, eine Wette auf den Tod abzuschließen. Doch wie sich zeigte, war die spekulative Versuchung zu groß.

Wie der aktuelle Massenmarkt für Leben und Tod belegt, sind alle Bemühungen, Versicherungen und Wetten voneinander zu trennen, gescheitert. Während die Wall Street beim Handel mit Todesanleihen voll aufdreht, finden wir uns in der amoralischen Welt von Lloyd's Kaffeehaus in London wieder – nur dass die spekulativen Geschäfte mittlerweile eine Größenordnung erreicht haben, die die damaligen Wetten auf den Tod und das Unglück Fremder vergleichsweise idyllisch erscheinen lässt.

5

SPONSORING UND
WERBUNG

Ich bin in Minneapolis aufgewachsen und war ein begeisterter Baseball-Fan. Mein Team, die Minnesota Twins, hatten ihre Heimspiele im Metropolitan Stadium. 1965, als ich zwölf Jahre alt war, kosteten die besten Plätze 3 Dollar; die billigen Plätze gab es für 1,50 Dollar. In jenem Jahr spielten die Twins in den World Series, und den Kartenabriss von Spiel sieben, das ich mit meinem Vater besucht hatte, habe ich immer noch. Wir saßen auf der dritten Ebene zwischen Home Plate und dritter Base. Mit gebrochenem Herzen sah ich zu, wie ein grandioser Sandy Koufax die Twins fast im Alleingang besiegte und den Dodgers die Meisterschaft sicherte.

Star der Twins war damals Harmon Killebrew, einer der größten Spieler aller Zeiten, der mittlerweile in die Hall of Fame des Baseball eingegangen ist. Auf dem Höhepunkt seiner Karriere verdiente er 120 000 Dollar jährlich. Es war die Zeit vor dem freien Spielermarkt – die Vereine kontrollierten das Recht an einem Spieler während seiner gesamten Laufbahn. Das heißt, den Spielern fehlte die Macht, besonders hohe Gehälter auszuhandeln. Entweder spielten sie für das Team, oder sie spielten überhaupt nicht. (Dieses System wurde 1975 abgeschafft.)[1]

Seitdem hat sich im Baseball eine Menge verändert. Joe Mauer, der aktuelle Star der Minnesota Twins, unterzeichnete kürzlich einen Vertrag über acht Jahre, der ihm 184 Millionen Dollar einbringt. Mit 23 Millionen pro Jahr verdient Mauer pro Spiel mehr als Killebrew während der ganzen Saison.[2]

Die Preise für Karten sind, wen wundert's, dramatisch gestiegen. Ein Logenplatz für Spiele der Twins kostet jetzt 72 Dollar, der billigste Platz im Stadion ist für 11 Dollar zu haben. Und diese Preise sind relativ gesehen noch ein Schnäppchen. Die New York Yankees nehmen für den Logenplatz 260 Dollar und 12 Dollar für einen der billigen Plätze mit eingeschränkter Sicht. Firmensuiten und Luxuslogen ganz oben, von denen man in den Stadien meiner Jugend noch nicht einmal gehört hatte, sind noch teurer und bringen den Teams eine Menge Geld ein.[3]

Auch andere Aspekte des Spiels haben sich verändert. Dabei denke ich nicht in erster Linie an die Designated-Hitter-Regel, die Pitcher in der American League von der Notwendigkeit entbindet, schlagen zu müssen. Ich meine vielmehr die Kommerzialisierung des Sports, die widerspiegelt, wie das ökonomische Denken unser gesellschaftliches Leben immer stärker bestimmt. Seit seinen Anfängen am Ende des 19. Jahrhunderts ist Baseball immer ein Geschäft gewesen – zumindest teilweise. Doch in den letzten drei Jahrzehnten hat die Marktmanie auch dem amerikanischen Lieblingssport ihren Stempel aufgedrückt.

Der Handel mit Memorabilien

Nehmen wir das Geschäft mit Memorabilien. Junge Fans, die lautstark um Autogramme betteln, haben die Baseballspieler schon seit Langem verfolgt. Die verbindlicheren Spieler signierten vor dem Spiel in der Nähe der Mannschaftsbank oder danach auf dem Weg nach draußen Scorekarten und Bälle. Inzwischen ist das unschuldige Gedrängel um Autogramme durch ein Milliardengeschäft mit Fanartikeln ersetzt worden, kontrolliert von Maklern, Großhändlern und den Vereinen selbst.

Meine unvergessliche Autogramm-Expedition fand 1968 im Alter von 15 Jahren statt. Meine Familie war mittlerweile von Minneapolis nach Los Angeles gezogen. In jenem Winter hing ich am Rand eines Wohltätigkeitsgolfturniers im kalifornischen La Costa herum. Einige der größten Baseballspieler aller Zeiten nahmen an dem Turnier teil, und die meisten signierten zwischen den Löchern bereitwillig Autogramme. Ich war leider nicht so umsichtig gewesen, Bälle und wasserfeste Filzschreiber mitzubringen. Ich besaß nichts als einen Vorrat an 8 mal 12 Zentimeter großen leeren Kärtchen. Einige Spieler unterzeichneten mit Tinte, andere mit den kleinen Bleistiften, die sie zum Notieren ihrer Schläge verwendeten. Aber ich zog mit einem Schatz von Autogrammen ab; dazu kam das erregende Gefühl, die Helden meiner Jugend – und einige Baseballlegenden, die vor meiner Zeit gespielt hatten – persönlich getroffen zu haben: Sandy Koufax, Willie Mays, Mickey Mantle, Joe DiMaggio, Bob Feller, Jackie Robinson und – ja! – Harmon Killebrew.

Es wäre mir nie eingefallen, diese Autogramme zu verkaufen oder auch nur zu überlegen, was sie auf dem Markt einbringen könnten. Ich besitze sie immer noch, zusammen mit meiner Sammlung von Baseballkarten.

In den 80ern wurden Autogramme und andere Devotionalien allmählich als vermarktbare Güter angesehen und von einer zunehmenden Schar von Sammlern, Maklern und Händlern gehandelt.[4]

Baseballstars fingen an, sich für Autogramme bezahlen zu lassen. 1986 verkaufte der in die Hall of Fame aufgenommene Spieler Bob Feller sein Autogramm auf Sammlermessen für zwei Dollar pro Stück. Drei Jahre später signierten Joe DiMaggio für 20 Dollar, Willie Mays für 10 bis 12 Dollar und Ted Williams für 15. (Fellers Preis für eine Unterschrift stieg in den 90ern auf 10 Dollar.) Da diese nicht mehr aktiven Baseballgrößen in der Zeit vor den hohen Einkommen gespielt hatten, kann man ihnen kaum vorwerfen, dass sie Kasse machten, als sich die Gelegenheit bot. Aber auch aktive Spieler verlangten plötzlich Geld für ihre Unterschrift. Roger Clemens von den Boston Red Sox bekam etwa 8,50 Dollar pro Autogramm.

Einige Spieler wie Orel Hershiser von den Dodgers fanden dieses Verhalten widerwärtig. Die Traditionalisten beklagten sich über die bezahlten Signierstunden und erinnerten daran, dass der berühmte Baseballspieler Babe Ruth (1895–1948) stets gratis signiert hatte.[5]

Doch damals steckte der Markt für Memorabilien noch in den Kinderschuhen. Ein Artikel der *Sports Illustrated* schilderte 1990, wie sich die ehrwürdige Praxis der Autogrammjagd verändert hatte. Die »neue Generation der Autogrammsammler« sei »rüde, rücksichtslos und geldgeil«; sie belästige Spieler in Hotels, Restaurants und sogar in ihren Wohnungen. »Während Autogrammjäger einst Kinder waren, die ihre Helden verehrten, sind heute an der Jagd auch Sammler, Händler und Investoren beteiligt ... Die Händler arbeiten oft mit bezahlten Kinderbanden zusammen (man fühlt sich an Fagin und seine kriminellen Waisenkinder erinnert) und sammeln Autogramme, um sie umgehend wieder an Anleger zu vertickern, die ihrerseits hoffen, dass ein Autogramm von Bird, Jordan, Mattingly oder Jose Canseco – ähnlich wie ein Kunstwerk oder historisch bedeutsames Artefakt – im Lauf der Zeit an Wert gewinnt.«[6]

In den 90er Jahren fingen Makler an, Spieler gegen Bezahlung Tausende von Bällen, Schlägern, Trikots und anderen Gegenständen signieren zu lassen. Diese am Fließband produzierten Fanartikel bewarben die Händler dann im Fernsehen und verkauften sie über Katalogversandhäuser und den Einzelhandel. 1992 erhielt Mickey Mantle angeblich 2,75 Millionen Dollar dafür, dass er 20 000 Baseball-Bälle signierte und zudem persönlich auftrat – das ist mehr Geld, als er während seiner gesamten Spielerkarriere bei den Yankees verdient hat.[7]

Objekte, die in Spielen zum Einsatz kamen, sind besonders wertvoll. Die Begeisterung für Memorabilien erreichte einen Höhepunkt, als Mark McGwire 1998 einen neuen Rekord für die meisten Home Runs in einer Saison aufstellte. Der Fan, der McGwires Rekordball (es war der 70. Home Run) auffing, verkaufte ihn bei einer Auktion für drei Millionen Dollar – damit wurde der Ball zum teuersten Sportsouvenir aller Zeiten.[8]

Die Verwandlung von Sportandenken in Handelsgüter veränderte die Beziehung der Fans zum Spiel und zueinander. Als McGwire in der Rekordsaison seinen 62. Home Run schaffte und damit den alten Rekord brach, gab der Mann, der den Ball erwischte, ihn an McGwire zurück, anstatt ihn zu verkaufen. »Mr. McGwire, ich glaube, ich habe da etwas, was Ihnen gehört«, sagte Tim Forneris, als er ihm den Ball überreichte.[9]

Angesichts des Marktwerts des Objekts löste dieser großzügige Akt einen Sturm von Kommentaren aus – die meisten lobten, einige kritisierten ihn. Der 20 Jahre alte Teilzeitplatzwart wurde bei einer Disney World Parade gefeiert, trat in David Lettermans Talkshow auf und wurde ins Weiße Haus zu einem Treffen mit Präsident Clinton eingeladen. In Grundschulen sprach er vor Kindern darüber, wie man das Richtige tut. Trotz dieser Auszeichnungen wurde Forneris jedoch von einem Finanzkolumnisten der *Time* für seine mangelnde Umsicht gescholten; er bezeichnete die Entscheidung, den Ball auszuhändigen, als Beispiel für »mehrere private Finanzsünden, die wir alle begehen«. Als er »seine Flosse drauf hatte, gehörte der Ball ihm«, schrieb der Kommentator. Dass er ihn McGwire überreichte, stand für »eine Mentalität, die viele von uns zu schweren Fehlern in täglichen Finanzangelegenheiten verleitet«.[10]

Hier zeigt sich uns also ein weiteres Beispiel dafür, wie Märkte Normen verwandeln. Sobald der bei einem Rekord gespielte Ball als vermarktbares Handelsgut gilt, ist es nicht länger ein schlichtes Zeichen von Anstand, ihn dem Spieler zurückzugeben. Es ist entweder ein heroischer Akt der Großzügigkeit oder eine Riesendummheit.

Drei Jahre später schaffte Barry Bonds 73 Home Runs in einer Saison – McGwires Rekord war gebrochen. Der Kampf um den Ball führte zu einer hässlichen Szene auf den Tribünen und einer längeren juristischen Auseinandersetzung. Der Fan, der ihn fing, wurde von einem Mob aus Leuten niedergeschlagen, die versuchten, ihm den Ball abzunehmen. Der Ball glitt aus seinem Handschuh und wurde von einem daneben stehenden Fan geborgen. Jeder behauptete, der Ball gehöre von Rechts wegen ihm. Der Disput zog ein monatelanges juristisches Gerangel nach sich; am Ende stand ein Verfahren, an dem sechs Anwälte und ein Gremium aus Rechtsprofessoren beteiligt waren, die definieren sollten, wie der Besitz an einem Baseball zustande kommt. Der Richter entschied, dass die beiden Kläger den Ball verkaufen und sich den Erlös teilen sollten. Der Verkauf brachte 450 000 Dollar ein.[11]

Heute ist die Vermarktung von Erinnerungsstücken ein eingefahrener Teil des Spiels. Sogar die Überreste von Spielen der Major League (etwa gebrochene Schläger und abgenutzte Bälle) finden begierige Käufer. Um Sammlern und Geldanlegern die Authentizität der jeweils benutzten

Ausrüstung zu garantieren, gibt es bei jedem Spiel der Liga inzwischen einen offiziellen Garantiebeauftragten. Bewaffnet mit Hologramm-Aufklebern registrieren und bescheinigen sie, dass Bälle, Schläger, Schlagmale, Trikots, Listen mit der Reihenfolge der Spieler und andere Erinnerungsstücke authentisch sind.[12]

Im Jahr 2011 wurde der dreitausendste Schlag von Derek Jeter zu einer Goldgrube für die Andenkenindustrie. Aufgrund eines Deals mit einem Sammler setzte er am Tag nach seinem Rekordschlag seine Unterschrift auf ungefähr eintausend Bälle, Fotos und Schläger. Die signierten Bälle gingen für 699,99 Dollar pro Stück über den Ladentisch, die Schläger für 1099,99 Dollar. Sogar der Boden, auf dem Jeter gewandelt war, wurde versilbert. Ein Platzwart sammelte fünf Gallonen Erde von den Bereichen des Spielfelds, wo Jeter gestanden hatte. Die Eimer mit der heiligen Erde wurden versiegelt, mit einem Authentizitätshologramm versehen und dann löffelweise an Fans und Sammler vertickt. Auch beim Abriss des alten Yankee-Stadions wurde Erde eingesammelt und verkauft. Eine einschlägige Handelsfirma behauptet, mit Originalschutt des Yankee-Stadions mehr als 10 Millionen Dollar gemacht zu haben.[13]

Einige Spieler haben versucht, selbst ihre weniger bewundernswerten Leistungen zu Geld zu machen. Der Spieler Pete Rose, der wegen illegaler Wetten auf Baseballspiele lebenslang gesperrt worden war, hat eine Webseite, die Erinnerungsstücke im Zusammenhang mit seiner Sperre vertreibt. Für 299 Dollar plus Porto und Verpackung kann man einen von Rose signierten Baseball kaufen, auf dem steht: »Es tut mir leid, dass ich auf Baseball gewettet habe.« Für 500 Dollar verschickt Rose eine signierte Kopie des Dokuments, mit dem er vom Baseball ausgeschlossen wurde.[14]

Andere Spieler haben versucht, noch viel verrücktere

Sachen zu verkaufen. Im Jahr 2002 erzielte Luis Gonzalez von den Arizona Diamondbacks in einer Versteigerung für einen gebrauchten Kaugummi 10 000 Dollar – angeblich ging das Geld an eine wohltätige Organisation. Nach einer Operation an seinem Ellenbogen (den Berichten ist nicht zu entnehmen, ob während des medizinischen Eingriffs ein Authentizitätsbeauftragter anwesend war) stellte Jeff Nelson von den Seattle Mariners die Knochensplitter auf eBay zum Verkauf ein. Die Gebote waren bei 23 600 Dollar angekommen, als eBay die Auktion stoppte; man führte eine Vorschrift an, wonach der Verkauf von menschlichen Körperteilen nicht zulässig sei.[15]

The Name of the Game

Zum Verkauf stehen nicht nur Autogramme von Spielern oder Erinnerungsstücke. Auch die Namen von Stadien sind zu haben. Obwohl manche Stadien noch ihre historischen Namen wie Yankee Stadium oder Fenway Park tragen, verkaufen die meisten Vereine der ersten Liga die Namensrechte der Stadien an den Meistbietenden. Banken, Energieunternehmen, Fluglinien, Technologieunternehmen und andere Firmen zahlen bereitwillig eine Menge Geld für die Aufmerksamkeit, die sie bekommen, wenn ihr Name die Stadien und Arenen großer Teams schmückt.[16]

81 Jahre lang spielten die Chicago White Socks im Comiskey Park, benannt nach einem frühen Eigentümer des Teams. Heute spielen sie in einem geräumigen Stadion, das nach einer Mobiltelefon-Firma U. S. Cellular Field heißt. Die San Diego Padres spielen im Petco Park, der nach einer Firma für Haustierbedarf benannt ist. Mein altes Team, die Minnesota Twins, spielen inzwischen auf dem Target Field; es wird gesponsert von dem in Minneapolis sitzen-

den Einzelhandelsriesen, der auch der nahe gelegenen Basketballarena, dem Target Center, seinen Namen gegeben hat. Dort spielen die Minnesota Timberwolves. Bei einem der üppigsten Deals der Sportgeschichte erklärte sich der Finanzdienstleister Citigroup bereit, 400 Millionen Dollar für das Recht auszugeben, dem neuen Sportgelände der New York Mets für zwanzig Jahre den Namen Citi Field zu geben. Als die Mets 2009 das erste Mal in dem Stadion spielten, hatte die Finanzkrise ihre Schatten auf das Abkommen geworfen – Kritiker beklagten, dass aufgrund der Bankenrettung nun der Steuerzahler für den Megadeal aufkommen müsse.[17]

Auch Footballstadien ziehen Sponsoren magnetisch an. Die New England Patriots spielen im Gillette-Stadion, die Washington Redskins im FedExField. Mercedes-Benz erwarb kürzlich die Namensrechte für den Superdome in New Orleans, wo die Saints zu Hause sind. 2011 spielten 22 der 32 Teams der amerikanischen Football-League in Stadien, die nach Firmen benannt sind.[18]

Der Verkauf von Namensrechten für Stadien ist inzwischen so alltäglich, dass man leicht vergisst, ab wann diese Praxis zur Modeerscheinung wurde. Sie kam etwa zur gleichen Zeit auf, in der Spieler anfingen, ihre Autogramme zu verkaufen. 1988 waren die Namensrechte von nur drei Stadien vergeben, und die Vertragssummen addierten sich auf lediglich 25 Millionen Dollar. 2004 existierten 66 Verträge im Gesamtwert von 3,6 Milliarden Dollar. Das umfasste mehr als die Hälfte aller Sportstätten und Stadien im professionellen Baseball, Football, Basketball und Eishockey. 2010 hatten in den USA mehr als 100 Firmen dafür bezahlt, ein Stadion der großen Ligen benennen zu dürfen. 2011 kaufte MasterCard die Namensrechte für die ehemalige Basketballarena in Peking.[19]

Firmenrechte zur Namensgebung hören nicht bei einem

Logo am Stadiontor auf; sie wandern auch zunehmend in die Wortwahl der Sprecher ein, die das Geschehen auf dem Spielfeld kommentieren. Als eine Bank das Recht erwarb, das Stadion der Arizona Diamondbacks in »Bank One Ballpark« umzutaufen, legte der Vertrag auch fest, dass die Stadionsprecher des Teams jeden Home Run der Diamondbacks als »Bank One Blast« verkündeten. Die meisten Teams haben noch keine von Firmensponsoren finanzierten Home Runs. Aber einige haben das Recht verkauft, einen Spielerwechsel mit ihrem Namen zu verbinden. Wenn der Trainer einen neuen Pitcher von der Bank holt, sind einige Sprecher vertraglich verpflichtet, den Spielzug als »AT&T-Aufruf zum Aufwärmen« anzukündigen.[20]

Selbst wenn ein Spieler zur Homebase schlittert, ist das inzwischen ein gesponsertes Ereignis. Die New York Life Insurance Company hat mit zehn Major-League-Baseballteams eine Abmachung, derzufolge jedes Mal, wenn ein Spieler sicher auf eine Base rutscht, das Firmenlogo auf der Großleinwand erscheint, während der Sprecher verkündet: »Sicher zu Hause. Sicher und abgesichert. New York Life.« Dabei handelt es sich nicht um Werbung, die zwischen den Innings läuft; es ist eine von der Firma gesponserte Ansage zum Spielverlauf selbst. »Diese Botschaft fügt sich ganz natürlich in den Spielverlauf ein«, erklärt der Vizepräsident des Unternehmens und Werbedirektor von New York Life. »Es ist eine großartige Erinnerung für die Fans, die sehen, dass ihr Lieblingsspieler sicher die Base erreicht hat. Auch sie können beruhigt und abgesichert sein – mit dem größten Lebensversicherer auf Gegenseitigkeit in den USA.«[21]

2011 gingen die Hagerstown Suns, ein Minor-League-Team aus Maryland, mit dem kommerziellen Sponsoring noch einen Schritt weiter: Sie verkauften dem örtlichen Energieversorger das Recht, Spieler für den Wurf aufzurufen. Jedes Mal, wenn Bryce Harper, der beste Batter des

Teams, zum Abschlag trat, verkündete das Team: »Nun schlägt Bryce Harper. Er wird Ihnen präsentiert von Miss Utility – und denken Sie daran, vor dem Graben 811 anzurufen.« Was war der springende Punkt dieser ebenso kryptischen wie unpassenden Ansage? Offenbar wollte das Unternehmen Baseballfans erreichen, die vielleicht Erdleitungen der Firma beschädigen könnten. Der Marketingdirektor der Firma erklärte: »Wenn wir uns an die Fans wenden, bevor Bryce Harper vor der Plate mit der Ferse durch das Erdreich pflügt, können wir die Leute im Publikum auf großartige Weise daran erinnern, wie wichtig es ist, vor allen Erdarbeiten Kontakt mit Miss Utility aufzunehmen.«[22]

Bislang hat kein Team der ersten Liga das Recht verkauft, seine Spieler anzusagen. Aber 2004 versuchte die Major League tatsächlich, Werbung auf den Bases zu platzieren. Ein Vertrag mit Columbia Pictures sah vor, dass an drei Tagen im Juni auf der ersten, zweiten und dritten Base in allen großen Baseballstadien ein Logo für den in Kürze erscheinenden Film *Spider-Man 2* zu platzieren sei. Die Home Plate sollte unberührt bleiben. Öffentliche Proteste sorgten dafür, dass dieses neuartige »Product-Placement« abgeblasen wurde. Selbst beim durch und durch kommerzialisierten Baseball sind die Bases anscheinend noch sakrosankt.[23]

VIP-Logen

Im Amerika sind nur wenige andere Institutionen eine vergleichbare Quelle sozialen Zusammenhalts und kollektiven Stolzes wie Baseball, Football, Basketball und Eishockey. Vom Stadion der Yankees in New York bis zum Candlestick Park in San Francisco stellen Sportarenen die

Kathedralen unserer säkularen Religion dar – öffentliche Räume, in denen Menschen unterschiedlichster Herkunft in Ritualen von Niederlage und Hoffnung, Profanem und Gebet zusammenkommen.[24]

Doch Sport ist nicht nur eine Quelle kollektiver Identität. Er ist auch ein Geschäft. Und in den letzten Jahrzehnten hat das im Sport umlaufende Geld den Gemeinschaftsgeist verdrängt. Es wäre übertrieben zu sagen, das Sponsoring hätte den Heimmannschaften die Erfahrung der regionalen Verwurzelung genommen. Dennoch wird die Bedeutung eines öffentlichen Ortes verändert, wenn er den Namen wechselt. Das ist einer der Gründe, weshalb die Fans in Detroit trauerten, als das nach dem Team benannte Tiger-Stadion nach einer Bank in Comerica Park umgetauft wurde. Deshalb wehrten sich auch die Fans der Denver Broncos, als ihr geliebtes Mile-High-Stadion – ein passender Name für die Örtlichkeit – zum Invesco Field wurde, was für einen Investmentfonds steht.[25]

Natürlich sind Stadien in erster Linie Orte, an denen sich Menschen versammeln, um sich Sportveranstaltungen anzusehen. Wenn Fans ins Stadion gehen, machen sie das nicht hauptsächlich wegen eines Gemeinschaftserlebnisses. Sie wollen David Ortiz einen Home Run schlagen sehen oder erleben, wie Tom Brady in den letzten Sekunden eines Spiels einen Pass zum Touchdown wirft. Der öffentliche Rahmen, in dem das alles stattfindet, vermittelt aber eine gemeinschaftliche Erfahrung: Zumindest für ein paar Stunden sind wir zusammen am selben Ort und teilen dasselbe Erlebnis. Wenn Stadien allmählich diesen Charakter verlieren und eher zu Reklametafeln werden, verschwindet damit auch ein öffentlicher Raum – und mit ihm die sozialen Bindungen und gemeinschaftlichen Gefühle, die sich dort artikulieren.

Noch stärker zersetzt werden die vom Sport vermittelten Gemeinschaftserfahrungen möglicherweise durch einen Trend, der mit dem Aufstieg der Namensgebung durch Firmen einherging: die Ausbreitung der Luxuslogen. Wenn ich Mitte der 60er Jahre ein Spiel der Minnesota Twins sehen wollte, betrug der Preisunterschied zwischen den teuersten und den billigsten Plätzen gerade mal zwei Dollar. Tatsächlich waren Stadien fast während des gesamten 20. Jahrhunderts Orte, wo Führungskräfte Seite an Seite mit einfachen Arbeitern saßen, wo alle in den gleichen Schlangen anstanden, um Hotdogs oder Bier zu kaufen, und wo Reiche wie Arme gleichermaßen nass wurden, wenn es regnete.

Doch in den letzten paar Jahrzehnten hat sich das geändert. Das Aufkommen von VIP-Logen hoch über dem Spielfeld hat eine Trennlinie zwischen den Begüterten und Privilegierten und dem gemeinen Volk auf den Rängen darunter eingezogen.

Zwar tauchten die ersten Luxuslogen schon 1965 im futuristischen Houston Astrodome auf, doch der Trend setzte sich erst durch, als die Dallas Cowboys in den 70ern Luxussuiten im Texas Stadium einrichteten. Firmen bezahlten Hunderttausende Dollar, um Führungskräfte und Kunden im piekfeinen Rahmen über den Köpfen der Massen zu unterhalten. Während der 80er Jahre folgten mehr als ein Dutzend Teams dem Vorbild der Cowboys und verwöhnten betuchte Fans in einer verglasten »Skybox«. Ende der 80er kürzte der Kongress die Steuervorteile, die Unternehmen für ihre Ausgaben für Logenplätze geltend machen konnten, doch das konnte die Nachfrage nach den klimatisierten Refugien nicht bremsen.

Für die Teams waren die Einnahmen aus den Luxussuiten ein finanzieller Segen, der zu einem Boom an Stadionneubauten in den 90ern führte. Kritiker beklagten jedoch, dass die Logen einen Aspekt des Sports, die Aufhebung von Klassenunterschieden, zunichte machten. So schrieb Jonathan Cohn: »VIP-Logen mit ihrer kuscheligen Frivolität stehen für eine zentrale Fehlentwicklung im gesellschaftlichen Leben Amerikas: den fast schon verzweifelten Eifer, mit dem die Elite bestrebt ist, sich von der übrigen Masse abzusetzen ... der Profisport, einst ein Gegengift gegen Statusängste, ist schwer von dieser Krankheit befallen.« Frank Deford, der für *Newsweek* schreibt, stellte fest, dass die Magie der populären Sportarten stets mit ihrer »wesentlich demokratischen Struktur zu tun hatte ... Die für eine große öffentliche Zusammenkunft gebaute Arena, eine Art Dorfanger des 20. Jahrhunderts, war ein Ort, an dem alle zusammenkamen.« Die neuen Luxuslogen hätten jedoch »die feine Gesellschaft so sehr vom gemeinen Volk isoliert, dass man wohl mit Recht sagen darf, dass die Sitzordnung der amerikanischen Sportarena die soziale Schichtung reproduziert«. Eine Tageszeitung aus Texas nannte die Logen »das sportliche Äquivalent zu Gated Communitys«, die es reichen Insassen ermögliche, »sich vom übrigen Publikum abzugrenzen«.[26]

Trotz der Klagen sind VIP-Logen in Stadien des Profisports und sogar in vielen Hochschulsportanlagen der USA mittlerweile ein vertrauter Anblick. Obwohl die Suiten und Klubsessel nur einen kleinen Anteil der gesamten Sitzplätze ausmachen, sorgen sie bei manchen Teams der höchsten Ligen für fast 40 Prozent der Einnahmen aus Kartenverkäufen. Das 2009 eröffnete Stadion der Yankees in New York hat 3000 Plätze weniger als sein Vorgänger, aber dreimal so viele Luxussuiten. Bei den Boston Red Sox gibt es eine Warteliste für die 40 Suiten im Fenway Park, die pro Saison bis zu 350 000 Dollar kosten.[27]

Auch Universitäten fanden die Einnahmen aus VIP-Logen unwiderstehlich. 1996 hatten bereits drei Dutzend Uni-Stadien Luxuslogen eingerichtet, 2011 dann fast jede.

Die Steuervorschriften des Bundes genehmigen jedem, der die Stadionlogen einer Uni nutzt, einen speziellen Steuernachlass. Das ermöglicht es den Käufern von Luxussuiten, 80 Prozent der Kosten als wohltätige Spende an die Universität abzusetzen.[28]

Die jüngste Debatte über die ethischen Implikationen von VIP-Logen wurde an der Universität von Michigan geführt – dort findet sich das größte College-Stadion des Landes. Dieses als Big House bekannte Stadion hat seit 1975 zu jedem Footballheimspiel mehr als 100 000 Fans gesehen. Als die Universitätsleitung 2007 über einen Renovierungsplan in Höhe von 226 Millionen Dollar nachdachte, der auch Logen für die Kultstätte vorsah, protestierten einige Ehemalige. »Was den College-Football und speziell den Football in Michigan unter anderem auszeichnet, ist die Tatsache, dass es sich um einen großartigen öffentlichen Ort handelt«, meinte ein Ehemaliger. »Es ist ein Ort, an dem Fließbandarbeiter und Millionäre gemeinsam für ihr Team jubeln können.«[29]

Eine Gruppe, die das Big House retten wollte, sammelte Unterschriften, weil man hoffte, die Universität von den Plänen zur Luxussanierung abbringen zu können. 125 Jahre lang »sind die Blaugelben getreu zusammengestanden, haben gemeinsam gezittert, gemeinsam gejubelt und gemeinsam gesiegt, Seite an Seite«, schrieben die Kritiker. »Private Luxuslogen sprechen dieser Tradition Hohn; sie teilen Fans der Michigans nach Einkommen auf und untergraben Einheit, Spannung und Kameradschaft, die die Fans jeden Alters und jeder Herkunft gemeinsam teilen, wenn sie das Spiel zusammen erleben. Der Bau von Luxuslogen im Michigan-Stadion läuft den egalitären Idealen zuwider, denen sich die Universität Michigan verschrieben hat.«[30]

Der Protest lief ins Leere. Das Leitungsgremium stimmte mit fünf gegen drei Stimmen dafür, das Michigan-Stadion um 81 Luxussuiten zu erweitern. Als die renovierte Sportstätte 2010 eröffnet wurde, erreichten die Preise einer Suite für 16 Personen bis zu 85 000 Dollar pro Saison – Parkplätze eingeschlossen.[31]

Moneyball

Die in den letzten Jahrzehnten entstandenen Märkte für Fanartikel und Souvenirs, für das Recht der Namensgebung und Luxuslogen spiegeln die Kommerzialisierung unserer Gesellschaft. Ein weiteres Beispiel für das Marktdenken in der Welt des Sports ist die jüngste Verwandlung von Baseball in »Moneyball«. Der Begriff stammt aus Michael Lewis' Sachbuchbestseller von 2003, der Einsichten aus der Finanzwelt auf Baseball übertrug. In *Moneyball: The Art of Winning an Unfair Game* schildert Lewis, wie es den Oakland Athletics, einem kleinen Team, das sich keine teuren Stars leisten konnte, gelang, ebenso viele Spiele zu gewinnen wie die reichen New York Yankees.

Unter Leitung des Sportdirektors Billy Beane waren die Athletics in der Lage, ein billiges wettbewerbsfähiges Team aufzustellen. Dazu nutzten sie statistische Analysen, um unterbewertete Spieler ausfindig zu machen und Strategien umzusetzen, die den herkömmlichen Baseballweisheiten zuwiderliefen. So fanden sie heraus, welche Aspekte eines Spiels stärker zum Sieg beitrugen als andere. Folglich kauften sie Spieler ein, die zwar weniger gefeiert waren als die großen Stars, aber mehr Punkte einfuhren – zum Beispiel Batter, die über hinreichend Geduld und Kaltschnäuzigkeit verfügten, um regelmäßig vier Fehlwürfe und damit einen Walk zu erzwingen.

Beanes Strategie hatte Erfolg – zumindest für eine gewisse Zeit. 2002, als Lewis das Team beobachtete, gewannen die Athletics die westliche Sektion der American League. Obwohl sie in den Playoffs unterlagen, ergab ihre Geschichte eine attraktive Legende von David gegen Goliath: Ein unterfinanziertes Team von Außenseitern nutzt seinen Grips und die Werkzeuge der modernen Ökonometrie, um mit reichen, spielstarken Teams wie den Yankees mithalten zu können. Lewis zufolge war es auch ein Schulbeispiel dafür, dass es sich für gewitzte Investoren auszahlen kann, gezielt nach Marktlücken zu suchen. Billy Beane brachte dem Baseball, was die neue Generation der Hochfrequenzhändler an der Wall Street eingeführt hatten: die Fähigkeit, mittels computergestützter Analyse einen Vorteil vor den Traditionalisten zu gewinnen, die sich auf ihr Bauchgefühl und persönliche Erfahrung verließen.[32]

2011 wurde *Moneyball* verfilmt, mit Brad Pitt als Billy Beane. Der Film ließ mich kalt. Anfangs war mir nicht klar, warum. Brad Pitt war charmant und charismatisch wie immer. Warum also war der Film dann so unbefriedigend? Zum Teil, weil er die Stars der Mannschaft ignorierte – drei exzellente junge, aufstrebende Werfer und den herausragenden Shortstop Miguel Tejeda – und sich stattdessen auf die Spieler in der zweiten Reihe konzentrierte. Doch vor allem lag es wohl daran, dass es mir schwerfiel, über den Sieg quantitativer Methoden und effizienterer Bewertungskriterien in Begeisterung zu verfallen. Denn mehr als die Spieler waren diese Methoden die Helden von *Moneyball*.[33]

Immerhin kenne ich zumindest einen, der Preiseffizienz inspirierend findet: meinen Freund und Kollegen Larry Summers (der Wirtschaftswissenschaftler, dessen Morgenpredigt über die begrenzte Ressource des Altruismus ich weiter oben erörtert habe). In einem Vortrag, den er 2004 während seiner Zeit als Präsident von Harvard hielt, bezeichnete Summers *Moneyball* als Sinnbild einer »bedeutsamen intellektuellen Revolution, die sich in den letzten 30 oder 40 Jahren vollzogen hat«: nämlich die Hinwendung der Sozial- und speziell der Wirtschaftswissenschaft zur Praxis. Er erläuterte, wie »ein sehr kluger Sportdirektor im Baseball einen promovierten Ökonomen einstellte«, um herauszufinden, welche Fähigkeiten und Strategien ein Siegerteam ausmacht. In Beanes Erfolg erblickte Summers eine umfassendere Wahrheit: *Moneyball* hält Lehren für das ganze Leben bereit. »Was für den Baseball richtig ist, trifft auch auf eine weit größere Spannweite menschlicher Tätigkeit zu.«

Und an was denkt Summers dabei? Etwa an den Umweltschutz, wo »Aktivisten und Juristen für Leute, die sich auf Kosten-Nutzen-Analysen verstehen«, das Feld räumen sollten. Oder an Präsidentschaftswahlkämpfe, wo die cleveren jungen Anwälte, die früher das Sagen hatten, durch clevere Ökonomen und MBAs ersetzt werden sollten. Und natürlich an die Wall Street, wo computeraffine Genies des Hochfrequenzhandels die Schwätzer ersetzen und komplexe neue Derivate entwickeln sollten: »In den letzten 30 Jahren«, stellte Summers fest, »hat sich das Investmentbanking gewandelt; war das Geschäft einst von Leuten dominiert worden, die sich gut darauf verstanden, Kunden am 19. Loch zu treffen, so gehört es heute kühlen Rechnern, die die äußerst schwierigen mathematischen Probleme lösen können, die bei der Preisermittlung für Derivate eine Rolle spielen.«[34]

Gerade mal vier Jahre vor der Finanzkrise artikulierte sich hier der Glaube an den Triumph der Märkte – der Glaube an Moneyball – in Reinform.

Wie sich allerdings zeigen sollte, ging es nicht gut aus – weder für die Ökonomie noch für die Oakland Athletics. 2006 spielten sie zuletzt in den Playoffs, und seither haben sie keine erfolgreiche Saison mehr bestritten. Fairerweise muss erwähnt werden, dass es nicht daran lag, dass Moneyball gescheitert wäre – im Gegenteil: Die Methode setzte sich durch. Andere Teams, darunter auch solche mit mehr Geld, lernten – zum Teil dank Lewis' Buch –, wie wertvoll es sein kann, Spieler nach speziellen Kriterien unter Vertrag zu nehmen. In der Folge stiegen etwa die Gehälter von Spielern, die in kritischen Spielsituationen die Ruhe bewahrten, deutlich an. Die Marktlücken, die Beane ausgenutzt hatte, schlossen sich allmählich.[35]

Wie sich herausstellte, war Moneyball keine Strategie für Außenseiter, zumindest nicht auf lange Sicht. Reiche Teams konnten ebenfalls Statistiker beschäftigen und arme Teams bei den von ihnen empfohlenen Spielern überbieten. Die Boston Red Sox (ihr Budget für Spielergehälter gehört zu den üppigsten) gewannen die Meisterschaft der World Series 2004 und 2007 – sowohl der Besitzer als auch der Sportdirektor waren erklärte Anhänger von Moneyball. Die Folge von Lewis' Buch war, dass Geld keine kleinere, sondern eine größere Rolle bei der Optimierung der Taktik spielte.[36]

Das widerspricht den Vorhersagen der ökonomischen Theorie in keiner Weise. Wenn Talent für Baseball in Geld auszudrücken ist, steht zu erwarten, dass die Teams mit dem größten Geldbeutel auch am besten abschneiden werden. Doch das wirft eine weitere Frage auf. Moneyball machte Baseball effizienter im ökonomischen Sinn des Wortes. Aber wurde das Spiel dadurch besser? Wahrscheinlich nicht.

Betrachtet man die Änderungen, die Moneyball bei der Spielweise ausgelöst hat – der Verzicht des Batters auf riskante Schläge, die Häufung von Fehlwürfen sowie die geringere Risikobereitschaft der Spieler an den Bases –, würde niemand behaupten, dass sie das Spiel interessanter gemacht haben. Im Gegenteil: Dem Spiel gingen die spannenden Momente verloren, die Partien wurden oft zu einer zähen Angelegenheit. Moneyball hat Baseball nicht ruiniert, aber die Herrschaft des ökonomischen Denkens hat das Spiel beschädigt.

Das beleuchtet einen Aspekt, den ich bereits mehrfach für unterschiedliche Güter und Tätigkeiten hervorgehoben habe: Märkte effizienter zu machen ist an sich noch keine Tugend. Die eigentliche Frage lautet, ob die Einführung des einen oder anderen Marktmechanismus das Spiel – oder ein beliebiges anderes Gut – besser oder schlechter macht.

Hier könnte Ihre Werbung stehen

Der Sport ist nicht das einzige Gebiet, auf dem der Markt und die Kommerzialisierung um sich gegriffen haben. In den letzten zwei Jahrzehnten hat sich die Werbung auf Bereiche außerhalb der vertrauten Zonen – Zeitungen, Zeitschriften, Radio und Fernsehen – ausgedehnt, um jeden Winkel des Lebens zu kolonisieren.

Im Jahr 2000 trug eine russische Rakete ein riesiges Pizza-Hut-Logo ins Weltall hinaus. Die meisten der Orte, die die Werbung seit den 90ern erobert hat, sind jedoch von dieser Welt. In Feinkostläden tauchten Aufkleber mit Werbung für den neuesten Hollywoodschinken oder für eine TV-Serie auf Äpfeln und Bananen auf. In den Regalen der Supermärkte lagen Eier mit Werbung für Sendungen von CBS. Die Anzeigen befanden sich nicht auf den Packungen, sondern auf jedem einzelnen Ei – dank einer neuen Lasertechnik, die es ermöglicht, das Logo und die Botschaft des Unternehmens (sanft, aber unauslöschlich) in die Eierschale zu fräsen.[37]

Strategisch angebrachte Videobildschirme ermöglichen es den Werbefirmen, die knappe Aufmerksamkeit der Menschen in Momenten anzuzapfen, in denen sie nicht anders können, als dazustehen und zu warten – in Aufzügen, am Bankautomaten, an Zapfsäulen und sogar an den Urinalen von Restaurants, Bars und anderen öffentlichen Orten.[38]

Einst bestand Toilettenwerbung in der Regel aus unerlaubten Aufklebern oder Grafitti auf Kabinentüren und Toilettenwänden – meist Telefonnummern von Prostituierten und Begleitservices. In den 90er Jahren aber haben laut einem Artikel in *Advertising Age* »Vermarkter wie Sony, Unilever und Nintendo Nutten und Sonderlinge verdrängt, um den Menschen mit heruntergelassenen Hosen und offenem Reißverschluss ihre eigenen kommerziellen Botschaften zu präsentieren«. Geschickt gestaltete Werbung für Deodorants, Autos, Musik-CDs und Videospiele wurden zum vertrauten Anblick auf Toilettentüren und Pissoirwänden. 2004 war Toilettenwerbung, die sich an ein junges, betuchtes und notgedrungen bewegungsgehemmtes Publikum wendet, zu einem Geschäft mit einem Volumen von 50 Millionen Dollar geworden. Die einschlägigen Werbefirmen haben einen eigenen Branchenverband, der in Las Vegas kürzlich seine vierzehnte Jahresversammlung abhielt.[39]

Während man anfing, Flächen auf Toilettenwänden zu vermieten, fand die Werbung auch ihren Weg in Bücher. Bezahltes Product-Placement war lange ein Merkmal von Kinofilmen und Fernsehsendungen gewesen. Doch 2001 schrieb die englische Autorin Fay Weldon einen Roman, den die italienische Schmuckfirma Bulgari in Auftrag gegeben hatte. Gegen ein ungenanntes Honorar hatte Weldon eingewilligt, Schmuck von Bulgari im Roman mindestens zwölf Mal zu erwähnen. Das Werk mit dem passenden Titel *The Bulgari Connection* wurde von HarperCollins in

England und bei Grove/Atlantic in den USA veröffentlicht. Weldon leistete gute Arbeit – sie brachte den Markennamen 34 Mal unter.[40]

Einige Autoren äußerten Entrüstung über die Idee eines gesponserten Romans und forderten die Literaturredakteure auf, Weldons Buch nicht zu besprechen. Ein Kritiker erklärte, die Schleichwerbung beschädige »das Vertrauen der Leser in die Authentizität der Erzählung«. Ein anderer verwies darauf, wie plump die mit dem Produkt aufgeladene Prosa daherkomme – etwa in folgendem Satz: »›Eine Halskette von Bulgari in der Hand ist mehr wert als zwei im Gebüsch‹, sagte Doris.« Oder: »Ermattet von leidenschaftlicher Hingabe, schmiegten sie sich für ein Weilchen glücklich aneinander, und mittags traf sie ihn bei Bulgari.«[41]

Obwohl sich das Product-Placement in Büchern nicht durchgesetzt hat, werden digitale Lesegeräte die Lektüre eines Buches in größere Nähe zur Werbung bringen. 2011 begann Amazon, zwei Versionen seines beliebten Kindle zu verkaufen – eine mit und eine ohne »Sonderangebote und gesponserte Bildschirmschoner«. Das Modell mit den Sonderangeboten koste 40 Dollar weniger als die Standardversion, präsentierte dafür aber wechselnde Anzeigen als Bildschirmschoner und unten auf der Hompage.[42]

Auch das Fliegen wird inzwischen immer stärker kommerzialisiert. Im ersten Kapitel war zu lesen, wie Airlines die Warteschlangen in Flughäfen zu Geld gemacht haben, indem sie den Zugang zu kürzeren Schlangen beim Sicherheitscheck und Privilegien wie frühes Boarding verkauft haben. Doch das ist nicht alles. Sobald man die Schlangen hinter sich gebracht hat, in den Flieger eingestiegen ist und sich in seinem Sitz eingerichtet hat, ist man von Werbung umgeben. Vor wenigen Jahren fing American Airlines an, Werbeflächen auf Tabletts, Servietten und – auch wenn es unwahrscheinlich klingt – auf Spucktüten zu vermieten.

Die Billigflieger Spirit Airlines und Ryan Air haben Werbung auf die Gepäckablage über den Sitzen geklatscht. Delta Airlines versuchte kürzlich, in dem Sicherheitsvideo vor dem Start Reklame für Lincoln-Automobile unterzubringen. Nachdem es Beschwerden gegeben hatte, dass die kommerziellen Unterbrechungen Passagiere dazu verleiten würden, die Sicherheitsrichtlinien zu ignorieren, verlegte die Airline den Clip ans Ende dieser Video-Instruktionen.[43]

Heutzutage muss man nicht unbedingt ein Autor oder eine Airline sein, um gesponsert zu werden. Es reicht schon, ein Auto zu besitzen, vorausgesetzt, man ist bereit, das Vehikel in eine rollende Werbefläche zu verwandeln. Werbeagenturen bezahlen bis zu 900 Dollar monatlich dafür, dass jemand auf seinem Auto die Logos und Werbesprüche für Energy-Drinks, Mobilfunkanbieter, Waschmittel oder den lokalen Sanitärhandel spazieren fährt. Die Verträge enthalten ein paar vernünftige Einschränkungen. Wer beispielsweise für ein Produkt von Coca-Cola wirbt, darf sich nicht dabei erwischen lassen, wie er während der Fahrt Pepsi trinkt. Die Agenturen schätzen, dass man, wenn man mit der fahrenden Werbefläche durch die Stadt fährt, täglich sage und schreibe 70 000 Werbekontakte erzeugt.[44]

Auch sein Haus kann man in eine Werbetafel verwandeln. 2011 machte eine kleine Werbeagentur in Kalifornien ein Angebot, das besonders für Hausbesitzer interessant war, denen eine Zwangsvollstreckung bevorstand oder die Mühe hatten, ihre Hypothekenzahlungen zu leisten. Gestattete man der Firma, die gesamte Außenfläche des Hauses (das Dach ausgenommen) mit hell leuchtender Werbung zu bemalen, bezahlte sie die monatliche Hypothekenrate so lange, wie die Werbung auf dem Haus zu sehen war. »Wem leuchtende Farben und die Blicke der

Nachbarn nichts ausmachen, braucht nur noch die untenstehende Einwilligungserklärung zu unterschreiben«, erklärte die Firma auf ihrer Webseite. Das Unternehmen hatte damit gerechnet, zehn Häuser zu bemalen, bekam aber in weniger als zwei Monaten 22 000 Anträge.[45]

Auch wer kein Auto oder Haus besitzt, kann an der Werbelawine mitverdienen – indem man den eigenen Körper zur Werbefläche macht. Es begann, soviel ich weiß, in einem kleinen mexikanischen Restaurant in San Francisco. 1998 bot die Betreiberfamilie ein tägliches Mittagessen auf Lebenszeit für alle an, die bereit waren, sich das Logo des Restaurants – ein Junge mit Sombrero, der auf einem riesigen Maiskolben reitet – auf den Körper tätowieren zu lassen. Die Familie glaubte, es würden sich, wenn überhaupt, nur ein paar Leute auf das Angebot melden. Sie täuschten sich. Innerhalb von ein paar Monaten spazierten mehr als 40 Leute mit den Tatoos durch die Straßen San Franciscos. Und oft kehrten sie mittags im Restaurant ein, um sich ihre Gratis-Burritos abzuholen.

Zuerst freuten sich die Besitzer über den Erfolg der Aktion. Als ihnen aber klar wurde, dass das Restaurant, wenn alle Tattoo-Träger in den nächsten 50 Jahren täglich zum Lunch auftauchten, Burritos für 5,8 Millionen Dollar auszugeben hätte, wirkte das ziemlich ernüchternd.[46]

Einige Jahre später begann eine Werbeagentur in London, Werbeflächen auf der Stirn anzubieten. Anders als bei der Aktion der Mexikaner waren die Tätowierungen nicht beständig, sondern abwaschbar. Dafür war der Ort weit auffälliger. Die Agentur rekrutierte Studenten, die bereit waren, für etwa vier Pfund pro Stunde ein Firmenlogo auf der Stirn zu tragen.

Ein potenzieller Sponsor lobte die Idee; er meinte, die Stirnwerbung sei »eine Fortsetzung des Sandwich-Mannes mit dem Doppelplakat, nur ein wenig organischer«.[47]

Andere Agenturen entwickelten Varianten der Körperwerbung. Air New Zealand heuerte dreißig Leute an, die sich den Schädel rasieren und ein temporäres Tattoo auf dem Hinterkopf tragen mussten: »Abwechslung gefällig? Ab nach Neuseeland.« Bezahlung für zwei Wochen als Schädel-Werbeträger: ein Hin- und Rückflug nach Neuseeland (im Wert von 1200 Dollar) oder (wegen der Boeing 777, mit der die Airline fliegt) 777 Dollar in bar.[48]

Es gibt noch eine extremere Variante von Körperwerbung: Eine Frau aus Utah (Alter 37 Jahre) versteigerte ihre Stirn zu kommerziellen Zwecken. Die alleinerziehende Mutter eines elfjährigen Jungen benötigte Geld für dessen Ausbildung. In einer Online-Auktion bot sie 2005 an, auf ihre Stirn die dauerhafte Werbebotschaft eines Sponsoren tätowieren zu lassen, wenn dieser bereit sei, dafür 10 000 Dollar zu bezahlen. Ein Online-Casino bekam den Zuschlag. Obwohl der Tätowierkünstler versuchte, sie davon abzuhalten, blieb die Frau standhaft und ließ sich die Netzadresse des Casinos auf die Stirn tätowieren.[49]

Was ist falsch an der Kommerzialisierung?

Viele Menschen beobachteten den Verkauf von Namensrechten und den Aufstieg der Werbung in den 90ern und Anfang der Nullerjahre mit Abscheu oder gar mit Schrecken. Die Zeitungen sprechen vom »Sperrfeuer der Werbung« (*Los Angeles Times*), von »Werbeattacken« (*Sunday Times*, London) oder »Werbung ohne Ende« (*Washington Post*). »Wohin das Auge auch schaut, erblickt es inzwischen wahrscheinlich Werbung«, schreibt die *New York Times*. »Werbung hier, dort und überall«, so die *USA Today*.

Kritiker und Aktivisten empörten sich über »geschmacklose kommerzielle Werte« und die »Würdelosigkeit von Werbung und Kommerzialisierung«. Sie bezeichneten den Kommerz als »Pest«, die »Herzen, Köpfe und Gemeinden überall im Land verrohen« lasse. Einige stellten Werbung als »eine Art Umweltverschmutzung« dar. Als eine Kundin im Supermarkt gefragt wurde, warum sie etwas gegen Aufkleber mit Kinowerbung auf dem Obst habe, antwortete sie: »Ich will nicht, dass mein Apfel mit Werbeanzeigen besudelt wird.« Sogar eine Führungskraft aus der Branche wurde mit der Aussage zitiert, sie »wisse nicht, ob noch irgend etwas heilig ist«.[50]

Es fällt schwer, die moralische Kraft dieser Sorgen zu leugnen. Dennoch ist mit den vorherrschenden Begriffen des öffentlichen Diskurses nicht leicht zu erklären, was falsch sein soll an jener Ausbreitung der Werbung, die wir in den letzten zwei Jahrzehnten erlebt haben.

Eines ist sicher: Aggressive, aufdringliche Werbung ist schon seit Langem Thema kultureller Klagen. 1914 beschwerte sich Walter Lippmann über »den trügerischen Lärm, der die Szenerie verschandelt, die Stadt zupflastert und einen blinkend und winkend durch die Nacht begleitet«. Werbung schien überall zu sein. Der östliche Himmel war »mit Kaugummi entflammt, der nördliche mit Zahnbürsten und Unterwäsche, der westliche mit Whiskey, der südliche mit Petticoats, und die ganzen himmlischen Gefilde erstrahlten mit monströs koketten Frauen«.[51]

Wäre Lippmann auf den Landstraßen des Mittelwestens oder des Südens unterwegs gewesen, hätten sich seine Bedenken bestätigt. Er hätte Tausende von knallig bemalten Scheunen mit Werbung für Kautabak vorgefunden: »Kau Tabak von Mail Pouch: Für Dich nur das Beste.« Gegen Ende der 1890er Jahre hatten die geschäftstüchtigen Eigentümer der Kautabakfabrik den Farmern mit Scheunen in der Nähe viel befahrener Straßen zwischen 1 und

10 Dollar (und einen kostenlosen Anstrich) geboten, wenn sie ihre Scheunen in Werbeflächen verwandelten. Diese Reklamescheunen waren ein früher Vorläufer der jüngsten Versuche, Werbung auf die Häuser der Leute zu pinseln.[52]

Unabhängig von solchen Vorläufern hat die Kommerzialisierung der letzten zwei Jahrzehnte eine charakteristische Art der Entgrenzung an den Tag gebracht, die typisch ist für eine Welt, in der alles käuflich ist. Vielen kommt eine solche Welt zu Recht ungemütlich vor. Aber was ist daran eigentlich verwerflich?

Manche sagen, gar nichts. Solange die für Werbung oder an Firmensponsoren verkauften Flächen – Haus oder Scheune, Stadion oder Toilettenwand, Bizeps oder Stirn – demjenigen gehören, der sie verkauft, und der Verkauf freiwillig erfolgt, hat niemand ein Recht, etwas dagegen einzuwenden. Wenn es sich um meinen Apfel, mein Flugzeug oder mein Baseballteam handelt, sollte es mir freistehen, nach Belieben Rechte zur Namensgebung und Werbeflächen zu verkaufen. So lautet das Plädoyer für einen ungeregelten Werbemarkt.

Wie wir in vielen anderen Zusammenhängen gesehen haben, zieht dieses Argument des Laisser-faire zwei Arten von Einwänden auf sich: den der Unfairness und den der Korruption.

Der erste Einwand akzeptiert das Prinzip der Entscheidungsfreiheit, fragt aber, ob jede Marktentscheidung wirklich freiwillig erfolgt. Wenn ein von einer bevorstehenden Zwangsversteigerung bedrohter Hausbesitzer einwilligt, grelle Reklame auf sein Haus pinseln zu lassen, dürfte die Entscheidung nicht wirklich frei sein, sondern tatsächlich unter Zwang zustande kommen. Wenn eine Mutter, die dringend Geld braucht, um Medikamente für ihr Kind zu kaufen, sich Werbung für ein Produkt eintätowieren lässt, ist auch diese Entscheidung vielleicht nicht ganz so freiwillig. Dieser Einwand hält daran fest, dass Marktbeziehungen nur dann als frei gelten können, wenn die Voraussetzungen für Kauf und Verkauf fair sind, also nur dann, wenn keiner durch die nackte wirtschaftliche Notwendigkeit dazu gezwungen ist.

Unsere politischen Debatten werden zumeist zwischen denen geführt, die ungeregelte Märkte bevorzugen, und denen, die darauf beharren, dass Marktentscheidungen nur dann frei sind, wenn sie auf einem nivellierten Spielfeld erfolgen – wenn also die Grundlagen des Zusammenlebens gerecht sind.

Keine dieser Positionen hilft uns jedoch zu erklären, was uns an einer Welt stört, in der Marktdenken und Marktbeziehungen in jede menschliche Aktivität eindringen. Wollen wir verstehen, was an diesem Zustand beunruhigend ist, benötigen wir das moralische Vokabular, das auf die Korrumpierung und Herabsetzung Bezug nimmt. Und wenn wir von Korrumpierung und Abwertung sprechen, greifen wir zumindest implizit auf Vorstellungen des guten Lebens zurück.

Nehmen wir die von den Kritikern der Kommerzialisierung benutzte Sprache: »Entwürdigung«, »Herabsetzung«, »Verrohung«, »Verschmutzung«, Verlust des »Heiligen«. Das ist eine spirituell aufgeladene Wortwahl, die symbolisch auf höhere Arten des Lebens und Seins verweist. Nicht von Zwang und Unfairness ist die Rede, sondern von der Entwertung bestimmter Einstellungen, Handlungsweisen und Güter – sprich, von ihrer Korrumpierung.

Bei den Rechten zur Namensgebung und Werbung kann sich die Korrumpierung auf zwei Ebenen abspielen. In manchen Fällen ist die Kommerzialisierung eines Dinges oder einer gesellschaftlichen Praxis an sich herabwürdigend. So ist es beispielsweise erniedrigend, mit einer auf die Stirn tätowierten Anzeige herumzulaufen, selbst wenn die Entscheidung dazu freiwillig getroffen wurde.

Beachtlich auch der folgende Fall, ein extremes Beispiel für das Recht auf Namensgebung: 2001 versuchte ein Paar, die Vergabe des Namens für den erwarteten Sohn auf eBay und Yahoo an den Meistbietenden zu versteigern. Die beiden hofften, ein Unternehmen würde die Rechte erwerben und als Gegenleistung die liebenden Eltern mit so viel Geld ausstatten, dass sie ein komfortables Haus und andere Annehmlichkeiten für ihre wachsende Familie anschaffen konnten. Doch am Ende bot keine Firma die aufgerufenen 500 000 Dollar. Die Eltern gaben auf und nannten ihren Sohn ganz herkömmlich Zane.[53]

Ein möglicher Einwand könnte lauten, es sei falsch, einer Firma das Namensrecht für das eigene Kind zu verkaufen, weil das Kind nicht zugestimmt habe (der auf Zwang zielende Einwand). Doch das ist nicht der entscheidende Grund, denn schließlich geben Kinder sich ihren Namen für gewöhnlich nicht selbst. Wir tragen fast alle den Namen, den wir von unseren Eltern erhalten haben, und empfinden das nicht als Zwang. Von Zwang ist allein die Rede, weil es erniedrigend ist, mit einem Firmennamen (etwa Metro Max, Pepsi Paul oder Jamba Josef Maria) durchs Leben gehen zu müssen – selbst wenn das Kind möglicherweise zugestimmt hat.

Nicht alle Fälle von Kommerzialisierung wirken korrumpierend. Manche passen durchaus, etwa die Beschilderung, die schon seit Langem die Ergebnistafeln der Baseballstadien oder sogar die Umzäunung des Outfield schmückt. Etwas anderes ist es jedoch, wenn Werbung in die Kabinen der Stadionsprecher eindringt oder die Botschaft des Sponsors bei jedem Wechsel eines Werfers und anderen regelmäßig wiederkehrenden Spielsituationen in den Vordergrund gespielt wird – das ähnelt eher dem Product-Placement in einem Roman. Wer in letzter Zeit einer Baseballübertragung in Radio oder Fernsehen zugehört hat, weiß, was ich meine. Die von Firmen bezahlten Sprüche, die die Sprecher unablässig von sich geben, überlagern das Spiel und verderben die spannende, authentische Erzählung, die sich aus einer direkten Wiedergabe des Spielgeschehens ergeben kann.

Um entscheiden zu können, wo Werbung hingehört und wo nicht, reicht es also nicht aus, über Eigentumsrechte und Fairness zu debattieren. Wir müssen uns auch damit auseinandersetzen, wie die Werbung unsere sozialen Verhaltensweisen und die von ihnen verkörperten Werte verändert. Und wir müssen in jedem Einzelfall danach fragen, ob ein Verhalten durch Kommerzialisierung abgewertet wird.

Und noch etwas gilt es zu bedenken: Manche Fälle von Werbung, die an sich nicht korrumpierend wirken, könnten möglicherweise dennoch zur Kommerzialisierung des gesellschaftlichen Lebens insgesamt beitragen. Hier stimmt die Analogie zur Umweltverschmutzung. Es ist an sich nicht falsch, Kohlendioxid zu emittieren – das tun wir mit jedem Atemzug. Dennoch kann ein Zuviel an Kohlendioxid der Umwelt schaden. Und so ist es auch möglich, dass eine ansonsten einwandfreie Ausweitung der Werbung eine Gesellschaft hervorbringt, in der die Wünsche der Firmensponsoren und das Konsumdenken im Zentrum stehen – eine Gesellschaft, in der einem alles »von Mastercard oder McDonald's präsentiert« wird. Auch das ist eine Art von Entwertung.

Denken wir an die Kundin, die keine von Werbeaufklebern »besudelten« Äpfel wollte. Eigentlich ist das übertrieben. Ein Stück Obst wird durch einen Aufkleber nicht besudelt (vorausgesetzt, er hinterlässt keine Spuren). Der Geschmack des Apfels oder der Banane wird davon nicht beeinträchtigt. Bananen werden schon seit langer Zeit etwa mit Chiquita-Aufklebern versehen, und niemand beschwert sich darüber. Da ist es doch seltsam, wenn sich jemand über einen Werbeaufkleber für einen Film oder eine Fernsehshow aufregt, oder?

Nicht unbedingt. Denn die Beschwerde der Kundin bezieht sich vermutlich nicht auf genau diese Werbung auf genau diesem Apfel, sondern auf die Eroberung des Alltags durch kommerzielle Werbung. »Besudelt« ist nicht der Apfel, sondern unsere Lebenswelt, weil sie zunehmend von Marktwerten und kommerziellen Überlegungen dominiert wird.

Die zersetzende Wirkung der Werbung spielt in der Obstabteilung eine geringere Rolle als im öffentlichen Raum, wo der Verkauf von Namensrechten und das Firmensponsoring immer weiter um sich greifen. Das »Municipal Marketing« beispielsweise droht die Kommerzialisierung mitten ins Herz der Zivilgesellschaft zu tragen. Während der letzten zwei Jahrzehnte haben finanziell unter Druck geratene Städte und Staaten in den USA versucht, über die Runden zu kommen, indem sie Werbefirmen den Zugang zu öffentlichen Stränden, Parks, U-Bahnen, Schulen und Kulturdenkmälern verkauft haben.

Kommunalsponsoring

Der Trend setzte in den 90er Jahren ein. Als sich herausstellte, dass Verträge über die Rechte an Stadionnamen für die Eigner von Teams der ersten Liga profitabel waren, fingen Vertreter der Öffentlichkeit an, nach Sponsoren für Dienstleistungen und Einrichtungen von Gemeinden zu suchen.

Rettungsschwimmer und Ausschankrechte

An einem Sommertag im Jahr 1998 fanden die Leute am öffentlichen Strand von Seaside Heights in New Jersey 5000 Abdrücke von Gläsern der Marke Skippy Peanut Butter vor, die den Sand zierten, so weit das Auge reichte. Es war das Werk eines neu erfundenen Apparats, mit dem sich Werbung in den Sand stempeln ließ. Skippy bezahlte der Gemeinde eine Gebühr für die Erlaubnis, den Strand bespielen zu dürfen.[54]

Die Rettungsschwimmer im kalifornischen Bezirk Orange County sind mittlerweile auch im Auftrag von Chevrolet unterwegs. General Motors überließ den Lebensrettern des Bezirks im Rahmen eines Sponsorenvertrags im Wert von 2,5 Millionen Dollar 42 neue Pick-ups und dazu Chevy-Blazer mit einer Werbeaufschrift, die jedes Vehikel zum »Offiziellen Fahrzeug für maritime Sicherheit an den Stränden der Orange Coast« erklärte. Der Deal räumte General Motors auch das Recht ein, alle Strände uneingeschränkt für Fotoaufnahmen zu nutzen. Im benachbarten Bezirk Los Angeles wurde der Ford Ranger zum offiziellen Strandfahrzeug – dort trugen die Lebensretter von Speedo gesponserte Badeanzüge.[55]

1999 bezahlte Coca-Cola sechs Millionen Dollar, um als offizieller Softdrink für Huntington Beach zugelassen zu werden. Durch den Vertrag erhielt Coca-Cola das Recht, seine Softdrinks, Säfte und Wasserflaschen an den Stränden und in den Parks der Stadt sowie in den gemeindeeigenen Gebäuden exklusiv zu verkaufen. Außerdem wurde dem Unternehmen gestattet, in seiner Werbung das Logo der »Surf City« Huntington Beach zu verwenden.

Etwa ein Dutzend Städte im ganzen Land hatten ähnliche Verträge mit Herstellern von Softdrinks abgeschlossen. In San Diego ergatterte Pepsi für 6,7 Millionen Dollar ein exklusives Ausschankrecht. Auch San Diego konnte einige Sponsorenverträge vorweisen, darunter einen, der Verizon zum »offiziellen Wireless-Partner« der Stadt machte; ein anderer adelte eine Firma namens Cardiac Science als den offiziellen Lieferanten für Defibrillatoren.[56]

In New York ernannte Bürgermeister Michael Bloomberg – ein überzeugter Verfechter des Kommunalsponsorings – im Jahr 2003 den ersten Leitenden Marketingbeamten. Dessen erste große Initiative war ein 166 Millionen Dollar schwerer Fünfjahresvertrag mit Snapple, der dem Getränkeunternehmen das Recht gab, in den öffentlichen Schulen New Yorks exklusiv Säfte und Wasser zu verkaufen; in den 6000 Gebäuden im Eigentum der Stadt verkaufte es Tee, Wasser und Kakaogetränke. Kritiker benannten daraufhin die Stadt in Big Snapple um.

Das Gemeindesponsoring wurde zu einem schnell wachsenden Geschäft: Aus den 10 Millionen Dollar des Jahres 1994 waren 2002 schon 175 Millionen geworden.[57]

U-Bahn-Stationen und Naturpfade

Bei einigen öffentlichen Einrichtungen dauerte es ein bisschen, bis das Sponsoring Fuß fasste. 2001 versuchte die Transportbehörde von Massachusetts Bay, die Namensrechte für vier historische U-Bahn-Stationen in Boston zu verkaufen, doch es fand sich kein interessiertes Unternehmen. Vor Kurzem ist es aber einigen Städten gelungen, die Namensrechte für U-Bahn-Stationen zu verkaufen. 2009 veräußerte die Transportbehörde von New York der Barclays Bank für vier Millionen Dollar auf 20 Jahre das Recht, ihren Namen an einer der ältesten und belebtesten Stationen in Brooklyn anzubringen. Die in London ansässige Bank wollte diese Namensrechte, weil die Station eine

Sportarena bedient, die ebenfalls den Namen Barclay trägt. Über die Vergabe von Namensrechten hinaus hat die New Yorker Behörde aggressiv Werbung in den Stationen vertrieben und ganze U-Bahn-Züge, Bahnsteigsäulen und Fußböden mit Werbung eingedeckt. Die Einkünfte aus der Werbung im New Yorker Untergrund stiegen von 38 Millionen im Jahr 1997 auf 125 Millionen Dollar im Jahr 2008.[58]

2010 veräußerte die Transportbehörde Philadelphias an AT&T das Recht, die Pattison Station umzubenennen. Dieser U-Bahn-Haltepunkt war nach einem Gouverneur des Staates Pennsylvania im 19. Jahrhundert benannt gewesen. Die Telefongesellschaft bezahlte 3,4 Millionen Dollar an die Verkehrsbehörde und außerdem 2 Millionen an die Werbeagentur, die den Deal eingefädelt hatte. Die neulich auf AT&T umgetaufte Station hat besonderen Wert, weil sie die Stadien bedient, in denen die Sportteams von Philadelphia spielen. Die Arenen selbst sind nach Banken und einer Firma für Finanzdienstleistungen benannt: Citizen's Bank Park (Baseball), Wells Fargo Center (Basketball und Eishockey) und Lincoln Financial Field (American Football). Der ehemalige Vorsitzende eines Bürgerberatungskomitees wandte sich gegen einen Verkauf des Namens; er stellte fest, dass »der Personennahverkehr ein öffentlicher Dienst ist und dass die hier verwendeten Namen eine wichtige Verbindung zu den Straßen der Umgebung oder benachbarten Vierteln herstellen«. Ein Vertreter der Verkehrsbetriebe erwiderte jedoch, die Einrichtung benötige das Geld dringend, und der Verkauf des Namens würde dazu »beitragen, die Kosten zugunsten der Kunden und Steuerzahler niedrig zu halten«.[59]

Einige Städte und Bundesstaaten haben Firmensponsoren für öffentliche Parks, Naturpfade und Naturschutzgebiete gesucht. 2003 beschloss das Parlament von Massachusetts, eine Machbarkeitsstudie zum Verkauf von Namensrechten für die 600 Parks, Wälder und Erholungsgebiete des Staates in Auftrag zu geben. In einem Leitartikel fragte sich die Zeitung *Boston Globe*, ob der Walden Pond Thoreaus wohl bald »Wal-Mart Pond« heißen werde.

Massachusetts verfolgte das Projekt nicht weiter. Doch kürzlich haben einige finanzstarke Firmensponsoren Verträge abgeschlossen, die ihren Marken in staatlichen Parks überall im Land Präsenz verschaffen.[60]

North Face, Hersteller von hochqualitativer Outdoor-Ausrüstung, hat seine Logos auf Wegweisern öffentlicher Parks in Virginia und Maryland angebracht. Coca-Cola hat die Erlaubnis erhalten, sein Logo im Rahmen eines Aufforstungsprogramms nach einem Waldbrand in einem staatlichen Park Kaliforniens zu präsentieren. Das Markenzeichen für ein Getränk von Nestlé taucht auf Schildern in mehreren Parks des Staates New York auf. Dort hat das Unternehmen Spielplätze eingerichtet. Eine konkurrierende Saftfirma hat im Tausch gegen Aufmerksamkeit in staatlichen Parks überall im Land ein Pflanzprogramm für Bäume finanziert. Ein Versuch, in städtischen Parkanlagen von Los Angeles Werbeflächen zu verkaufen, wurde allerdings von Gegnern vereitelt. Die Maßnahme sah vor, Werbung für einen Film mit Yogibär auf Gebäuden des Parks, Picknicktischen und Abfallbehältern anzubringen.[61]

2011 wurden in Florida Gesetzesentwürfe eingebracht, die den Verkauf von Namensrechten und kommerzieller Werbung entlang von Naturpfaden im staatlichen Besitz zulassen würden. Die staatliche Finanzierung für das System grüner Radwege, Wanderpfade und Kanustrecken war in den letzten Jahren gekürzt worden, und einige Abgeordnete sahen im Sponsoring eine Möglichkeit, die Budgetkürzungen auszugleichen. Die Firma Government Solutions Group handelte als Makler zwischen staatlichen

Parks und Firmensponsoren. Shari Boyer, die Chefin des Unternehmens, wies darauf hin, dass die staatlichen Parks ein ideales Gebiet für Werbung seien. Die Leute, die solche Parks besuchten, seien »exzellente Konsumenten« mit hohen Einkommen, erklärte sie. Überdies stelle die Situation in den Parks »ein sehr ruhiges Werbeumfeld« mit wenig Ablenkung dar. »Es ist ein toller Ort, um Menschen zu erreichen; sie sind im richtigen Seelenzustand.«[62]

Streifenwagen und Hydranten der Feuerwehr

In den frühen Nullerjahren gerieten viele Städte und Gemeinden mit leeren Kassen durch ein Angebot in Versuchung, das zu schön klang, um wahr zu sein. Ein Unternehmen in North Carolina bot neue, mit Blaulicht und Gittern vor den Rücksitzen ausgestattete Polizeifahrzeuge an – für einen Dollar jährlich. Das Angebot war mit einer kleinen Bedingung verknüpft: Die Fahrzeuge sollten wie Rennwagen mit Werbeanzeigen und Firmenlogos beklebt werden.[63]

Einige Polizeipräsidien und Stadtväter sahen in der Werbung eine billige Möglichkeit, an Streifenwagen zu kommen, für die sie sonst pro Fahrzeug 28 000 Dollar hinlegen mussten. Mehr als 160 Gemeindeverwaltungen in 28 Staaten unterzeichneten den Deal. Der Anbieter der Streifenwagen, eine Firma namens Government Acquisitions, schloss die Verträge mit den interessierten Gemeinden und bot die Werbeflächen dann örtlichen und überregionalen Firmen an. Das Unternehmen legte Wert darauf, dass die beworbenen Produkte moralisch unbedenklich waren – Anzeigen für Alkohol, Tabak, Schusswaffen oder Glücksspiele wurden nicht akzeptiert. Auf seiner Webseite illustrierte es das Konzept mit dem Foto eines Polizeifahrzeugs, dessen Kühlerhaube die goldenen Bögen von McDonald's schmückten. Zu den Kunden der Firma gehörten Dr. Pepper, NAPA Autoteile, Tabasco, der U.S. Postal Service, die U.S. Army und Valvoline. Außerdem hatte das Unternehmen vor, Banken, TV-Kabelanbieter, Autohändler, Sicherheitsfirmen sowie Radio- und Fernsehstationen als potenzielle Kunden zu gewinnen.[64]

Die Aussicht, bald mit Werbung versehene Polizeifahrzeuge durch die Straßen fahren zu sehen, löste eine heftige Kontroverse aus. Zahlreiche Leitartikler und Polizisten widersetzten sich der Idee aus mehreren Gründen. Einige sorgten sich darum, dass die Polizei die Sponsoren ihrer Fahrzeuge bevorzugt behandeln könne. Andere meinten, eine von McDonald's, Dunkin' Donuts oder dem örtlichen Eisenwarenladen präsentierte Polizeitruppe setze die Würde und Autorität der Gesetzeshüter herab. Wieder andere brachten vor, der Plan werfe ein schlechtes Licht auf staatliche Einrichtungen ganz allgemein und auf die Bereitschaft der Öffentlichkeit, wichtige staatliche Aufgaben zu finanzieren. »Manches ist so zentral für das ordentliche Funktionieren einer Gesellschaft, so bedeutsam für ihre Würde, dass sie bislang nur Menschen anvertraut wurden, die wir alle zusammen eingestellt und ausgerüstet haben – im Interesse des Gemeinwohls«, schrieb der Kolumnist Leonard Pitts. »Die Durchsetzung des Rechts ist eine dieser Funktionen. Oder zumindest war sie das bisher.«[65]

Verteidiger des Deals räumten ein, dass es zwar peinlich sein möge, wenn die Polizei mit gewerblichen Produkten hausieren gehe, aber in schweren finanziellen Zeiten sei der Öffentlichkeit wohl eher durch eine Werbung tragende Polizei gedient als durch gar keine. »Die Leute lachen vielleicht, wenn sie sehen, wie die Polzeiautos mit kommerziellen Aufklebern durch die Straßen fahren«, erklärte ein Polizeichef, »aber sie werden sehr froh sein, wenn die Streife im Notfall kommt.« Ein Stadtrat in Omaha sagte, die Idee habe ihm zunächst nicht gefallen, doch die Einsparungen hätten ihn eines Besseren belehrt. Und er bot folgende Analogie an: »Unser Stadion trägt Werbung auf den Zäunen und an den Korridoren, ebenso unser Bürgersaal. Solange es dezent geschieht, ist Reklame auf Polizeifahrzeugen kein bisschen anders.«[66]

Wie sich zeigt, waren der Verkauf von Namensrechten und das Sponsoring ansteckend. Als die Kontroverse über Polizeifahrzeuge aufkam, war das Denken der Öffentlichkeit bereits darauf vorbereitet, ein weiteres Vordringen kommerzieller Praktiken in das Leben der Zivilgesellschaft in Betracht zu ziehen.

Am Ende lieferte die Firma aus North Carolina allerdings kein einziges Polizeifahrzeug. Angesichts des öffentlichen Protests gab sie offenbar auf; mittlerweile ist sie nicht mehr im Geschäft. Aber die Idee, Streifenwagen mit Werbung zu versehen, existiert weiter. In England tauchten die ersten kommerziell gesponserten Polizeifahrzeuge in den 90er Jahren auf, nachdem das Innenministerium neue Vorschriften erlassen hatte – sie erlaubten es Polizeibehörden, bis zu ein Prozent ihres Jahresbudgets durch Sponsoren zu erwirtschaften. »Bis vor Kurzem war das noch tabu«, erklärte ein Polizeisprecher. »Inzwischen ist alles zu haben.« 1996 stellte das Kaufhaus Harrods Special Constables (Freiwillige Polizeihelfer mit Hoheitsbefugnissen) mit einem Streifenwagen vor, der in der typischen Schrift des Kaufhauses folgende Aufschrift trug: »Dieses Auto wird von Harrods gesponsert.«[67]

Schließlich erreichte die Werbung auf Polizeifahrzeugen auch wieder die USA. 2006 führte die Polizei von Littleton, Massachusetts, einen Streifenwagen ein, der drei recht unauffällige Werbeaufkleber für eine örtliche Supermarktkette trug. Die Aufkleber befanden sich auf dem Kofferraum und den beiden hinteren Kotflügeln. Als Gegenleistung für die öffentliche Aufmerksamkeit bezahlt die Kette jährlich 12 000 Dollar, was die Leasingraten für ein Fahrzeug deckt.[68]

Soweit ich weiß, hat bisher niemand versucht, Werbeflächen auf Feuerwehrautos zu verkaufen. Doch 2010 schloss Kentucky Fried Chicken einen Sponsorenvertrag mit der Feuerwehr von Indianapolis ab – es ging darum, den Leuten ein neues Gericht nahezubringen, nämlich »feurige« Chicken Wings. Zu dem Deal gehörte auch ein Fototermin mit der Feuerwehr von Indianapolis. Dabei wurden Logos von KFC auf Feuerlöschern in Erholungszentren der Stadt angebracht. In einer anderen Stadt Indianas kaufte KFC das Recht, seine Logos auf Hydranten anzubringen.[69]

Gefängnisse und Schulen

Die Werbung ist auch in zwei Institutionen eingedrungen, die für die bürgerliche Gesellschaft von entscheidender Bedeutung sind: Gefängnisse und Schulen. 2011 begann eine Haftanstalt in Buffalo, New York, Verdächtigen unmittelbar nach der Festnahme auf einem hochauflösenden Bildschirm Anzeigen zu präsentieren. Die Werbefilme stammten in der Regel von gewerblichen Kautionsbürgen und Verteidigern und kosteten bei einjähriger Vertragslaufzeit wöchentlich 40 Dollar. Dazu wurden Informationen der Haftanstalt zu Regeln und Besuchszeiten eingespielt. Die Werbung erschien auch in einem Warteraum für die Angehörigen und Freunde. Die Verwaltungsbehörde des Bezirks erhält ein Drittel der Werbeeinnahmen, etwa 8000 Dollar pro Jahr.[70]

Die Werbezeit war schnell verkauft. Anthony N. Diina, Chef der Werbefirma, die das Arrangement zusammengestellt hatte, erklärte dessen Reiz so: »Was wollen die Leute, wenn sie in die Haftanstalt kommen? Sie wollen wieder raus. Und sie wollen nicht verurteilt werden. Also wünschen sie eine Kaution. Und einen Strafverteidiger.« Die Werbung und ihr Zielpublikum passten perfekt zusammen. »Du willst deine Werbung genau dann anbringen, wenn die Leute ihre Entscheidung treffen«, erklärte Diina den *Buffalo News*. »Das ist hier der Fall. Es ist das perfekte Publikum.«[71]

Channel One sendet Werbebotschaften an ein ähnlich aufnahmebereites Publikum: an die Millionen Teenager, die in Klassenzimmern des ganzen Landes dazu angehalten sind, sie sich anzusehen. Das kommerziell gesponserte, zwölfminütige Nachrichtenprogramm wurde 1989 von dem Unternehmer Chris Whittle eingeführt. Er bot Schulen kostenlose Fernsehgeräte, Videoanlagen und eine Satellitenverbindung an und erwartete im Gegenzug von den Schulen die Verpflichtung, das Programm täglich vorzuführen und die Schüler dazu aufzufordern, es sich anzusehen – einschließlich der darin enthaltenen zwei Minuten mit Werbung. Zwar verbannte der Staat New York Channel One aus sämtlichen Schulen, doch die meisten Staaten hielten es anders. 2000 wurde Channel One von acht Millionen Schülern in 12 000 Schulen gesehen. Da der Kanal mehr als 40 Prozent aller Teenager des Landes erreichte, konnte Whittle werbenden Firmen wie Pepsi, Snickers, Clearasil, Gatorade, Reebok, Taco Bell und der U.S. Army Spitzengebühren abknöpfen – etwa 200 000 Dollar für einen Spot von 30 Sekunden (das entspricht den Werbekosten im Kabelfernsehen der USA).[72]

Auf einer Konferenz im Jahr 1994 zum Thema Marketing bei Jugendlichen erklärte eine Führungskraft von Channel One den finanziellen Erfolg so: »Das beste Argument für Werbekunden ist, dass wir die Kids zwingen, zwei Minuten Werbung anzusehen. Der Kunde bekommt eine Gruppe von Kindern, die nicht auf die Toilette gehen, nicht das Programm wechseln können, keine Mutter im Hintergrund rufen hören, nicht Nintendo spielen und auch keine Kopfhörer aufhaben.«[73]

Vor einigen Jahren hat Whittle Channel One verkauft; nun ist er dabei, eine gewinnorientierte Privatschule in New York aufzuziehen. Seine frühere Firma hat ihren Höhepunkt bereits überschritten – zu Anfang des neuen Jahrtausends hat Channel One etwa ein Drittel seiner Schulen und viele wichtige Werbekunden verloren. Aber es ist dem Unternehmen gelungen, an dem Tabu zu rütteln, mit dem Werbung im Klassenzimmer belegt war. Heute gehören dort Werbung, Firmensponsoren, Product-Placement und der Handel mit Namensrechten zur Normalität.[74]

Dass kommerzielle Interessen den Weg ins Klassenzimmer gefunden haben, ist nicht völlig neu. In den 1920ern spendete Ivory Soap den Schulen Seifenriegel für Wettbewerbe im Seifenschnitzen. Firmenlogos auf Ergebnistafeln und Jahrbüchern der Highschools haben eine lange Tradition. Doch in den 90ern nahm der Einfluss der Unternehmen auf Schulen dramatisch zu. Firmen überschütteten Lehrer mit kostenlosen Videos, Plakaten und »Lernbaukästen«, die dazu gedacht waren, das Image der Firmen aufzupolieren und die Markennamen im Denken der Kinder positiv zu besetzen. Man nannte das »gesponsertes Lernmaterial«. Anhand der Broschüren von Hershey's Schokolade oder McDonald's konnten die Schüler etwas über Ernährung lernen; ein von Exxon produziertes Video bot ihnen die Möglichkeit, die Folgen eines Ölunfalls in Alaska zu studieren. Procter & Gamble platzierte Lehrmaterial zum Umweltschutz, in dem erklärt wurde, warum Wegwerfwindeln gut für die Erde seien.[75]

Scholastic, der weltweit größte Verlag für Kinderbücher, verteilte 2009 kostenloses Lehrmaterial über die Energieindustrie an 60 000 Lehrer der vierten Klassen. Das Heft mit dem Titel *United States of Energy* wurde von der American Coal Foundation finanziert und stellte die Vorzüge der Kohle heraus, ohne Bergwerksunfälle, toxische Abfälle, Treibhausgase oder andere Auswirkungen auf die Umwelt zu erwähnen. Als die Presse Kritik an dem einseitigen Lehrmaterial übte, kündigte Scholastic an, man werde den Umfang der von Firmen finanzierten Veröffentlichungen zurückfahren.[76]

Nicht alle von Unternehmen gesponserten kostenlosen Materialien verbreiten ideologische Vorstellungen. Manche preisen einfach die Marke. So versandte die Campbell Soup Company kostenlos einen Experimentierkasten, mit dem sich angeblich wissenschaftliche Methodik erlernen ließ. Mithilfe eines im Paket enthaltenen Schlitzlöffels sollten die Schüler etwa experimentell beweisen, dass die Campbell Spaghettisauce dicker war als ein Konkurrenzprodukt. General Mills schickte Lehrern wissenschaftliches Lehrmaterial über Vulkane mit dem Titel *Geysire: Wunder der Erde*. Dazu gehörten Gratisproben von Fruit Gushers Candy, deren weicher Inhalt beim Hineinbeißen »wie ein Geysir« herausquillt. Die Anleitung für die Lehrer regte an, dass die Schüler in die »Gusher« beißen und den Effekt mit einer geothermischen Eruption vergleichen sollten. Lehrmaterial von Tootsie Roll zeigte, wie Drittklässler Rechnen üben konnten, indem sie die Bonbons der Rolle zählten. Für eine Schreiblektion wurde empfohlen, dass die Kinder Familienmitglieder zu ihren Erinnerungen an Tootsie Rolls befragten.[77]

Die Flutwelle der Werbung in Schulen spiegelt die gestiegene Kaufkraft von Kindern und ihren wachsenden Einfluss auf die Familienausgaben. 1983 gaben US-Firmen 100 Millionen Dollar für Werbung bei Kindern aus. 2005 waren es 16,8 Milliarden. Da Kinder den größten Teil des

Tages in der Schule verbringen, arbeiten Vermarkter aggressiv daran, sie dort zu erreichen. Mittlerweile hat die unzureichende Finanzierung der Bildungseinrichtungen dazu geführt, dass öffentliche Schulen sie nur allzu bereitwillig begrüßen.[78]

Eine Grundschule in New Jersey wurde 2001 zur ersten öffentlichen Schule des Landes, die Namensrechte an einen Firmensponsor verkaufte. Als Gegenleistung für eine Spende des örtlichen Supermarkts in Höhe von 100 000 Dollar taufte sie ihre Sporthalle in »ShopRite of Brooklawn Center« um. Es folgten weitere Deals mit Namensrechten. Die einträglichsten betrafen Schulsportplätze für Football und brachten den Schulen von 100 000 bis zu einer Million Dollar ein. 2006 hatte eine neue öffentliche Highschool in Philadelphia hochfliegende Pläne. Sie veröffentlichte eine Preisliste mit verfügbaren Namensrechten: eine Million für den Kunstpavillon, 750 000 Dollar für die wissenschaftlichen Labore und fünf Millionen für die Umbenennung der Schule selbst. Microsoft spendete 100 000 Dollar, um dem Besucherzentrum der Schule den Namen geben zu dürfen. Manche Namensänderungen sind nicht ganz so teuer. Eine Highschool in Newburyport, Massachusetts, bot die Namensrechte für das Büro des Schulleiters für 10 000 Dollar an.[79]

Viele Schuldistrikte gingen noch unverblümter vor. 2011 verkaufte ein Distrikt in Colorado Flächen auf Zeugnisformularen. Einige Jahre zuvor gab eine Grundschule in Florida Zeugnisse aus, die in einem Umschlag mit Werbung für McDonald's steckten. Die Werbung war Teil einer Anreizkampagne für gute Noten, die allen Kindern mit ausschließlich Einsen und Zweien oder weniger als drei Einträgen wegen Abwesenheit ein kostenloses Happy Meal bei McDonald's versprach. Widerstand vor Ort führte dazu, dass man die Kampagne einstellte.[80]

2011 genehmigten sieben Staaten Werbung auf den Seitenwänden von Schulbussen. Begonnen hatte die Werbung auf Schulbussen in den 90ern in Colorado, dessen Schulen auch unter den Ersten waren, die Werbung innerhalb der Gebäude akzeptierten. In Colorado Springs schmückte Werbung für Mountain Dew die Korridore, und Reklame von Burger King dekorierte die Seitenwände von Schulbussen. In jüngerer Zeit haben Schulen in Minnesota, Pennsylvania und andernorts Werbefirmen gestattet, wuchtige »supergrafische« Anzeigen auf Wänden und Böden, Garderobenschränken und -bänken und Tischen der Cafeteria anzubringen.[81]

Die grassierende Kommerzialisierung von Schulen wirkt in zweifacher Hinsicht korrumpierend. Erstens ist der größte Teil des von Firmen gesponserten Lehrmaterials von minderer Qualität und offen voreingenommen. Wie die Studie eines Verbraucherschutzverbandes ergab, sind 80 Prozent des gesponserten Unterrichtsmaterials auf das Produkt oder den Standpunkt des Sponsors ausgerichtet, was sicher niemanden überrascht. Doch selbst da, wo Sponsoren objektive Lehrwerkzeuge von untadeliger Qualität anböten, wäre kommerzielle Werbung im Klassenzimmer nach wie vor eine Gefahr, weil sie dem Zweck von Schulen zuwiderläuft. Werbung ermuntert die Menschen dazu, sich Dinge zu wünschen und ihre Begierden zu befriedigen. Bildung hingegen ermuntert Menschen dazu, ihre Begierden kritisch zu reflektieren, sie einzudämmen oder zumindest bewusster auszuleben. Zweck der Werbung ist es, Verbraucher zu rekrutieren; das Ziel öffentlicher Schulen ist es, Staatsbürger heranzuziehen.[82]

Es ist nicht einfach, Schüler zu Staatsbürgern zu erziehen, die imstande sind, kritisch über die sie umgebende Welt nachzudenken, wenn ein so großer Teil der Kindheit darin besteht, zum Konsumenten ausgebildet zu werden.

In einer Zeit, in der viele Kinder als wandelnde Reklametafeln voller Logos auf ihren Markenklamotten zur Schule kommen, ist es noch viel schwieriger – und deshalb wichtiger –, dass Schulen eine gewisse Distanz zu einer Populärkultur schaffen, die vom Ethos des Konsums durchdrungen ist.

Doch Werbung verabscheut die Distanz. Sie verwischt die Grenzen zwischen den Orten und verwandelt jede Umgebung in einen Verkaufsplatz. »Entdecken Sie Ihren eigenen Gewinnstrom an den Schultoren!«, verkündete eine Broschüre, die für eine Marketingkonferenz für Schulwerbung Reklame machte. »Ob Erstklässler das Lesen lernen oder Teenager ihr erstes Auto aussuchen – wir können garantieren, dass wir Ihr Produkt und Ihr Unternehmen im klassischen Umfeld des Klassenzimmers einführen!«[83]

Die Vermarkter stürmen die Schultore, und in den durch Rezession, Steuerkürzungen, Budgeteinschnitte und wachsende Schülerzahlen ins Wanken geratenen Schulen glaubt man, keine Wahl zu haben: Man lässt sie ein. Doch der Fehler liegt weniger bei den Schulen als bei uns Bürgern. Anstatt die öffentlichen Mittel aufzubringen, die für die Erziehung unserer Kinder notwendig sind, ziehen wir es vor, ihre Zeit und ihr Denken an Burger King und Mountain Dew zu verkaufen.

Die gespaltene Gesellschaft

Die Kommerzialisierung zerstört nicht alles, was sie berührt. Ein Hydrant mit dem Logo von KFC liefert immer noch Wasser zum Löschen der Flammen. Ein mit Werbung für einen Hollywood-Film überzogener U-Bahn-Wagen bringt Sie immer noch rechtzeitig zum Abendessen nach Hause. Kinder können mithilfe von Tootsie Rolls durchaus Rechnen lernen. Sportfans können weiterhin die Heimmannschaft unterstützen, sei es im Bank of America Stadium, der AT&T-Arena oder dem Lincoln Financial Field, auch wenn diese Namen nur wenigen Menschen wirklich etwas bedeuten. Dennoch: Wenn Dinge mit Firmenlogos bedruckt werden, ändert das ihre Bedeutung. Märkte hinterlassen ihre Spuren auf den Dingen. Product-Placement verdirbt die Integrität von Büchern und korrumpiert die Beziehung zwischen Autor und Leser. Tätowierte Körperwerbung verdinglicht und erniedrigt die Menschen, die man dafür bezahlt. Werbespots in Klassenzimmern untergraben den Erziehungszweck von Schulen.

Ich gebe zu, dass man über diese Urteile streiten kann. Die Menschen sind unterschiedlicher Meinung, was die Bedeutung von Büchern, Körpern und Schulen angeht und wie sie bewertet werden sollten. Wir sind auch uneins in Bezug auf die Normen, die für die infrage stehenden Gebiete – Familienleben, Freundschaften, Sex, Fortpflanzung, Gesundheit, Bildung, Natur, Kunst, Bürgerrecht, Sport und das menschliche Sterben – gelten sollten. Doch genau darauf will ich hinaus: Sobald wir erkennen, dass Märkte und Kommerz den Charakter der von ihnen erfassten Güter verändern, müssen wir uns fragen, wo Märkte überhaupt hingehören – und wo nicht. Diese Frage können wir aber nicht beantworten, ohne über die Bedeutung und den Zweck von Gütern, Institutionen und Handlungsweisen zu beraten – und über die Werte, die sie leiten sollten.

Solche Beratungen sind unvermeidlich durch konkurrierende Vorstellungen vom guten Leben geprägt, und manchmal fürchten wir uns davor, dieses umstrittene Terrain zu betreten. Weil wir Angst vor Uneinigkeit haben, bringen wir unsere moralischen oder spirituellen Überzeugungen nur widerstrebend in die Öffentlichkeit ein. Doch diese Fragen bleiben nicht unentschieden, wenn wir davor zurückschrecken, denn damit bewirken wir einfach, dass die Märkte sie für uns entscheiden. Das ist die Lektion der letzten drei Jahrzehnte. In der Ära der triumphierenden Märkte ist der öffentliche Diskurs weitgehend aller moralischen und spirituellen Substanz entleert worden. Nur wenn wir uns freimütig und öffentlich über die Bedeutung der von uns geschätzten Güter und sozialen Verhaltensweisen beraten, können wir hoffen, die Märkte in ihre Schranken zu weisen.

Neben der Debatte über die Bedeutung des einen oder anderen Gutes müssen wir auch eine weiter gefasste Frage stellen: In welcher Art von Gesellschaft wollen wir leben? Wo der Verkauf von Namensrechten und das Kommunalsponsoring von unserer Lebenswelt Besitz ergreifen, schwächen sie den sozialen Zusammenhalt. Abgesehen von dem Schaden, den die Kommerzialisierung bestimmten Gütern zufügt, zersetzt sie auch die Gemeinschaft. Je mehr Dinge für Geld zu haben sind, desto eher verschwinden auch die Gelegenheiten, in denen Menschen aus unterschiedlichen Lebenswelten aufeinandertreffen. Jedes Baseballspiel kann uns daran erinnern, wenn wir im Stadion zu den Logen hinauf schauen (oder von ihnen hinunter). Einst konnte man im Stadion eine Vermischung der verschiedenen Schichten erleben; dass diese Erfahrung verschwindet, ist nicht nur ein Verlust für diejenigen, die aufschauen, sondern auch für jene, die hinabschauen.

Ähnliches geschieht überall in unserer Gesellschaft. In einer Zeit zunehmender Ungleichheit läuft die allumfassende Kommerzialisierung des Lebens darauf hinaus, dass Arme und Reiche zunehmend getrennte Leben führen. Wir arbeiten und kaufen und spielen an verschiedenen Orten. Unsere Kinder besuchen verschiedene Schulen, unsere Lebenswelten schotten sich voneinander ab. Das dient weder der Demokratie noch unserer Lebensqualität.

Demokratie erfordert keine vollkommene Gleichheit, aber sie erfordert, dass Bürger an einer gemeinsamen Lebenswelt teilhaben. Es kommt darauf an, dass Menschen mit unterschiedlichem Hintergrund und Sozialstatus miteinander in Kontakt kommen und im Alltag auch einmal zusammenstoßen. Denn nur so lernen wir, wie wir unsere Unterschiede aushandeln und wie wir gemeinsam dem Gemeinwohl dienen können.

Am Ende läuft die Frage nach den Märkten also auf die Frage hinaus, wie wir zusammen leben wollen. Wünschen wir uns eine Gesellschaft, in der alles käuflich ist? Oder gibt es gewisse moralische und staatsbürgerliche Werte, die von den Märkten nicht gewürdigt werden – und die man für Geld nicht kaufen kann?

Anmerkungen

Einführung

1 Jennifer Steinhauer, »For $82 a Day, Booking a Cell in a 5-Star Jail«, *New York Times*, 29. April 2007.
2 Daniel Machalaba, »Paying for VIP Treatment in a Traffic Jam: More Cities Give Drivers Access to Express Lanes – for a Fee«, *Wall Street Journal*, 21. Juni 2007.
3 Sam Dolnick, »World Outsources Pregnancies to India«, *USA Today*, 31. Dezember 2007; Amelia Gentleman, »India Nurtures Business of Surrogate Motherhood«, *New York Times*, 10. März 2008.
4 Eliot Brown, »Help Fund a Project, and Get a Green Card«, *Wall Street Journal*, 2. Februar 2011; Sumathi Reddy, »Program Gives Investors Chance at Visa«, *Wall Street Journal*, 7. Juni 2011.
5 Brendan Borrell, »Saving the Rhino Through Sacrifice«, *Bloomberg Businessweek*, 9. Dezember 2010.
6 Tom Murphy, »Patients Paying for Extra Time with Doctor: ›Concierge‹ Practices, Growing in Popularity, Raise Access Concerns«, *Washington Post*, 24. Januar 2010; Paul Sullivan, »Putting Your Doctor, or a Whole Team of Them, on Retainer«, *New York Times*, 30. April 2011.
7 Die aktuellen Preise in Euro finden sich unter www.pointcarbon.com.
8 Daniel Golden, »At Many Colleges, the Rich Kids Get Affirmative Action: Seeking Donors, Duke Courts

›Development Admits‹«, *Wall Street Journal*, 20. Februar 2003.

9 Andrew Adam Newman, »The Body as Billboard: Your Ad Here«, *New York Times*, 18. Februar 2009.

10 Carl Elliott, »Guinea-Pigging«, *New Yorker*, 7. Januar 2008.

11 Matthew Quirk, »Private Military Contractors: A Buyer's Guide«, *Atlantic*, September 2004, S. 39, zitiert P. W. Singer; Mark Hemingway, »Warriors for Hire«, *Weekly Standard*, 18. Dezember 2006; Jeffrey Gettleman, Mark Massetti und Eric Schmitt, »U. S. Relies on Contractors in Somalia Conflict«, *New York Times*, 10. August 2011.

12 Sarah O'Connor, »Packed Agenda Proves Boon for Army Standing in Line«, *Financial Times*, 13. Oktober 2009; Lisa Lerer, »Waiting for Good Dough«, *Politico*, 26. Juli 2007; Tara Palmeri, »Homeless Stand in for Lobbyists on Capitol Hill«, CNN, http://edition.cnn.com/2009/POLITICS/07/13/line.standers/.

13 Amanda Ripley, »Is Cash the Answer«?, *Time*, 19. April 2010, S. 44 f.

14 In einer Studie zur Gewichtsreduzierung erhielten die Teilnehmer im Schnitt 378,49 Dollar für eine Gewichtsabnahme von 7 Kilo in 16 Wochen. Siehe Kevin G. Volpp, »Paying People to Lose Weight and Stop Smoking«, *Issue Brief*, Leonard Davis Institute of Health Economics, University of Pennsylvania, Bd. 14, Februar 2009; K. G. Volpp et al., »Financial Incentive – Based Approaches for Weight Loss«, *JAMA* 300 (10. Dezember 2008), S. 2631–2637.

15 Sophia Grene, »Securitising Life Policies Has Dangers«, Financial Times, 2. August 2010; Mark Maremont and Leslie Scism, »Odds Skew Against Investors in Bets on Strangers' Lives«, *Wall Street Journal*, 21. Dezember 2010.

16 T. Christian Miller, »Contractors Outnumber Troops in Iraq«, *Los Angeles Times*, 4. Juli 2007; James Glanz, »Contractors Outnumber U. S. Troops in Afghanistan«, *New York Times*, 2. September 2009.
17 »Policing for Profit: Welcome to the New World of Private Security«, *The Economist*, 19. April 1997.
18 Diese Einsicht verdanke ich nicht zuletzt Elizabeth Andersons aufschlussreicher Darstellung in *Value in Ethics and Economics* (Cambridge, MA: Harvard University Press, 1993).
19 Edmund L. Andrews, »Greenspan Concedes Error on Regulation«, *New York Times*, 24. Oktober 2008.
20 »What Went Wrong with Economics?«, *The Economist*, 16. Juli 2009.
21 Frank Newport, »Americans Blame Government More Than Wall Street for Economy«, *Gallup Poll*, 19. Oktober 2011, www.gallup.com/poll/150191/Americans-Blame-Gov-Wall-Street-Economy.aspx.
22 William Douglas, »Occupy Wall Street Shares Roots with Tea Party Protesters – but Different Goals«, *Miami Herald*, 19. Oktober 2011; David S. Meyer, »What Occupy Wall Street Learned from the Tea Party«, *Washington Post*, 7. Oktober 2011; Dunstan Prial, »Occupy Wall Street, Tea Party Movements Both Born of Bank Bailouts«, *Fox Business*, 20. Oktober 2011, www.foxbusiness.com/markets/2011/10/19/occupy-wall-street-tea-party-born-bank-bailouts.

Kapitel 1

1 Christopher Caldwell, »First-Class Privilege«, *New York Times Magazine*, 11. Mai 2008, S. 9–10.
2 Vgl. http//:united.com/CMS/eu-US/products/travelpro-

ducts/Pages/Travelstore.aspx; David Millward, »Luton Airport Charges to Jump Security Queue, *Telegraph*, 26. März 2009.

3 Christopher Caldwell, »First-Class Privilege«
4 Ramin Setoodeh, »Step Right Up! Amusement – Park Visitors Pay Premium to Avoid Long Lines«, *Wall Street Journal*, 12. Juli 2004, S. B1; Chris Mohney, »Changing Lines: Paying to Skip the Queues at Theme Parks«, *Slate*, 3. Juli 2002; Steve Rushin, »The Waiting Game«, *Time*, 10. September 2007, S. 88; Harry Wallop, »£350 to Queue Jump at a Theme Park«, *Telegraph*, 13. Februar 2011. Das Zitat stammt aus Mohney, »Changing Lines«.
5 Setoodeh, »Step Right Up!«; Mohney, »Changing Lines«; www.universalstudioshollywood.com/tickets/front-of-line-pass/.
6 www.esbnyc.com/buy_tickets.asp
7 www.hbo.com/curb-your-enthusiasm/episodes#/curb-your-enthusiasm/episodes/4/36-the-car-pool-lane/synopsis.html.
8 Timothy Egan, »Paying on the Highway to Get Out of First Gear«, *New York Times*, 28. April 2005, S. A1; Larry Copeland, »Solo in the Car-pool Lane?«, *USA Today*, 9. Mai 2005, S. 3 A; Daniel Machalaba, »Paying for VIP Treatment in a Traffic Jam«, *Wall Street Journal*, 21. Juni 2007, S. 1; Larry Lane, »›HOT‹ Lanes Wide Open to Solo Drivers – For a Price«, *Seattle Post – Intelligencer*, 3. April 2008, S. A1; Michael Cabanatuan, »Bay Area's First Express Lane to Open on I-680«, *San Francisco Chronicle*, 13. September 2010.
9 Joe Dziemianowicz, »Shakedown in the Park: Putting a Price on Free Shakespeare Tickets Sparks an Ugly Drama«, *Daily News*, 9. Juni 2010, S. 39.
10 Ebd.; Glenn Blain, »Attorney General Andrew Cuomo Cracks Down on Scalping of Shakespeare in the Park

Tickets«, *Daily News*, 11. Juni 2010; »Still Acting Like Attorney General, Cuomo Goes After Shakespeare Scalpers«, *Wall Street Journal*, 11. Juni 2010.

11 Brian Montopoli, »The Queue Crew«, *Legal Affairs*, Januar/Februar 2004; Libby Copeland, »The Line Starts Here«, *Washington Post*, 2. März 2005; Lisa Lerer, »Waiting for Good Dough«, *Politico*, 26. Juli 2007; Tara Palmeri, »Homeless Stand in for Lobbyists on Capitol Hill«, CNN, http://edition.cnn.com/2009/POLITICS/07/13/line.standers.

12 Sam Hananel, »Lawmaker Wants to Ban Hill Line Standers«, *Washington Post*, 17. Oktober 2007; Mike Mills, »It Pays to Wait: On the Hill, Entrepreneurs Take Profi Table Queue from Lobbyists«, *Washington Post*, 24. Mai 1995; »Hustling Congress«, *Washington Post*, 29. Mai 1995. Senator McCaskill wird zitiert in Sarah O'Connor, »Packed Agenda Proves Boon for Army Standing in Line«, *Financial Times*, 13. Oktober 2009.

13 Robyn Hagan Cain, »Need a Seat at Supreme Court Oral Arguments? Hire a Line Stander«, *FindLaw*, 2. September 2011, http://blogs.findlaw.com/supreme_court/2011/09/need-a-seat-at-supreme-court-oral-arguments-hire-a-line-stander.html; www.qmsdc.com/linestanding.html.

14 www.linestanding.com. Aussage von Mark Gross bei http://qmsdc.com/Response%20to%20S-2177.htm.

15 Gomes zitiert in Palmeri, »Homeless Stand in for Lobbyists on Capitol Hill«.

16 Ebd.

17 David Pierson, »In China, Shift to Privatized Healthcare Brings Long Lines and Frustration«, *Los Angeles Times*, 11. Februar 2010; Evan Osnos, »In China, Health Care Is Scalpers, Lines, Debt«, *Chicago Tribune*, 28. September 2005; »China Focus: Private Hospitals Shoulder Hopes of Revamping China's Ailing Medical System«, *Xin-*

hua News Agency, 11. März 2010, www.istockanalyst. com/article/viewiStockNews/articleid/3938009.

18 Yang Wanli, »Scalpers Sell Appointments for 3,000 Yuan«, *China Daily*, 24. Dezember 2009, http://www.chinadaily. com.cn/bizchina/2009-12/24/content_9224785.htm; Pierson, »In China, Shift to Privatized Healthcare Brings Long Lines and Frustration«.

19 Osnos, »In China, Health Care Is Scalpers, Lines, Debt«.

20 Murphy, »Patients Paying for Extra Time with Doctor«; Abigail Zuger, »For a Retainer, Lavish Care by ›Boutique Doctors‹«, *New York Times*, 30. Oktober 2005.

21 Paul Sullivan, »Putting Your Doctor, or a Whole Team of Them, on Retainer«, *New York Times*, 30. April 2011, S. 6; Kevin Sack, »Despite Recession, Personalized Health Care Remains in Demand«, *New York Times*, 11. Mai 2009.

22 Sack, »Despite Recession, Personalized Health Care Remains in Demand.«

23 www.md2.com/.

24 Ebd.

25 Samantha Marshall, »Concierge Medicine«, *Town & Country*, Januar 2011.

26 Sullivan, »Putting Your Doctor, or a Whole Team of Them, on Retainer«; Drew Lindsay, »I Want to Talk to My Doctor«, *Washingtonian*, Februar 2010, S. 27–33.

27 Zuger, »For a Retainer, Lavish Care by ›Boutique Doctors‹«.

28 Lindsay, »I Want to Talk to My Doctor«; Murphy, »Patients Paying for Extra Time with Doctor«; Zuger, »For a Retainer, Lavish Care by ›Boutique Doctors‹«; Sack, »Despite Recession, Personalized Health Care Remains in Demand«.

29 Eine neuere Studie zeigt, dass die Hausärzte und Internisten in Massachusetts mehrheitlich keine neuen Patienten mehr annehmen. Siehe Robert Pear, »U. S. Plans Stealth

Survey on Access to Doctors«, *New York Times*, 26. Juni 2011.

30 N. Gregory Mankiw, *Principles of Microeconomics*, 5. Aufl. (Mason, OH: South-Western Cengage Learning, 2009), S. 147, 149, 151.

31 N. Gregory Mankiw, *Principles of Microeconomics*, 1. Aufl. (Mason, OH: South – Western Cengage Learning, 1998), S. 148.

32 Blain, »Attorney General Cuomo Cracks Down on Scalping of Shakespeare in the Park Tickets«.

33 Richard H. Thaler, ein Wirtschaftswissenschaftler, zitiert in John Tierney, »Tickets? Supply Meets Demand on Sidewalk«, *New York Times*, 26. Dezember 1992.

34 Marjie Lundstrom, »Scalpers Flipping Yosemite Reservations«, *Sacramento Bee*, 18. April 2011.

35 »Scalpers Strike Yosemite Park: Is Nothing Sacred?« Leitartikel, *Sacramento Bee*, 19. April 2011.

36 Suzanne Sataline, »In First U. S. Visit, Pope Benedict Has Mass Appeal: Catholic Church Tries to Deter Ticket Scalping«, *Wall Street Journal*, 16. April 2008.

37 John Seabrook, »The Price of the Ticket«, *New Yorker*, 10. August 2009. Die Zahl von vier Millionen Dollar stammt aus Marie Connolly, Alan B. Kreuger, »Rockonomics: The Economics of Popular Music«, März 2005, Arbeitspapier, www.krueger.princeton.edu/working_papers.html.

38 Seabrook, »The Price of the Ticket«.

39 Andrew Bibby, »Big Spenders Jump the Queue«, *Mail on Sunday* (London), 13. März 2006; Steve Huettel, »Delta Thinks of Charging More for American Voice on the Phone«, *St. Petersburg Times*, 28. Juli 2004; Gersh Kuntzman, »Delta Nixes Special Fee for Tickets«, *New York Post*, 29. Juli 2004.

Kapitel 2

1 Michelle Cottle, »Say Yes to CRACK«, *New Republic*, 23. August 1999; William Lee Adams, »Why Drug Addicts Are Getting Sterilized for Cash«, *Time*, 17. April 2010. Die Zahl der Abhängigen und Alkoholiker (Frauen und Männer gemeinsam), die sich von Project Prevention für Geld haben sterilisieren lassen oder in langfristige Verhütung eingewilligt haben, belief sich im August 2011 auf 3848. Siehe auch http://projectprevention.org/statistics.

2 Pam Belluck, »Cash for Sterilization Plan Draws Addicts and Critics«, *New York Times*, 24. Juli 1999; Adams, »Why Drug Addicts Are Getting Sterilized for Cash«; Cottle, »Say Yes to CRACK«.

3 Adams, »Why Drug Addicts Are Getting Sterilized for Cash«; Jon Swaine, »Drug Addict Sterilized for Cash«, *Telegraph*, 19. Oktober 2010; Jane Beresford, »Should Drug Addicts Be Paid to Get Sterilized?«, *BBC News Magazine*, 8. Februar 2010, http://news.bbc.co.uk/2/hi/uk_news/magazine/8500285.stm.

4 Deborah Orr, »Project Prevention Puts the Price of a Vasectomy – and for Forfeiting a Future – at £ 200«, *Guardian*, 21. Oktober 2010; Andrew M. Brown, »Paying Drug Addicts to be Sterilized Is Utterly Wrong«, *Telegraph*, 19. Oktober 2010; Michael Seamark, »The American Woman Who Wants to ›Bribe‹ UK Heroin Users with £ 200 to Have Vasectomies«, *Daily Mail*, 22. Oktober 2010; Anso Thom, »HIV Sterilisation Shock: Health Ministry Slams Contraception Idea«, *Daily News* (South Africa), 13. April 2011; »Outrage over ›Cash for Contraception‹ Offer to HIV Positive Women«, *Africa News*, 12. Mai 2011.

5 Adams, »Why Drug Addicts Are Getting Sterilized for Cash«.

6 Gary S. Becker, *Der ökonomische Ansatz zur Erklärung*

menschlichen Verhaltens (Tübingen: Mohr/Siebeck, 1982), S. 2.
7 Ebd., S. 7.
8 Ebd., S. 6.
9 Ebd., S. 10. Hervorhebung im Originaltext.
10 Ebd., S. 13.
11 Amanda Ripley, »Should Kids Be Bribed to Do Well in School?«, *Time*, 19. April 2010.
12 Die Ergebnisse von Fryers Studien sind in dem oben genannten Artikel nachzulesen. Für die vollständigen Resultate siehe Roland G. Fryer, Jr., »Financial Incentives and Student Achievement: Evidence from Randomized Trials«, *Quarterly Journal of Economics* 126 (November 2011), S. 1755–1798, www.economics.harvard.edu/faculty/fryer/papers_fryer.
13 Fryer, »Financial Incentives and Student Achievement«; Jennifer Medina, »Next Question: Can Students Be Paid to Excel?«, *New York Times*, 5. März 2008.
14 Fryer, »Financial Incentives and Student Achievement«; Bill Turque, »D. C. Students Respond to Cash Awards, Harvard Study Shows«, *Washington Post*, 10. April 2010.
15 Fryer, »Financial Incentives and Student Achievement«.
16 Ebd.
17 Ebd.
18 Michael S. Holstead, Terry E. Spradlin, Margaret E. McGillivray und Nathan Burroughs, *The Impact of Advanced Placement Incentive Programs*, Indiana University, Center for Evaluation & Education Policy, *Education Policy Brief*, Bd. 8, Winter 2010; Scott J. Cech, »Tying Cash Awards to AP-Exam Scores Seen as Paying Off«, *Education Week*, 16. Januar 2008; C. Kirabo Jackson, »A Little Now for a Lot Later: A Look at a Texas Advanced Placement Incentive Program«, *Journal of Human Resources* 45 (2010).

19 »Should the Best Teachers Get More Than an Apple?«, *Governing Magazine*, August 2009; Matthew G. Springer *et al.*, *Teacher Pay for Performance*, National Center on Performance Incentives, Vanderbilt University, 21. September 2010; Nick Anderson, »Study Undercuts Teacher Bonuses«, *Washington Post*, 22. September 2010.
20 Sam Dillon, »Incentives for Advanced Work Let Pupils and Teachers Cash In«, *New York Times*, 3. Oktober 2011.
21 Jackson, »A Little Now for a Lot Later«.
22 Ebd.
23 Pam Belluck, »For Forgetful, Cash Helps the Medicine Go Down«, *New York Times*, 13. Juni 2010.
24 Ebd.; Theresa Marteau, Richard Ashcroft, Adam Oliver, »Using Financial Incentives to Achieve Healthy Behavior«, *British Medical Journal* 338 (25. April 2009), S. 983–985; Libby Brooks, »A Nudge Too Far«, *Guardian*, 15. Oktober 2009; Michelle Roberts, »Psychiatric Jabs for Cash Tested«, *BBC News*, 6. Oktober 2010; Daniel Martin, »HMV Voucher Bribe for Teenage Girls to Have Cervical Jabs«, *Daily Mail* (London), 26. Oktober 2010.
25 Jordan Lite, »Money over Matter: Can Cash Incentives Keep People Healthy?«, *Scientific American*, 21. März 2011; Kevin G. Volpp u. a., »A Randomized, Controlled Trial of Financial Incentives for Smoking Cessation«, *New England Journal of Medicine* 360 (12. Februar 2009); Brendan Borrell, »The Fairness of Health Insurance Incentives«, *Los Angeles Times*, 3. Januar 2011; Robert Langreth, »Healthy Bribes«, *Forbes*, 24. August 2009; Julian Mincer, »Get Healthy or Else ...«, *Wall Street Journal*, 16. Mai 2010.
26 www.nbc.com/the-biggest-loser
27 K. G. Volpp u. a., »Financial Incentive-Based Approaches for Weight Loss,« *JAMA* 300 (10. Dezember 2008),

S. 2631–2637; Liz Hollis, »A Pound for a Pound«, *Prospect*, August 2010.

28 Victoria Fletcher, »Disgust over NHS Bribes to Lose Weight and Cut Smoking«, *Express* (London), 27. September 2010; Sarah-Kate Templeton, »Anger Over NHS Plan to Give Addicts iPods«, *Sunday Times* (London), 22. Juli 2007; Tom Sutcliffe, »Should I Be Bribed to Stay Healthy?«, *Independent* (London), 28. September 2010; »MP Raps NHS Diet-for-Cash Scheme«, *BBC News*, 15. Januar 2009; Miriam Stoppard, »Why We Should Never Pay for People to Be Healthy!«, *Mirror* (London), 11. Oktober 2010.

29 Harald Schmidt, Kristin Voigt und Daniel Wikler, »Carrots, Sticks, and Health Care Reform – Problems with Wellness Incentives«, *New England Journal of Medicine* 362 (14. Januar 2010); Harald Schmidt, »Wellness Incentives Are Key but May Unfairly Shift Healthcare Costs to Employees«, *Los Angeles Times*, 3. Januar 2011; Julie Kosterlitz, »Better Get Fit – Or Else!«, *National Journal*, 26. September 2009; Rebecca Vesely, »Wellness Incentives Under Fire«, *Modern Healthcare*, 16. November 2009.

30 Eine Diskussion des Einwands der Bestechlichkeit findet sich bei Richard E. Ashcroft, »Personal Financial Incentives in Health Promotion: Where Do They Fit in an Ethic of Autonomy?«, *Health Expectations* 14 (Juni 2011), S. 191–200.

31 V. Paul-Ebhohimhen und A. Avenell, »Systematic Review of the Use of Financial Incentives in Treatments for Obesity and Overweight«, *Obesity Reviews* 9 (Juli 2008), S. 355–367; Lite, »Money over Matter«; Volpp, »A Randomized, Controlled Trial of Financial Incentives for Smoking Cessation«; Marteau, »Using Financial Incentives to Achieve Healthy Behaviour«.

32 Gary S. Becker, »Why Not Let Immigrants Pay for Speedy Entry«, in: Gary S. Becker and Guity Nashat Becker, Hrsg., *The Economics of Life* (New York: McGraw Hill, 1997), S. 58–60, ursprünglich erschienen in *Business Week*, 2. März 1987; Gary S. Becker, »Sell the Right to Immigrate«, *Becker-Posner Blog*, 21. Februar 2005, www.becker-posner-blog.com/2005/02/sell-the-right-to-immigrate-becker.html.

33 Julian L. Simon, »Auction the Right to Be an Immigrant«, *New York Times*, 28. Januar 1986.

34 Sumathi Reddy und Joseph de Avila, »Program Gives Investors Chance at Visa«, *Wall Street Journal*, 7. Juni 2011; Eliot Brown, »Help Fund a Project, and Get a Green Card«, *Wall Street Journal*, 2. Februar 2011; Nick Timiraos, »Foreigners' Sweetener: Buy House, Get a Visa«, *Wall Street Journal*, 20. Oktober 2011.

35 Becker, »Sell the Right to Immigrate«.

36 Peter H. Schuck, »Share the Refugees«, *New York Times*, 13. August 1994; Peter H. Schuck, »Refugee Burden-Sharing: A Modest Proposal«, *Yale Journal of International Law* 22 (1997), S. 243–297.

37 Uri Gneezy und Aldo Rustichini, »A Fine Is a Price«, *Journal of Legal Studies* 29 (Januar 2000), S. 1–17.

38 Peter Ford, »Egalitarian Finland Most Competitive, Too«, *Christian Science Monitor*, 26. Oktober 2005; »Finn's Speed Fine Is a Bit Rich«, *BBC News*, 10. Februar 2004, http://news.bbc.co.uk/2/hi/business/3477285.stm; »Nokia Boss Gets Record Speeding Fine«, *BBC News*, 14. Januar 2002, http://news.bbc.co.uk/2/hi/europe/1759791.stm.

39 Sandra Chereb, »Pedal-to-Metal Will Fill Nevada Budget Woes?«, *Associated Press State and Local Wire*, 4. September 2010; Rex Roy, »Pay to Speed in Nevada«, *AOL original*, 2. Oktober 2010, http://autos.aol.com/article/pay-to-speed-nevada/.

40 Henry Chu, »Paris Metro's Cheaters Say Solidarity Is the Ticket«, *Los Angeles Times*, 22. Juni 2010.

41 Malcolm Moore, »China's One-Child Policy Undermined by the Rich«, *Telegraph* (London), 15. Juni 2009; Michael Bristow, »Grey Areas in China's One-Child Policy«, *BBC News*, 21. September 2007, http://news.bbc.co.uk/2/hi/asia-pacific/7002201.stm; Clifford Coonan, »China Eases Rules on One Child Policy«, *Independent* (London), 1. April 2011; Zhang Ming'ai, »Heavy Fines for Violators of One-Child Policy«, *china.org.cn*, 18. September 2007, www.china.org.cn/english/government/224913.htm.

42 »Beijing to Fine Celebrities Who Break ›One Child‹ Rule«, *Xinhua news agency*, 20. Januar 2008, http://english.sina.com/china/1/2008/0120/142656.html; Melinda Liu, »China's One Child Left Behind«, *Newsweek*, 19. Januar 2008; Moore, »China's One-Child Policy Undermined by the Rich«.

43 Kenneth E. Boulding, *The Meaning of the Twentieth Century* (New York: Harper, 1964), S. 135 f.

44 David de la Croix and Axel Gosseries, »Procreation, Migration and Tradable Quotas«, *CORE Discussion Paper* No. 2006/98, November 2006, erhältlich bei SSRN, http://ssrn.com/abstract=970294.

45 Michael J. Sandel, »It's Immoral to Buy the Right to Pollute«, *New York Times*, 15. Dezember 1997.

46 Briefe an die Redaktion von Sanford E. Gaines, Michael Leifman, Eric S. Maskin, Steven Shavell, Robert N. Stavins, »Emissions Trading Will Lead to Less Pollution«, *New York Times*, 17. Dezember 1997. Einige der Briefe sind zusammen mit dem Originalartikel nachgedruckt in Robert N. Stavins, Hrsg., *Economics of the Environment: Selected Readings*, 5. Aufl. (New York: Norton, 2005), S. 355–58. Siehe auch Mark Sagoff, »Controlling Global Climate: The Debate over Pollution Trading«, *Re-

port from the des Institute for Philosophy & Public Policy 19, Nr. 1 (Winter 1999).

47 Ein Wort in eigener Sache: Im ursprünglichen Artikel wurde nicht explizit behauptet, dass die Emission von Kohlendioxid an sich zu beanstanden sei, obwohl die provokante Titelzeile, wonach es unmoralisch sei, Verschmutzungsrechte zu kaufen (das hat der Redakteur zu verantworten, nicht ich), diese Deutung vielleicht nahegelegt hat. Dass es von vielen Leuten so verstanden wurde, ist Grund genug, meinen Einwand zu verdeutlichen. Ich danke Peter Cannavo und Joshua Cohen für die Diskussion dieses Punktes. Dank auch an Jeffrey Skopek, damals Student an der Harvard Law School, der für mein Seminar zu diesem Thema einen erhellenden Aufsatz schrieb.

48 Paul Krugman, »Green Economics«, *New York Times Magazine*, 11. April 2010.

49 Siehe Richard B. Stewart, »Controlling Environmental Risks Through Economic Incentives«, *Columbia Journal of Environmental Law* 13 (1988), S. 153–69; Bruce A. Ackerman und Richard B. Stewart, »Reforming Environmental Law«, *Stanford Law Review* 37 (1985); Bruce A. Ackerman und Richard B. Stewart, »Reforming Environmental Law: The Democratic Case for Market Incentives«, *Columbia Journal of Environmental Law* 13 (1988), S. 171–199; Lisa Heinzerling, »Selling Pollution, Forcing Democracy«, *Stanford Environmental Law Journal* 14 (1995), S. 300–344. Siehe ganz allgemein Stavins, *Economics of the Environment*.

50 John M. Broder, »From a Theory to a Consensus on Emissions«, *New York Times*, 17. Mai 2009; Krugman, »Green Economics«.

51 Broder, »From a Theory to a Consensus on Emissions«. Für eine kritische Bewertung des Handels mit einer begrenzten Menge von Emissionsrechten für Schwefel siehe

James Hansen, »Cap and Fade«, *New York Times*, 7. Dezember 2009.

52 Siehe die Webseite von BP »target neutral«, http://www.bptargetneutral.com/.

53 Jeffrey M. Skopek, der als Student mein Seminar an der Harvard Law School besucht, arbeitet diese Kritik an Ausgleichsmaßnahmen für Kohlenstoffemissionen eindrucksvoll aus. Siehe »Note: Uncommon Goods: On Environmental Virtues and Voluntary Carbon Offsets«, *Harvard Law Review* 123, Nr. 8 (Juni 2010), S. 2065–2087.

54 Ein nachdenklicher Ökonom hat eine Verteidigung von Ausgleichszahlungen vorgelegt: Robert M. Frank, »Carbon Offsets: A Small Price to Pay for Efficiency«, *New York Times*, 31. Mai 2009.

55 Brendan Borrell, »Saving the Rhino Through Sacrifice«, *Bloomberg Businessweek*, 9. Dezember 2010.

56 Ebd.

57 C. J. Chivers, »A Big Game«, *New York Times Magazine*, 25. August 2002.

58 Ebd.

59 Paul A. Samuelson, V*olkswirtschaftslehre: Eine einführende Analyse*, (Köln: Bund-Verlag, 1951), S. 5–6.

60 N. Gregory Mankiw, *Principles of Economics*, 3. Aufl. (Mason, OH: Thomson South-Western, 2004), S. 4.

61 Steven D. Levitt und Stephen J. Dubner, *Freakonomics* (München: Goldmann, 2007), S. 32, 38.

62 Eine erhellende Diskussion des Begriffs Anreiz und seine Geschichte findet sich bei Ruth W. Grant, »Ethics and Incentives: A Political Approach«, *American Political Science Review* 100 (Februar 2006), S. 29–39.

63 Google Books Ngram Viewer, http://ngrams.googlelabs.com/graph?content=incentives&year_start=1940&year_end=2008&corpus=0&smoothing=3, abgefragt am 9. September 2011.

64 Levitt und Dubner, *Freakonomics*, S. 38.
65 Ebd., S. 39.
66 Google Books Ngram Viewer, abgefragt am 9. September 2011.
67 LexisNexis, wissenschaftliche Suche bei großen Tageszeitungen nach Nennungen pro Jahrzehnt: »incentivize« or »incentivise«, abgefragt am 9. September 2011.
68 Die Angaben stammen vom American Presidency Project, University of California, Santa Barbara, archive of Public Papers of the Presidents, www.presidency.ucsb.edu/ws/index.php#1TLVOyrZt.
69 Rede des Premierministers beim World Economic Forum, Davos, 28. Januar 2011, www.number10.gov.uk/news/prime-ministers-speech-at-the-world-economic-forum/; das Cameron-Zitat im Anschluss an die Krawalle in London findet sich bei John F. Burns und Alan Cowell, »After Riots, British Leaders Offer Divergent Proposals«, *New York Times*, 16. August 2011.
70 Levitt and Dubner, *Freakonomics*, S. 32, 77.
71 Mankiw, *Principles of Economics*, 3. Aufl., S. 148.
72 Eine umfassendere Erörterung dieses Einwands gegen den Utilitarismus findet sich bei Michael J. Sandel, *Gerechtigkeit: Wie wir das Richtige tun* (Berlin: Ullstein, 2013)

Kapitel 3

1 Daniel E. Slotnik, »Too Few Friends? A Web Site Lets You Buy Some (and They're Hot)«, *New York Times*, 26. Februar 2007.
2 Heathcliff Rothman, »I'd Really Like to Thank My Pal at the Auction House«, *New York Times*, 12. Februar 2006.
3 Richard A. Posner, »The Regulation of the Market in Adoptions«, *Boston University Law Review* 67 (1987),

S. 592; Elizabeth M. Landes und Richard A. Posner, »The Economics of the Baby Shortage«, *Journal of Legal Studies* 7 (1978), S. 3238.

4 Elisabeth Rosenthal. »For a Fee, This Chinese Firm Will Beg Pardon for Anyone«, *New York Times*, 3. Januar 2001.

5 Rachel Emma Silverman, »Here's to My Friends, the Happy Couple, a Speech I Bought: Best Men of Few Words Get Them on the Internet to Toast Bride and Groom«, *Wall Street Journal*, 19. Juni 2002; Eilene Zimmerman, »A Toast from Your Heart, Written by Someone Else«, *Christian Science Monitor*, 31. Mai 2002.

6 www.theperfecttoast.com; www.instantweddingtoasts.com.

7 Joel Waldfogel, »The Deadweight Loss of Christmas«, *American Economic Review* 83, Nr. 5 (Dezember 1993), S. 13286; Joel Waldfogel, *Scroogenomics: Why You Shouldn't Buy Presents for the Holidays* (Princeton: Princeton University Press, 2009), S. 14.

8 Waldfogel, *Scroogenomics*, S. 145.

9 Joel Waldfogel, »You Shouldn't Have: The Economic Argument for Never Giving Another Gift«, *Slate*, 8. Dezember 2009, www.slate.com/articles/business/the_dismal_science/2009/12/you_shouldnt_have.html.

10 Mankiw, *Principles of Economics*, 3. Aufl., S. 483.

11 Alex Tabarrok, »Giving to My Wild Self«, 21. Dezember 2006, http://marginalrevolution.com/marginalrevolution/2006/12/giving_to_my_wi.html.

12 Waldfogel, *Scroogenomics*, S. 48.

13 Ebd., S. 48–50, 55.

14 Stephen J. Dubner und Steven D. Levitt, »The Gift-Card Economy«, *New York Times*, 7. Januar 2007.

15 Waldfogel, *Scroogenomics*, S. 55–56.

16 Jennifer Steinhauer, »Harried Shoppers Turned to Gift

Certificates«, *New York Times*, 4. Januar 1997; Jennifer Pate Offenberg, »Markets: Gift Cards«, *Journal of Economic Perspectives* 21, Nr. 2 (Frühjahr 2007), S. 2278; Yian Q. Mui, »Gift-Card Sales Rise After Falling for Two Years«, *Washington Post*, 27. Dezember 2010; 2010 National Retail Federation Holiday Consumer Spending Report, zitiert in »Gift Cards: Opportunities and Issues for Retailers«, *Grant Thornton LLP*, 2011, S. 2.
17 Judith Martin, zitiert in Tracie Rozhon, »The Weary Holiday Shopper Is Giving Plastic This Season«, *New York Times*, 9. Dezember 2002; Liz Pulliam Weston, »Gift Cards Are Not Gifts«, *MSN Money*.
18 »Secondary Gift Card Economy Sees Significant Growth in 2010«, *Marketwire*, 20. Januar 2011, www.marketwire.com/press-release/secondary-gift-card-economy-sees-significant-growth-in-2010-1383451.htm.
19 Offenberg, »Markets: Gift Cards«, S. 237.
20 Sabra Chartrand, »How to Send an Unwanted Present on Its Merry Way, Online and Untouched«, *New York Times*, 8. Dezember 2003; Wesley Morris, »Regifter's Delight: New Software Promises to Solve a Holiday Dilemma«, *Boston Globe*, 28. Dezember 2003.
21 Siehe Daniel Golden, *The Price of Admission* (New York: Crown, 2006); Richard D. Kahlenberg, Hrsg., *Affirmative Action for the Rich* (New York: Century Foundation Press, 2010).
22 Siehe die Äußerungen von Rick Levin, Präsident von Yale, in Kathrin Lassila, »Why Yale Favors Its Own«, *Yale Alumni Magazine*, November/Dezember 2004, http://www.yalealumnimagazine.com/issues/2004_11/q_a.html, und die Aussagen des Präsidenten von Princeton, Shirley Tilghman, in John Hechinger, »The Tiger Roars: Under Tilghman, Princeton Adds Students, Battles Suits, Takes on the Eating Clubs«, *Wall Street Journal*, 17. Juli 2006.

23 In meinen Tanner-Vorlesungen am Brasenose College der Oxford University stellte ich 1998 eine Version dieser beiden Einwände gegen eine Umwandlung in Handelsware vor. Im vorliegenden Abschnitt biete ich eine revidierte Fassung dieser Erklärung an. Siehe Michael J. Sandel, »What Money Can't Buy«, in Grethe B. Peterson, Hrsg., *The Tanner Lectures on Human Values*, Bd. 21 (Salt Lake City: University of Utah Press, 2000), S. 87–122.

24 Bruno S. Frey, Felix Oberholzer-Gee, Reiner Eichenberger, »The Old Lady Visits Your Backyard: A Tale of Morals and Markets«, *Journal of Political Economy* 104, Nr. 6 (Dezember 1996), S. 1297–1313; Bruno S. Frey und Felix Oberholzer-Gee, »The Cost of Price Incentives: An Empirical Analysis of Motivation Crowding-Out«, *American Economic Review* 87, Nr. 4 (September 1997), S. 746–755. Siehe auch Bruno S. Frey, *Not Just for the Money: An Economic Theory of Personal Motivation* (Cheltenham, UK: Edward Elgar Publishing, 1997), S. 67–78.

25 Frey, Oberholzer-Gee und Eichenberger, »The Old Lady Visits Your Backyard«, S. 1300, 1307; Frey und Oberholzer-Gee, »The Cost of Price Incentives«, S. 750. Die angebotenen Beträge reichten von 2175 bis 8700 Dollar jährlich für die Laufzeit der Einrichtung. Das durchschnittliche Monatseinkommen der Befragten betrug 4565 Dollar. Howard Kunreuther und Doug Easterling, »The Role of Compensation in Siting Hazardous Facilities«, *Journal of Policy Analysis and Management* 15, Nr. 4 (Herbst 1996), S. 606–608.

26 Frey, Oberholzer-Gee und Eichenberger, »The Old Lady Visits Your Backyard«, S. 1306.

27 Frey und Oberholzer-Gee, »The Cost of Price Incentives«, S. 753.

28 Kunreuther und Easterling, »The Role of Compensation in Siting Hazardous Facilities«, S. 6159; Frey, Oberholzer-

Gee und Eichenberger, »The Old Lady Visits Your Backyard«, S. 1301. Ein Argument zugunsten von Ausgleichszahlungen findet sich bei Michael O'Hare, »›Not on My Block You Don't‹: Facility Siting and the Strategic Importance of Compensation«, *Public Policy* 25, Nr. 4 (Herbst 1977), S. 407–458.

29 Carol Mansfield, George L. Van Houtven und Joel Huber, »Compensating for Public Harms: Why Public Goods Are Preferred to Money«, *Land Economics* 78, Nr. 3 (August 2002), S. 368–389.

30 Uri Gneezy und Aldo Rustich*ini*, »Pay Enough or Don't Pay at All«, *Quarterly Journal of Economics* (August 2000), S. 798–799.

31 Ebd., S. 799–803.

32 Ebd., S. 802–807.

33 Uri Gneezy und Aldo Rustichini, »A Fine Is a Price«, *Journal of Legal Studies* 29, Nr. 1 (Januar 2000), S. 1–17.

34 Fred Hirsch, *Die sozialen Grenzen des Wachstums* (Reinbek bei Hamburg: Rowohlt, 1980), S. 129, 132, 130.

35 Dan Ariely, Predictably Irrational, überarbeitete Auflage (New York: Harper, 2010), S. 75–102; James Heyman, Dan Ariely, »Effort for Payment«, *Psychological Science* 15, Nr. 11 (2004), S. 787–793.

36 Eine Übersicht und Analyse von 128 Studien zur Auswirkung äußerer Belohnungen auf innere Motivation findet sich bei Edward L. Deci, Richard Koestner und Richard M. Ryan, »A Meta-Analytic Review of Experiments Examining the Effects of Extrinsic Rewards on Intrinsic Motivation«, Psychological Bulletin 125, Nr. 6 (1999), S. 627–668.

37 Bruno S. Frey und Reto Jegen, »Motivation Crowding Theory«, *Journal of Economic Surveys* 15, Nr. 5 (2001), S. 590. Siehe auch Maarten C. W. Janssen und Ewa Mendys-Kamphorst, »The Price of a Price: On the Crowding

Out and In of Social Norms«, *Journal of Economic Behavior & Organization* 55 (2004), S. 377–395.

38 Richard M. Titmuss, *The Gift Relationship: From Human Blood to Social Policy* (New York: Pantheon, 1971), S. 231 f.
39 Ebd., S. 134 f., 277.
40 Ebd., S. 223 f., 177.
41 Ebd., S. 224.
42 Ebd., S. 255, 270–274, 277.
43 Kenneth J. Arrow, »Gifts and Exchanges«, *Philosophy & Public Affairs* 1, Nr. 4 (Sommer 1972), S. 343–362. Eine aufschlussreiche Antwort auf Arrow findet sich bei Peter Singer, »Altruism and Commerce: A Defense of Titmuss Against Arrow«, *Philosophy & Public Affairs* 2 (Frühjahr 1973), S. 312–320.
44 Arrow, »Gifts and Exchanges«, S. 349 f.
45 Ebd., S. 351.
46 Ebd., S. 354 f.
47 Sir Dennis H. Robertson, »What Does the Economist Economize?«, Columbia University, Mai 1954, nachgedruckt in Dennis H. Robertson, *Economic Commentaries* (Westport, CT: Greenwood Press, 1978 [1956]), S. 148.
48 Ebd.
49 Ebd., S. 154.
50 Aristoteles, *Nikomachische Ethik*, übersetzt von Franz Dirlmeier (Stuttgart: Philipp Reclam, 1969) Buch II, Kapitel 1 [1103a, 1103b].
51 Jean-Jacques Rousseau, *Vom Gesellschaftsvertrag*, in: *Sozialphilosophische und Politische Schriften* (Düsseldorf: Patmos, 2001), Buch III, Kap. 15, S. 349.
52 Lawrence H. Summers, »Economics and Moral Questions«, *Morning Prayers*, Memorial Church, 15. September 2003, nachgedruckt im *Harvard Magazine,* Novem-

ber/Dezember 2003, www.harvard.edu/president/speeches/summers_2003/prayer.php.

Kapitel 4

1 »Woman Sues over Store's Insurance Policy«, *Associated Press*, 7. Dezember 2002; Sarah Schweitzer, »A Matter of Policy: Suit Hits Wal-Mart Role as Worker Life Insurance Beneficiary«, *Boston Globe*, 10. Dezember 2002.
2 »Woman Sues over Store's Insurance Policy«.
3 Schweitzer, »A Matter of Policy«.
4 Ebd.
5 Ellen E. Schultz und Theo Francis, »Valued Employees: Worker Dies, Firm Profits – Why?«, *Wall Street Journal*, 19. April 2002.
6 Ebd.; Theo Francis und Ellen E. Schultz, »Why Secret Insurance on Employees Pays Off«, *Wall Street Journal*, 25. April 2002.
7 Ellen E. Schultz und Theo Francis, »Why Are Workers in the Dark?«, *Wall Street Journal*, 24. April 2002.
8 Theo Francis und Ellen E. Schultz, »Big Banks Quietly Pile Up ›Janitors Insurance‹«, *Wall Street Journal*, 2. Mai 2002; Ellen E. Schulz und Theo Francis, »Death Benefit: How Corporations Built Finance Tool Out of Life Insurance«, *Wall Street Journal*, 30. Dezember 2002.
9 Schultz und Francis, »Valued Employees«; Schultz und Francis, »Death Benefit«.
10 Schultz und Francis, »Death Benefit«; Ellen E. Schultz, »Banks Use Life Insurance to Fund Bonuses«, *Wall Street Journal*, 20. Mai 2009.
11 Ellen E. Schultz und Theo Francis, »How Life Insurance Morphed Into a Corporate Finance Tool«, *Wall Street Journal*, 30. Dezember 2002.

12 Ebd.
13 Schultz und Francis, »Valued Employees«.
14 Nach einer Steuerschätzung für den Etat 2003 kosten die mit Lebensversicherungen im Besitz von Firmen zusammenhängenden Steuerabschläge den Staat jährlich 1,9 Milliarden Dollar an Steuerausfällen. Siehe Theo Francis, »Workers' Lives: Best Tax Break?«, *Wall Street Journal*, 19. Februar 2003.
15 In diesem Abschnitt beziehe ich mich auf meinen Artikel »You Bet Your Life«, *New Republic*, 7. September 1998.
16 William Scott Page, zitiert in Helen Huntley, »Turning Profit, Helping the Dying«, *St. Petersburg Times*, 25. Januar 1998.
17 David W. Dunlap, »AIDS Drugs Alter an Industry's Math: Recalculating Death-Benefit Deals«, *New York Times*, 30. Juli 1996; Marcia Vickers, »For ›Death Futures‹, the Playing Field Is Slippery«, *New York Times*, 27. April 1997.
18 Stephen Rae, »AIDS: Still Waiting«, *New York Times Magazine*, 19. Juli 1998.
19 William Kelley zitiert in »Special Bulletin: Many Viatical Settlements Exempt from Federal Tax«, Viatical Association of America, Oktober 1997, aus Sandel, »You Bet Your Life«.
20 Private Rentenversicherungen und Sparpläne, die bis zum Tod monatlich einen bestimmten Betrag auszahlen, entsprechen eher dem Versicherungsmodell für Todkranke. Die Versicherungsgesellschaft hat ein finanzielles Interesse daran, dass die Empfänger eher früher als später sterben. Die einschlägigen Kapitallebensversicherungen schöpfen jedoch aus größeren Kapitalanlagen und sind anonymer als Investitionen in Todkranke. Zudem werden solche Anlageformen oft von Unternehmen angeboten, die auch Risikolebensversicherungen verkaufen, was das Risiko der Langlebigkeit tendenziell ausgleicht.

21 Molly Ivins, »Chisum Sees Profit in AIDS Deaths«, *Austin American-Statesman*, 16. März 1994. Siehe auch Leigh Hop, »AIDS Sufferers Swap Insurance for Ready Cash«, *Houston Post*, 1. April 1994.

22 Charles LeDuff, »Body Collector in Detroit Answers When Death Calls«, *New York Times*, 18. September 2006.

23 John Powers, »End Game«, *Boston Globe*, 8. Juli 1998; Mark Gollom, »Web ›Death Pools‹ Make a Killing«, *Ottawa Citizen*, 15. Februar 1998; Marianne Costantinou, »Ghoul Pools Bet on Who Goes Next«, *San Francisco Examiner*, 22. Februar 1998.

24 Victor Li, »Celebrity Death Pools Make a Killing«, *Columbia News Service*, 26. Februar 2010, http://columbianewsservice.com/2010/02/celebrity-death-pools-make-a-killing/; http://stiffs.com/blog/rules/.

25 Laura Pedersen-Pietersen, »The Ghoul Pool: Morbid, Tasteless, and Popular», *New York Times*, 7. Juni 1998; Bill Ward, »Dead Pools: Dead Reckoning«, *Minneapolis Star Tribune*, 3. Januar 2009. Prominentenlisten auf dem neuesten Stand finden sich bei http://stiffs.com/stats und www.ghoulpool.us/?page_id=571. Gollom, »Web ›Death Pools‹ Make a Killing«; Costantinou, »Ghoul Pools Bet on Who Goes Next«.

26 Pedersen-Pietersen, »The Ghoul Pool«.

27 www.deathbeeper.com/; Bakst zitiert in Ward, »Dead Pools: Dead Reckoning«.

28 Geoffrey Clark, *Betting on Lives: The Culture of Life Insurance in England, 1695–1775* (Manchester: Manchester University Press, 1999), S. 3–10; Roy Kreitner, *Calculating Promises: The Emergence of Modern American Contract Doctrine* (Stanford: Stanford University Press, 2007), S. 97–104; Lorraine J. Daston, »The Domestication of Risk: Mathematical Probability and Insurance

1650–1830«, in Lorenz Kruger, Lorraine J. Daston und Michael Heidelberger, Hrsg., *The Probabilistic Revolution*, Bd. 1 (Cambridge, MA: MIT Press, 1987), S. 237–260.

29 Clark, *Betting on Lives*, S. 3–10; Kreitner, *Calculating Promises*, S. 97–104; Daston, »The Domestication of Risk«; Viviana A. Rotman Zelizer, *Morals & Markets: The Development of Life Insurance in the United States* (New York: Columbia University Press, 1979), S. 38 (das Zitat des französischen Juristen Emerignon), 33.

30 Clark, *Betting on Lives*, S. 8–10, 13–27.

31 Kreitner, *Calculating Promises*, S. 126–129.

32 Clark, *Betting on Lives*, S. 44–53.

33 Ebd., S. 50; Zelizer, *Morals & Markets*, S. 69, er zitiert John Francis, *Annals, Anecdotes, and Legends* (London: Longman, Brown, Green, and Longmans, 1853), S. 144.

34 Life Assurance Act of 1774, Kapitel 48 14 Geo 3, www.legislation.gov.uk/apgb/Geo3/14/48/introduction; Clark, *Betting on Lives*, S. 9, 22, 34–35, 52–53.

35 Zelizer, *Morals & Markets*, S. 30, 43. Siehe ganz allgemein S. 91–112, 119–147.

36 Ebd., S. 62.

37 Ebd., S. 108.

38 Ebd., S. 124.

39 Ebd., S. 146 f.

40 Ebd., S. 71 f.; Kreitner, *Calculating Promises*, S. 131–146.

41 *Grigsby v. Russell*, 222 U.S. 149 (1911), S. 154. Siehe Kreitner, *Calculating Promises*, S. 140 ff.

42 *Grigsby v. Russell*, S. 155 f.

43 Carl Hulse, »Pentagon Prepares a Futures Market on Terror Attacks«, *New York Times*, 29. Juli 2003; Carl Hulse, »Swiftly, Plan for Terrorism Futures Market Slips into Dustbin of Ideas«, *New York Times*, 30. Juli 2003.

44 Ken Guggenheim, »Senators Say Pentagon Plan Would

Allow Betting on Terrorism, Assassination«, *Associated Press*, 28. Juli 2003; Josh Meyer, »Trading on the Future of Terror: A Market System Would Help Pentagon Predict Turmoil«, *Los Angeles Times*, 29. Juli 2003.

45 Bradley Graham and Vernon Loeb, »Pentagon Drops Bid for Futures Market«, *Washington Post*, 30. Juli 2003; Hulse, »Swiftly, Plan for Terrorism Futures Market Slips into Dustbin of Ideas«.

46 Guggenheim, »Senators Say Pentagon Plan Would Allow Betting on Terrorism, Assassination«; Meyer, »Trading on the Future of Terror«; Robert Schlesinger, »Plan Halted for a Futures Market on Terror«, *Boston Globe*, 30. Juli 2003; Graham und Loeb, »Pentagon Drops Bid for Futures Market«.

47 Hulse, »Pentagon Prepares a Futures Market on Terror Attacks«.

48 Hal R. Varian, »A Market in Terrorism Indicators Was a Good Idea; It Just Got Bad Publicity«, *New York Times*, 31. Juli 2003; Justin Wolfers und Eric Zitzewitz, »The Furor over ›Terrorism Futures‹«, *Washington Post*, 31. Juli 2003.

49 Michael Schrage und Sam Savage, »If This Is Harebrained, Bet on the Hare«, *Washington Post*, 3. August 2003; Noam Scheiber, »Futures Markets in Everything«, *New York Times Magazine*, 14. Dezember 2003, S. 117; Floyd Norris, »Betting on Terror: What Markets Can Reveal«, *New York Times*, 3. August 2003; Mark Leibovich, »George Tenet's ›Slam-Dunk‹ into the History Books«, *Washington Post*, 4. Juni 2004.

50 Schrage und Savage, »If This Is Harebrained«. Siehe auch Kenneth Arrow et al., »The Promise of Prediction Markets«, *Science* 320 (16. Mai 2008), S. 877 f.; Justin Wolfers und Eric Zitzewitz, »Prediction Markets«, *Journal of Economic Perspectives* 18 (Frühjahr 2004), S. 107–126; Reu-

ven Brenner, »A Safe Bet«, *Wall Street Journal*, 3. August 2003.

51 Zu den Grenzen von Vorhersagemärkten siehe Joseph E. Stiglitz, »Terrorism: There's No Futures in It«, *Los Angeles Times*, 31. Juli 2003. Verteidigt wird der Ansatz bei Adam Meirowitz und Joshua A. Tucker, »Learning from Terrorism Markets«, *Perspectives on Politics* 2 (Juni 2004), und James Surowiecki, »Damn the Slam PAM Plan!«, *Slate*, 30. Juli 2003, www.slate.com/articles/news_and_politics/hey_wait_a_minute/2003/07/damn_the_slam_pam_plan.html. Eine Übersicht findet sich bei Wolfers und Zitzewitz, »Prediction Markets«.

52 Zitat von Robin D. Hanson, einem Ökonomen der George Mason University, in David Glenn, »Defending the ›Terrorism Futures‹ Market«, *Chronicle of Higher Education*, 15. August 2003.

53 Liam Pleven and Rachel Emma Silverman, »Cashing In: An Insurance Man Builds a Lively Business in Death«, *Wall Street Journal*, 26. November 2007.

54 Ebd.; www.coventry.com

55 www.coventry.com

56 Siehe Susan Lorde Martin, »Betting on the Lives of Strangers: Life Settlements, STOLI, and Securitization«, *University of Pennsylvania Journal of Business Law* 13 (Herbst 2010), S. 190. Laut ACLI Life Insurers Fact Book vom 8. Dezember 2009, S. 69, lag die Zahl der verfallenen Policen im Jahr 2008 bei 38 Prozent; zitiert in Martin.

57 Mark Maremont und Leslie Scism, »Odds Skew Against Investors in Bets on Strangers' Lives«, *Wall Street Journal*, 21. Dezember 2010.

58 Ebd.; Mark Maremont, »Texas Sues Life Partners«, *Wall Street Journal*, 30. Juli 2011.

59 Maria Woehr, »›Death Bonds‹ Look for New Life«, *The*

Street, 1. Juni 2011, www.thestreet.com/story/11135581/1/death-bonds-look-for-new-life.html.
60 Charles Duhigg, »Late in Life, Finding a Bonanza in Life Insurance«, *New York Times*, 17. Dezember 2006.
61 Ebd.
62 Ebd.
63 Leslie Scism, »Insurers Sued Over Death Bets«, *Wall Street Journal*, 2. Januar 2011; Leslie Scism, »Insurers, Investors Fight Over Death Bets«, *Wall Street Journal*, 9. Juli 2011.
64 Pleven und Silverman, »Cashing In«.
65 Ebd. Die angeführten Zitate stammen von der Homepage der Institutional Life Markets Association www.life-marketsassociation.org/.
66 Martin, »Betting on the Lives of Strangers«, S. 200–206.
67 Aussage von Doug Head, dem Geschäftsführer der Life Insurance Settlement Association, anlässlich der Anhörung des Florida Office of Insurance Regulation, 28. August 2008, www.floir.com.
68 Jenny Anderson, »Wall Street Pursues Profit in Bundles of Life Insurance«, *New York Times*, 6. September 2009.
69 Ebd.
70 Ebd.
71 Leslie Scism, »AIG Tries to Sell Death-Bet Securities«, *Wall Street Journal*, 22. April 2011.

Kapitel 5

1 Killebrews Gehaltsangabe für 1969 stammt aus dem *Baseball Almanac*, www.baseball-almanac.com/players/player.php?p=killeha01.
2 Tyler Kepner, »Twins Give Mauer 8-Year Extension for $ 184 Million«, *New York Times*, 21. März 2010; http://

espn.go.com/espn/thelife/salary/index?athleteID= 5018022.

3 Kartenpreise der Twins für 2012 unter http://minnesota.twins.mlb.com/ticketing/index.jsp?c_id=min; Kartenpreise der Yankees für 2012 unter http://newyork.yankees.mlb.com/nyy/ballpark/seating_pricing.jsp.

4 Rita Reif, »The Boys of Summer Play Ball Forever, for Collectors«, *New York Times*, 17. Februar 1991.

5 Michael Madden, »They Deal in Greed«, *Boston Globe*, 26. April 1986; Dan Shaughnessy, »A Card-Carrying Hater of These Types of Shows«, *Boston Globe*, 17. März 1997; Steven Marantz, »The Write Stuff Isn't Cheap«, *Boston Globe*, 12. Februar 1989.

6 E. M. Swift, »Back Off!«, *Sports Illustrated*, 13. August 1990.

7 Sabra Chartrand, »When the Pen Is Truly Mighty«, *New York Times*, 14. Juli 1995; Shaughnessy, »A Card-Carrying Hater of These Types of Shows«.

8 Fred Kaplan, »A Grand-Slam Bid for McGwire Ball«, *Boston Globe*, 13. Januar 1999; Ira Berkow, »From ›Eight Men Out‹ to eBay: Shoeless Joe's Bat«, *New York Times*, 25. Juli 2001.

9 Daniel Kadlec, »Dropping the Ball«, *Time*, 8. Februar 1999.

10 Rick Reilly, »What Price History?«, *Sports Illustrated*, 12. Juli 1999; Kadlec, »Dropping the Ball«.

11 Joe Garofoli, »Trial Over Bonds Ball Says It All About Us«, *San Francisco Chronicle*, 18. November 2002; Dean E. Murphy, »Solomonic Decree in Dispute Over Bonds Ball«, *New York Times*, 19. Dezember 2002; Ira Berkow, »73d Home Run Ball Sells for $ 450,000,« *New York Times*, 26. Juni 2003.

12 John Branch, »Baseball Fights Fakery With an Army of Authenticators«, *New York Times*, 12. April 2009.

13 Paul Sullivan, »From Honus to Derek, Memorabilia Is

More Than Signed Bats«, *New York Times*, 15. Juli 2011; Richard Sandomir, »Jeter's Milestone Hit Is Producing a Run on Merchandise«, *New York Times*, 13. Juli 2011; Richard Sandomir, »After 3,000, Even Dirt Will Sell«, *New York Times*, 21. Juni 2011.

14 www.peterose.com.

15 Alan Goldenbach, »Internet's Tangled Web of Sports Memorabilia«, *Washington Post*, 18. Mai 2002; Dwight Chapin, »Bizarre Offers Have Limited Appeal«, *San Francisco Chronicle*, 22. Mai 2002.

16 Richard Sandomir, »At (Your Name Here) Arena, Money Talks«, *New York Times*, 30. Mai 2004; David Biderman, »The Stadium-Naming Game«, *Wall Street Journal*, 3. Februar 2010.

17 Sandomir, »At (Your Name Here) Arena, Money Talks«; Rick Horrow und Karla Swatek, »Quirkiest Stadium Naming Rights Deals: What's in a Name?«, *Bloomberg Businessweek*, 10. September 2010, http://images.businessweek.com/ss/09/10/1027_quirkiest_stadium_naming_rights_deals/1.htm; Evan Buxbaum, »Mets and the Citi: $ 400 Million for Stadium-Naming Rights Irks Some«, *CNN*, 13. April 2009, http://articles.cnn.com/2009-04-13/us/mets.ballpark_1_citi-field-mets-home-stadium-naming?_s=PM:US.

18 Chris Woodyard, »Mercedes-Benz Buys Naming Rights to New Orleans' Superdome«, *USA Today*, 3. Oktober 2011; Brian Finkel, »MetLife Stadium's $ 400 Million Deal«, *Bloomberg Businessweek*, 22. August 2011, http://images.businessweek.com/slideshows/20110822/nfl-stadiums-with-the-most-expensive-naming-rights/.

19 Sandomir, »At (Your Name Here) Arena, Money Talks«. Was die Zahlen und den Wert der Verträge über Namensrechte angeht, zitiert der Artikel Dean Bonham, eine Führungskraft in der Sportvermarktung.

20 Bruce Lowitt, »A Stadium by Any Other Name?«, *St. Petersburg Times*, 31. August 1996; Alan Schwarz, »Ideas and Trends: Going, Going, Yawn: Why Baseball Is Homer Happy«, *New York Times*, 10. Oktober 1999.

21 »New York Life Adds Seven Teams to the Scoreboard of Major League Baseball Sponsorship Geared to ›Safe‹ Calls«, New York Life press release, 19. Mai 2011, www.newyorklife.com/nyl/v/index.jsp?vgnextoid=c4f-bd4d392e10310VgnVCM100000ac841cacRCRD.

22 Scott Boeck, »Bryce Harper's Minor League At-Bats Sponsored by Miss Utility«, *USA Today*, 16. März 2011; Emma Span, »Ad Nauseum«, *Baseball Prospectus*, 29. März 2011, www.baseballprospectus.com/article.php?articleid=13372.

23 Darren Rovell, »Baseball Scales Back Movie Promotion«, *ESPN.com*, 7. Mai 2004, http://sports.espn.go.com/espn/sportsbusiness/news/story?id=1796765.

24 In diesem und den folgenden Abschnitten beziehe ich mich auf meinen Artikel »Spoiled Sports«, *New Republic*, 25. Mai 1998.

25 Tom Kenworthy, »Denver Sports Fans Fight to Save Stadium's Name«, *USA Today*, 27. Oktober 2000; Cindy Brovsky, »We'll Call It Mile High«, *Denver Post*, 8. August 2001; David Kesmodel, »Invesco Ready to Reap Benefits: Along with P. R., Firm Gets Access to Broncos«, *Rocky Mountain News*, 14. August 2001; Michael Janofsky, »Denver Newspapers Spar Over Stadium's Name«, *New York Times*, 23. August 2001.

26 Jonathan S. Cohn, »Divided the Stands: How Skyboxes Brought Snob Appeal to Sports«, *Washington Monthly*, Dezember 1991; Frank Deford, »Seasons of Discontent«, *Newsweek*, 29. Dezember 1997; Robert Bryce, »Separation Anxiety«, *Austin Chronicle*, 4. Oktober 1996.

27 Richard Schmalbeck und Jay Soled, »Throw Out Skybox Tax Subsidies«, *New York Times*, 5. April 2010; Russell

Adams, »So Long to the Suite Life«, *Wall Street Journal*, 17. Februar 2007.

28 Robert Bryce, »College Skyboxes Curb Elbow-to-Elbow Democracy«, *New York Times*, 23. September 1996; Joe Nocera, »Skybox U.«, *New York Times*, 28. Oktober 2007; Daniel Golden, »Tax Breaks for Skyboxes«, *Wall Street Journal*, 27. Dezember 2006.

29 John U. Bacon, »Building – and Building on – Michigan Stadium«, *Michigan Today*, 8. September 2010, http://michigantoday.umich.edu/story.php?id=7865; Nocera, »Skybox U«.

30 www.savethebighouse.com/index.html.

31 Michigan Stadium Suite and Seats Sell Slowly, »Steadily in Sagging Economy«, *Associated Press*, 12. Februar 2010, www.annarbor.com/sports/um-football/michigan-stadium-suite-and-seats-sell-slowly-steadily-in-sagging-economy/.

32 Adam Sternbergh, »Billy Beane of ›Moneyball‹ Has Given Up on His Own Hollywood Ending«, *New York Times Magazine*, 21. September 2011.

33 Ebd.; Allen Barra, »The ›Moneyball‹ Myth«, *Wall Street Journal*, 22. September 2011.

34 Präsident Lawrence H. Summers, »Fourth Annual Marshall J. Seidman Lecture on Health Policy«, Boston, 27. April 2004, www.harvard.edu/president/speeches/summers_2004/seidman.php.

35 Jahn K. Hakes und Raymond D. Sauer, »An Economic Evaluation of the Moneyball Hypothesis«, *Journal of Economic Perspectives* 20 (Sommer 2006), S. 173–185; Tyler Cowen und Kevin Grier, »The Economics of Moneyball«, *Grantland*, 7. Dezember 2011, www.grantland.com/story/_/id/7328539/the-economics-moneyball.

36 Cowen und Grier, »The Economics of Moneyball«.

37 Richard Tomkins, »Advertising Takes Off«, *Financial*

Times, 20. Juli 2000; Carol Marie Cropper, »Fruit to Walls to Floor, Ads Are on the March«, *New York Times*, 26. Februar 1998; David S. Joachim, »For CBS's Fall Lineup, Check Inside Your Refrigerator«, *New York Times*, 17. Juli 2006.

38 Steven Wilmsen, »Ads Galore Now Playing at a Screen Near You«, *Boston Globe*, 28. März 2000; John Holusha, »Internet News Screens: A New Haven for Elevator Eyes«, *New York Times*, 14. Juni 2000; Caroline E. Mayer, »Ads Infinitum: Restrooms, ATMs, Even Fruit Become Sites for Commercial Messages«, *Washington Post*, 5. Februar 2000.

39 Lisa Sanders, »More Marketers Have to Go to the Bathroom«, *Advertising Age*, 20. September 2004; »Restroom Advertising Companies Host Annual Conference in Vegas«, Pressemitteilung, 19. Oktober 2011.

40 David D. Kirkpatrick, »Words From Our Sponsor: A Jeweler Commissions a Novel«, *New York Times*, 3. September 2001; Martin Arnold, »Placed Products, and Their Cost«, *New York Times*, 13. September 2001. In Deutschland ist das Buch 2005 unter dem Titel *Die Bulgari Connection* bei Goldmann erschienen. (Anm. d. Übers.)

41 Kirkpatrick, »Words From Our Sponsor«; Arnold, »Placed Products, and Their Cost«.

42 Ein aktuelles Beispiel für ein elektronisches Buch mit Schleichwerbung schildert Erica Orden in: »This Book Brought to You by ...«, *Wall Street Journal*, 26. April 2011; Stu Woo, »Cheaper Kindle in Works, But It Comes With Ads«, *Wall Street Journal*, 12. April 2011. Im Januar 2012 kostete das Kindle Touch »mit Sonderangeboten« 99 Dollar und ohne sie 139 Dollar.

43 Eric Pfanner, »At 30,000 Feet, Finding a Captive Audience for Advertising«, *New York Times*, 27. August 2007; Gary Stoller, »Ads Add Up for Airlines, but Some

Fliers Say It's Too Much«, *USA Today*, 19. Oktober 2011.

44 Andrew Adam Newman, »Your Ad Here on My S. U. V., and You'll Pay?«, *New York Times*, 27. August 2007; www.myfreecar.com/.

45 Allison Linn, »A Colorful Way to Avoid Foreclosure«, *MSNBC*, 7. April 2001, http://lifeinc/today/msnbc/msn.com/_news/2011/04/07/6420648-a-colorful-way-to-avoid-foreclosure; Seth Fiegerman, »The New Product Placement«, *The Street*, 28. Mai 2011, www.thestreet.com/story/11136217/1/the-new-product-placement.html?cm_ven=GOOGLEN.

46 Steve Rubenstein, »$ 5.8 Million Tattoo: Sanchez Family Counts the Cost of Lunch Offer«, *San Francisco Chronicle*, 14. April 1999.

47 Erin White, »In-Your-Face Marketing: Ad Agency Rents Foreheads«, *Wall Street Journal*, 11. Februar 2003.

48 Andrew Adam Newman, »The Body as Billboard: Your Ad Here«, *New York Times*, 18. Februar 2009.

49 Aaron Falk, »Mom Sells Face Space for Tattoo Advertisement«, *Deseret Morning News*, 30. Juni 2005.

50 Aus Ralph Naders Commercial Alert: »Nader Starts Group to Oppose the Excesses of Marketing, Advertising and Commercialism«, 8. September 1998, www.commercialalert.org/issues/culture/ad-creep/nader-starts-group-to-oppose-the-excesses-of-marketing-advertising-and-commercialism; Micah M. White, »Toxic Culture: A Unified Theory of Mental Pollution«, *Adbusters* #96, 20. Juni 2011, www.adbusters.org/magazine/96/unified-theory-mental-pollution.html; Zitat der Kundin in: Cropper, »Fruit to Walls to Floor, Ads Are on the March«; Führungskraft aus der Werbung zitiert in: Skip Wollenberg, »Ads Turn Up in Beach Sand, Cash Machines, Bathrooms«, *Associated Press*, 25. Mai 1999. Siehe ganz all-

gemein in: *Adbusters Magazine,* www.adbusters.org/magazine; Kalle Lasn, *Culture Jam: The Uncooling of America* (New York: Morrow, 1999); und Naomi Klein, *No Logo: Der Kampf der Global Players um Marktmacht* (München: Riemann, 2001).

51 Walter Lippmann, *Drift and Mastery: An Attempt to Diagnose the Current Unrest* (New York: Mitchell Kennerley, 1914), S. 68.

52 Ein Bericht über die Scheunen einschließlich einiger überzeugender Fotos findet sich bei William G. Simmonds, *Advertising Barns: Vanishing American Landmarks* (St. Paul, MN: MBI Publishing, 2004).

53 Janet Kornblum, »A Brand-New Name for Daddy's Little eBaby«, *USA Today,* 26. Juli 2001; Don Oldenburg, »Ringing Up Baby: Companies Yawned at Child Naming Rights, but Was It an Idea Ahead of Its Time?«, *Washington Post,* 11. September 2001.

54 Joe Sharkey, »Beach-Blanket Babel«, *New York Times,* 5. Juli 1998; Wollenberg, »Ads Turn Up in Beach Sand, Cash Machines, Bathrooms«.

55 David Parrish, »Orange County Beaches Might Be Ad Vehicle for Chevy«, *Orange County Register,* 16. Juli 1998; Shelby Grad, »This Beach Is Being Brought to You by ...«, *Los Angeles Times,* 22. Juli 1998; Harry Hurt III, »Parks Brought to You by ...«, *U. S. News & World Report,* 11. August 1997; Melanie Wells, »Advertisers Link Up with Cities«, *USA Today,* 28. Mai 1997.

56 Verne G. Kopytoff, »Now, Brought to You by Coke (or Pepsi): Your City Hall«, *New York Times,* 29. November 1999; Matt Schwartz, »Proposed Ad Deals Draw Critics«, *Houston Chronicle,* 26. Januar 2002.

57 Terry Lefton, »Made in New York: A Nike Swoosh on the Great Lawn?«, *Brandweek,* 8. Dezember 2003; Gregory Solman, »Awarding Keys to the Newly Sponsored City:

Private/Public Partnerships Have Come a Long Way«, *Adweek*, 22. September 2003.

58 Carey Goldberg, »Bid to Sell Naming Rights Runs Off Track in Boston«, *New York Times*, 9. März 2001; Michael M. Grynbaum, »M. T. A. Sells Naming Rights to Subway Station«, *New York Times*, 24. Juni 2009; Robert Klara, »Cities for Sale«, *Brandweek*, 9. März 2009.

59 Paul Nussbaum, »SEPTA Approves Changing Name of Pattison Station to AT&T«, *Philadelphia Inquirer*, 25. Juni 2010.

60 Cynthia Roy, »Mass. Eyes Revenue in Park Names«, *Boston Globe*, 6. Mai 2003; »On Wal-Mart Pond?«, *Boston Globe*, 15. Mai 2003.

61 Ianthe Jeanne Dugan, »A Whole New Name Game«, *Wall Street Journal*, 6. December 2010; Jennifer Rooney, »Government Solutions Group Helps Cash-Strapped State Parks Hook Up with Corporate Sponsor Dollars«, *Advertising Age*, 14. Februar 2011; »Billboards and Parks Don't Mix«, Leitartikel, *Los Angeles Times*, 3. Dezember 2011.

62 Fred Grimm, »New Florida State Motto: ›This Space Available‹«, *Miami Herald*, 1. Oktober 2011; Rooney, »Government Solutions Group Helps Cash-Strapped State Parks Hook Up with Corporate Sponsor Dollars«.

63 Daniel B. Wood, »Your Ad Here: Cop Cars as the Next Billboards«, *Christian Science Monitor*, 3. Oktober 2002; Larry Copeland, »Cities Consider Ads on Police Cars«, *USA Today*, 30. Oktober 2002; Jeff Holtz, »To Serve and Persuade«, *New York Times*, 9. Februar 2003.

64 Holtz, »To Serve and Persuade«; »Reject Police-Car Advertising«, Leitartikel, *Charleston (South Carolina) Post and Courier*, 29. November 2002; »A Creepy Commercialism«, Leitartikel, *Hartford Courant*, 28. Januar 2003.

65 »Reject Police-Car Advertising«; »A Creepy Commercialism«; »A Badge, a Gun-and a Great Deal on Vinyl

Siding«, *Roanoke (Virginia) Times & World News*, 29. November 2002; »To Protect and to Sell«, Leitartikel, *Toledo Blade*, 6. November 2002; Leonard Pitts, Jr., »Don't Let Cop Cars Become Billboards«, *Baltimore Sun*, 10. November 2002.

66 Holtz, »To Serve and Persuade«; Wood, »Your Ad Here«.

67 Helen Nowicka, »A Police Car Is on Its Way«, *Independent* (London), 8. September 1996; Stewart Tendler, »Police Look to Private Firms for Sponsorship Cash«, *Times* (London), 6. Januar 1997.

68 Kathleen Burge, »Ad Watch: Police Sponsors Put Littleton Cruiser on the Road«, *Boston Globe*, 14. Februar 2006; Ben Dobbin, »Some Police Agencies Sold on Sponsorship Deals«, *Boston Globe*, 26. Dezember 2011.

69 Anthony Schoettle, »City's Sponsorship Plan Takes Wing with KFC«, *Indianapolis Business Journal*, 11. Januar 2010.

70 Matthew Spina, »Advertising Company Putting Ads in County Jail«, *Buffalo News*, 27. März 2011.

71 Ebd.

72 Michael J. Sandel, »Ad Nauseum«, *New Republic*, 1. September 1997; Russ Baker, »Stealth TV«, *American Prospect* 12 (12. Februar 2001); William H. Honan, »Scholars Attack Public School TV Program«, *New York Times*, 22. Januar 1997; »Captive Kids: A Report on Commercial Pressures on Kids at School«, Consumers Union, 1997, www.consumersunion.org/other/captivekids/c1vcnn_chart.htm; Simon Dumenco, »Controversial Ad-Supported In-School News Network Might Be an Idea Whose Time Has Come and Gone«, *Advertising Age*, 16. Juli 2007.

73 Zitiert in Baker, »Stealth TV«.

74 Jenny Anderson, »The Best School $ 75 Million Can Buy«, *New York Times*, 8. Juli 2011; Dumenco, »Controversial

Ad-Supported In-School News Network Might Be an Idea Whose Time Has Come and Gone«; Mya Frazier, »Channel One: New Owner, Old Issues«, *Advertising Age*, 26. November 2007; »The End of the Line for Channel One News?«, Presseerklärung der Kampagne für eine werbefreie Kindheit, 30. August 2011, www.commondreams.org/newswire/2011/08/30-0.

75 Deborah Stead, »Corporate Classrooms and Commercialism«, *New York Times*, 5. Januar 1997; Kate Zernike, »Let's Make a Deal: Businesses Seek Classroom Access«, *Boston Globe*, 2. Februar 1997; Sandel, »Ad Nauseum«; »Captive Kids«, www.consumersunion.org/other/captivekids/evaluations.htm; Alex Molhar, *Giving Kids the Business: The Commercialization of American Schools* (Boulder, CO: Westview Press, 1996).

76 Tamar Lewin, »Coal Curriculum Called Unfit for 4th Graders«, *New York Times*, 11. Mai 2011; Kevin Sieff, »Energy Industry Shapes Lessons in Public Schools«, *Washington Post*, 2. Juni 2011; Tamar Lewin, »Children's Publisher Backing Off Its Corporate Ties«, *New York Times*, 31. Juli 2011.

77 David Shenk, »The Pedagogy of Pasta Sauce«, *Harper's*, September 1995; Stead, »Corporate Classrooms and Commercialism«; Sandel, »Ad Nauseum«; Molnar, *Giving Kids the Business*.

78 Juliet Schor, *Born to Buy: The Commercialized Child and the New Consumer Culture* (New York: Scribner, 2004), S. 21; Bruce Horovitz, »Six Strategies Marketers Use to Get Kids to Want Stuff Bad«, *USA Today*, 22. November 2006, mit einem Zitat James McNeals.

79 Bill Pennington, »Reading, Writing and Corporate Sponsorships«, *New York Times*, 18. Oktober 2004; Tamar Lewin, »In Public Schools, the Name Game as a Donor Lure«, *New York Times*, 26. Januar 2006; Judy Keen,

»Wisconsin Schools Find Corporate Sponsors«, *USA Today*, 28. Juli 2006.
80 »District to Place Ad on Report Cards«, KUSA-TV, Colorado, 13. November 2011; Stuart Elliott, »Straight A's, With a Burger as a Prize«, *New York Times*, 6. Dezember 2007; Stuart Elliott, »McDonald's Ending Promotion on Jackets of Children's Report Cards«, *New York Times*, 18. Januar 2008.
81 Catherine Rampell, »On School Buses, Ad Space for Rent«, *New York Times*, 15. April 2011; Sandel, »Ad Nauseum«; Christina Hoag, »Schools Seek Extra Cash Through Campus Ads«, *Associated Press*, 19. September 2010; Dan Hardy, »To Balance Budgets, Schools Allow Ads«, *Philadelphia Inquirer*, 16. Oktober 2011.
82 »Captive Kids«, www.consumersunion.org/other/captivekids/evaluations.htm. In diesem und den beiden folgenden Absätzen beziehe ich mich auf Sandel, »Ad Nauseum«.
83 Broschüre zur vierten Annual Kid Power Marketing Conference, zitiert in Zernike, »Let's Make a Deal«.

Danksagung

Die Ursprünge dieses Buches reichen weit zurück. Schon während des Studiums faszinierten mich die normativen Implikationen der Ökonomie. Seit ich kurz darauf im Jahr 1980 meine Lehrtätigkeit in Harvard aufnahm, habe ich die Beziehung von Märkten und Moral in zahlreichen Kursen für Doktoranden und Studierende erkundet. Über viele Jahre hinweg habe ich an der Harvard Law School das Seminar »Ethik, Ökonomie und Recht« für Jurastudenten und Doktoranden in Politischer Theorie, Philosophie, Ökonomie und Geschichte unterrichtet. Dieses Seminar deckt die meisten Themen des vorliegenden Buches ab, und von den vielen hervorragenden Studenten, die den Kurs besuchten, habe ich eine Menge gelernt.

Zudem konnte ich davon profitieren, dass ich gemeinsam mit Harvard-Kollegen Themen unterrichtet habe, die mit dem Buch zu tun haben. Im Frühjahr 2005 hielt ich zusammen mit Lawrence Summers einen Kurs mit dem Thema »Die Globalisierung und ihre Kritiker« ab. Die Veranstaltung war eine Folge heftiger Debatten über die moralischen, politischen und ökonomischen Verdienste des marktliberalen Denkens. Bei einigen Sitzungen gesellte sich mein Freund Thomas Friedman dazu, der recht häufig Larrys Sicht der Dinge unterstützte. Ich bin ihnen zu Dank verpflichtet, ebenso wie David Grewal, damals Student im

Fach politische Theorie und inzwischen aufsteigender Stern in der Fakultät der Yale Law School – er brachte mir die Geschichte des ökonomischen Denkens nahe und half mir, mich auf die intellektuelle Auseinandersetzung mit Larry und Tom vorzubereiten. Ein Doktorandenseminar über Ethik, Ökonomie und Markt hielt ich im Frühjahr 2008 zusammen mit Amartya Sen und Philippe van Parijs ab, einem Philosophen der katholischen Universität Louvain, der als Gast in Harvard war. Trotz unserer weitgehend ähnlichen politischen Anschauungen gingen unsere Ansichten zu Märkten beträchtlich auseinander, und so konnte ich viel von unseren Debatten profitieren. Obwohl ich mit Richard Tuck keine gemeinsamen Lehrveranstaltungen hatte, haben wir im Lauf der Jahre viele Diskussionen über Ökonomie und politische Theorie geführt – sie haben mich stets bereichert und mir erhellende Einsichten beschert.

Auch mein Seminar zum Thema »Gerechtigkeit« hat mir des Öfteren die Gelegenheit geboten, die Themen dieses Buchs auszuloten. Mehrmals habe ich N. Gregory Mankiw, der den Einführungskurs »Volkswirtschaft« in Harvard gibt, dazu eingeladen, an unseren Diskussionen über marktkonformes bzw. moralisches Denken teilzunehmen. Ich bedanke mich bei Greg, der für die Studenten wie für mich die unterschiedlichen Wege hervorhob, auf denen Ökonomen und politische Philosophen über gesellschaftliche, wirtschaftliche und politische Fragen nachdenken. Mein Freund Richard Posner, ein Wegbereiter bei der Anwendung ökonomischen Denkens auf Rechtsprobleme, hat den Kurs einige Male begleitet, als die Debatte über die moralischen Grenzen der Märkte ging. Vor einigen Jahren hatte Dick mich eingeladen, an einer Sitzung des von ihm und Gary Becker geleiteten Rational-Choice-Seminars an der Universität Chicago teilzunehmen – von dort nahm der ökonomische Ansatz zur Erklärung menschlichen Verhaltens seinen Ausgang. Für mich war das eine denkwürdige Gelegenheit, meine Argumente vor einem Publikum zu testen, das das ökonomische Denken, anders als ich, als Königsweg zum Verständnis des Menschen begriff.

Die Argumentation, aus der dieses Buch hervorging, formulierte ich erstmals 1998 im Rahmen der Tanner-Vorlesungen über menschliche Werte am Brasenose College der Universität Oxford. Ein Stipendium des Carnegie Scholars Program der Carnegie Corporation of New York von 2000 bis 2002 half mir in den frühen Stadien des Projekts. Zutiefst dankbar bin ich Vartan Gregorian, Patricia Rosenfield und Heather McKay für ihre Geduld, Freundlichkeit und beständige Unterstützung. Auch dem Sommer-Workshop an der Harvard Law School schulde ich Dank – dort konnte ich Teile dieses Vorhabens vor einer anregenden Gruppe von Fakultätskollegen ausprobieren. Eine Einladung von BBC Radio 4, die Reith-Vorlesungen zu halten, stellte mich vor die Herausforderung, meine Argumente zugunsten der moralischen Grenzen der Märkte in Begriffe zu übersetzen, die für ein nicht akademisches Publikum zugänglich sind. Das übergreifende Thema der Vorlesungen lautete »A New Citizenship«, aber zwei der vier Vorträge behandelten Märkte und Moral. Dank schulde ich hier Mark Thompson, Mark Damazer, Mohit Bakaya, Gwyneth Williams, Sue Lawley, Sue Ellis und Jim Frank, die diese Erfahrung zu einem großen Vergnügen werden ließen.

Bei diesem Buch, dem zweiten bei FSG, bin ich erneut Jonathan Galassi und seinem wunderbaren Team zu Dank verpflichtet – dazu gehören Eric Chinski, Jeff Seroy, Katie Freeman, Ryan Chapman, Debra Helfand, Karen Maine, Cynthia Merman und vor allem mein herausragender Lektor Paul Elie. Zu einer Zeit, in der die Zwänge des Marktes das Verlagsgeschäft überschatten, sehen die Leute bei FSG das Büchermachen als Berufung und nicht als bloßes Geschäft. Das gilt auch für meine Literaturagentin Esther Newberg. Bei ihnen allen bedanke ich mich.

Den größten Dank schulde ich meiner Familie. Am Esstisch und bei Familienreisen waren meine Söhne Adam und Aaron, wann immer ich sie mit neuen ethischen Dilemmata im Zusammenhang mit Märkten konfrontierte, stets zu scharfsinnigen, moralisch abgewogenen Reaktionen bereit. Und immer wandten wir uns an Kiku, die uns sagte, wer recht hatte. Ich widme ihr dieses Buch in Liebe.

Register

Abfälle, atomar 143
Adoption 120
Afghanistan 11, 14
Aids 166, 169, 171–174, 185, 192, 201
Air New Zealand 227
Altruismus 150, 155–159, 161 f., 219
Amazon Kindle 224
American Airlines 224
American International Group (AIG) 196, 200
Anreiz(e) 10, 57, 59, 67, 73, 77 f., 83, 97, 101 f., 108 ff., 114, 116, 144 f., 167 f., 179
–, finanzielle 11, 57, 59, 66–69, 72–79, 81, 100, 102, 110, 114 ff., 142, 144–150, 152
–, perverse 77, 167
Arafat, Jassir 186
Aristoteles 128, 159
Arzttermin 34 f., 38–41, 77

Ausbildung 14, 17, 21, 121, 137, 164, 227

Bargeld 57 f., 61 f., 68 f., 76, 81, 124 f., 128 f., 132 f., 192
Bear Stearns 197
Belohnungen 57 f., 68–74, 77, 79, 147, 152
Bestechung 57, 59–62, 74 ff., 78, 91, 96, 100, 144
Blair, Tony 12
Blut, Handel mit 153–157
-spende 153–156
British Airways 25, 98
Burger King 246 f.
Bürgerpflicht 17, 21, 143, 145
Bush, George 95, 111
Bush, George W. 111

Cameron, David 111
Castro, Fidel 176
Central Park 30 f., 41

Chevrolet 234
China 34, 88
CIA 188 f.
Clinton, Bill 12, 111, 207
Coca-Cola 225, 234, 237
COLIs (Corporate owned life insurances) 165 ff., 169, 178, 185, 192, 200
Concierge medicine 35 f.
Credit Suisse 195, 197, 199

Death Futures 165
Delta Airlines 54, 225
Deregulierung 12
Deutsche Bank 195
Devotionalien 205
Diskriminierung 44, 64, 136
Douglas, Kirk 176
Dunkin' Donuts 239

Eastwood, Clint 176
Effizienz 29 f., 40 f., 46, 92, 94, 101 f., 112, 125, 128 f., 142, 149, 188 f., 219, 221
Ehre 118, 134
Ein-Kind-Politik (China) 88, 90
Emissionen 92–99
Emissionshandel 10, 94 ff.
Emissionsrecht 14, 93, 95
Empire State Building 27 f.
Endlager, atomares 143 f., 146, 148, 152

Entschuldigung 121 ff., 134 f.
Erwärmung, globale 93, 96–99

Fairness 15, 27, 45, 49, 53, 74, 137–141, 153, 232
Fast Track 25, 35
Federal Reserve 19
Finanzkrise 12 f., 19 f., 81, 200, 211, 220
Flüchtlingspolitik 101
Flughafen 26 f., 30, 35, 39, 55, 145, 224
Fluglinien 26, 52, 54, 98, 210
Fortpflanzung 14, 21, 58, 90 ff., 96, 101, 106, 113, 142, 248
Fortpflanzungsfähigkeit 57, 59, 61 f., 75
Franklin, Aretha 176
Freizeitpark 26 f.
Freundschaft 117 f., 121 ff., 128, 130, 134 f., 248
Futures 187–191

Gabor, Zsa Zsa 176 f.
Gebühren 10, 28 f., 36 ff., 61, 81, 83–90, 92, 95, 97, 100, 105, 114, 120, 148, 170, 176, 196, 234, 242
Gefängnis 14, 241
Geldbußen 83–89, 95, 148

Geldgeschenk 124 f., 129 ff., 133, 149
Gemeinsinn 145 f., 148 ff., 155, 159, 162
George II. (König) 180
Geschenk 45, 52, 61, 78, 123–134, 183
Gesundheit 14, 17, 21, 73 ff., 77, 95, 101, 113, 174, 201, 248
Gesundheitsfürsorge 72, 87
Gewichtsreduzierung 11, 73, 76
Gier 13, 161
Ginsburg, Ruth Bader 176
Glücksspiel 178, 180, 185, 238
Goldman Sachs 197, 199
Greenspan, Alan 19
Gutschein 72, 91, 130–133, 146

Harrods 240
Hawking, Stephen 176
Hedgefonds 23, 195
Hochschulzulassung 137, 141
Hochzeitsansprache 122 f., 134 f.
Hochzeitspaar 121 f.
Hochzeitsrede 122 f.

Ineffizienz 29, 46, 125, 129
Inuits 105 ff.

Investment 63, 111, 185
Irak 14
–Krieg 188

Kentucky Fried Chicken 241
Klimakompensation 98 f.
Kommerzialisierung 15, 150, 153 ff., 204, 218, 222, 227–232, 246 f., 249
Kommerzialisierungseffekt 150 ff.
Kommodifizierung 15, 181
Kommunalsponsoring 233, 249 (*siehe auch* Sponsoring)
Korrumpierung 60, 76, 139 ff., 230
Korruption 15, 44, 46 f., 60 f., 135, 137 f., 140 f., 153 f., 229
Kosten 9, 63, 65, 72, 74, 79, 85, 87 f., 93, 95 f., 114, 122, 150, 153, 164, 196, 220, 236
Krankenversicherung 11, 36, 53, 72 f.
Kunst 17, 248
Kyoto-Protokoll 93, 96

Lebensversicherung 163–175, 177 ff., 181–185, 190–201

Life settlements 193 f.
Luton Airport 26

Macht 19 f., 52, 110, 203
Markt (Märkte) 9, 12–20, 22 ff., 39–45, 47, 49 f., 52, 54 f., 62 f., 66, 78, 80 ff., 90 ff., 94 ff., 98, 100 f., 103 f., 106 f., 109 f., 112–115, 117–120, 126, 135, 138 f., 140 ff., 149 f., 153–158, 161 f., 169, 171, 178, 181, 185–193, 195, 197 ff., 205 f., 208, 218, 220, 222, 230, 248 f., 292 f.
-beziehungen 230
-denken 12, 19, 218, 230
-gesellschaft 18
-ideologie 22
-logik 49, 58 f., 103, 106, 112 f., 115, 129, 152, 181
-mechanismus 12, 78, 101, 142, 152, 222
-wirtschaft 18, 33, 198
McDonald's 232, 238 f., 243, 245
Memorabilien 204, 206 f.
Moneyball 218–222
Moral 9, 13, 19, 22 f., 112 f., 115 ff., 158
Mountain Dew 247
Muhammad Ali 176 f.

Müll 93, 97, 144
Mutuelles des Fraudeurs 87

Namensrechte 210 f., 227, 231, 233, 235 ff., 243, 245, 249
Napoleon 180
Nashorn (-schießen) 10, 101–104, 106
Natur 17, 97, 248
Nobelpreis 118 ff., 135, 137
Normen 14, 39, 53, 62 f., 66, 82 ff., 87, 94, 97, 99 ff., 104, 114 ff., 128, 130, 134, 137 f., 141 f., 148 f., 153 f., 156, 178, 185, 208, 248
Nuklearabfall 149
Nutzen 39 ff., 43 f., 48 f., 59, 63, 65, 74, 79, 93, 103, 107, 112 f., 124 f., 128 ff., 132, 150 f., 190, 201, 220

Obama, Barack 111
Obdachlose 11, 31, 33, 39, 157
Occupy Wall Street 20
Outsourcing 17

Pacino, Al 30
Papst Benedikt XVI. 48, 50, 52
Pepsi 225, 235, 242

Pitt, Brad 219
Prestige 19, 99
Privileg 25 f., 52, 105, 107, 224
Procter & Gamble 165, 243
Product-Placement 213, 223 f., 243, 248
Prostitution 40, 62, 139 f.
Putzfrauenversicherung 164, 166 f., 172

Quote 79 f., 82, 90 ff., 105 f., 142 f.

Reagan, Nancy 176
Reagan, Ronald 12, 20
Regen, saurer 95
Ressentiment 19
Rousseau 159 f.
Ryan Air 225

Schattenpreise 64, 79, 109
Schlangestehen 11, 30 f., 34, 39, 46 f.
Schmiergeld 46, 60 f., 67, 78
Scholastic 243
Schule 11, 14, 67–71, 87, 145 f., 207, 233, 235, 241–249
Schwarzfahrer 87
Schwarzhandel 38–42, 44, 47, 49 f., 52, 142
Schwarzmarkt 34, 48 f., 51

Shakespeare 30, 40 f., 43, 45, 55
Sharon, Ariel 176
Sklaverei 16
Skybox 215
Spenden 103, 136 f., 153 f.
-tage 146, 149
Spender 147, 149 f., 157, 217, 245
Spirit Airlines 225
Sponsoring 203, 211 f., 233, 235, 240 (*siehe auch* Kommunal-)
Springsteen, Bruce 48, 50 ff.
Sterilisation 57 ff., 61 f., 75, 110
Supreme Court 32, 184

Tea-Party-Bewegung 20
Terrorismus/Terrorakte 186 f., 189 ff.
Thatcher, Margaret 12, 150, 176
Todesanleihen 199 ff.
Tote-Bauern-Versicherung (dead peasants insurance) 164

UBS 197
Überholspur 26–29, 35, 38, 81
Umweltschutz 14, 64, 95 f., 101, 113, 220, 243

Umweltverschmutzung 10, 93, 228, 232
Ungleichheit 15, 20, 90 f., 137 f., 140, 249
United Airlines 26
Universal Studios Hollywood 26 f.
Universität 135 ff., 141

Vergeudung 29, 125
Vergnügungspark 26 f., 30, 35, 39, 52, 55
Vernunft, moralische 107, 111, 113
–, ökonomische 102, 107, 111, 113, 132, 181
Verschmutzungsrechte 92, 96, 98, 142
VIP-Logen 213–216

Wall Street 13, 19 f., 176, 199, 201
Walross (-jagd) 104–107, 113
Warteschlange 11, 25, 27–35, 38–47, 52–55, 81, 224
Washington D. C. 31, 50, 68 ff.
Weltwirtschaft 20
Weltwirtschaftskrise 20
Werbung 10, 14, 31, 126, 203, 212 f., 222–234, 236–247
Wertvernichtung 126, 129
Wette 172, 175–182, 184 ff., 189 f., 192, 197, 199 ff., 209

Yosemite-Nationalpark 48 f.